黑龙江大学“十二五”规划教材

WANGLUO
YINGXIAO LILUN YU SHIWU
网络营销理论与实务

杨　艳 主　编
林　杨　马小琪 副主编

知识产权出版社
全国百佳图书出版单位

图书在版编目（CIP）数据

网络营销理论与实务 / 杨艳主编. -- 北京：知识产权出版社, 2015.6

ISBN 978-7-5130-3556-9

Ⅰ.①网… Ⅱ.①杨… Ⅲ.①网络营销－高等学校－教材 Ⅳ.①F713.36

中国版本图书馆CIP数据核字(2015)第129297号

内容提要

网络营销是电子商务专业及营销专业必修的一门核心课程，有很强的理论综合性和网络实践性。本书以强化实训、强化自主创新为指导思想和出发点，以掌握和提升专业学生创新实践技能为己任，以最大限度地满足社会对网络营销专员的需求为目标。在本书主要分成两部分：网络营销基础知识和网络营销策略与专题实训。第一部分包括相关基础知识概述、网络营销基础两章内容；第二部分包括网络市场调研、基于营销的网站建设策略、搜索引擎营销策略、许可营销策略、其他营销策略和方法、网络广告策略六章内容。在第二部分中每一章都在最后一节设计了相关专题实训，以便于掌握和提升专业学生创新实践技能，按照教学大纲内容进度和具体业务职能，以专题的形式补充、穿插于策略、工具和方法的课堂教学中。

本书具有实用性、职业性、适应性等特点，可作为高等学校电子商务、信息管理和市场营销等专业本科和高职高专学生网络营销课程的教材，对于系统学习、研究网络营销以及从事网络营销实践的人员均有参考价值。

责任编辑：许波

网络营销理论与实务

杨艳　主编　　林　杨　马小琪　副主编

出版发行：	知识产权出版社有限责任公司	**网　　址：**	http：//www.ipph.cn
电　　话：	010－82004826		http：//www.laichushu.com
社　　址：	北京市海淀区马甸南村1号	**邮　　编：**	100088
责编电话：	010－82000860转8534	**责编邮箱：**	xbsun@163.com
发行电话：	010－82000860转8101/8029	**发行传真：**	010－82000893/82003279
印　　刷：	北京中献拓方科技发展有限公司	**经　　销：**	各大网上书店、新华书店及相关专业书店
开　　本：	720mm×960mm　1/16	**印　　张：**	19.75
版　　次：	2015年6月第1版	**印　　次：**	2015年6月第1次印刷
字　　数：	325千字	**定　　价：**	58.00元

ISBN 978－7－5130－3556－9

前　言

网络营销是电子商务专业核心课程，是专业知识体系中基础理论到基础应用的接口课程，课程的教学质量直接影响专业理论的提升和专业技能的培养效果。因此，在课堂教学上仅就各种理论和方法进行讲解是不够的，应围绕学习主题，分层次、分步骤地穿插“网络营销主管和网络推广专员”的业务实训，创设就业任务模拟情景，鼓励学生以独立设计与创意、团队协作、项目策划演讲等多种形式参与实践，实现从理论到实践的跨越。

本书立足强化实训、强化自主创新，专注于辅助网络营销学理论学习，以掌握和提升专业学生创新实践技能为己任，以最大限度地满足社会对网络营销专员的需求为目标，围绕培养规格和专业特色，实现学生从学习理论到应用实践的跨越。具体特点如下：

1. 强化实训

全书由两大部分构成：第一部分网络营销基础知识，主要包括相关基础知识概述和网络营销基础两章；第二部分网络营销策略与专题实训，包括六章内容。主要根据课程教学大纲和各章知识点内容的分布，设计实训任务及要求，以专题的形式穿插于各章理论教学环节之间，根据学生完成任务的情况，检查学生对相关知识点的理解程度和应用能力，从而更好地促进学生的学习。强调了网络营销的实用价值，强化了实训教学内容。

2. 强化自主创新

本书在专题实训中，特别强调学生就自己熟悉的家乡、自己感兴趣的话题和产品，就自家的产业（包括企业和农业）挖掘特色和亮点，激发创新意识，通过新技术、新工具、新方法的学习实践，大胆改造传统方式，直接为亲人创造收益。

3. 注重规划设计

每一个专题实训都全面体现了规划设计的整体训练过程。

4. 注意知识内容融合

由于网络营销理论基础还很薄弱，各家之言都有可取之处，相应的策略不尽相同，学习和融合各位专家、学者的研究成果是我们每个教师的义务。与其他教材知识内容的融合，也是促使我们培养的学生能融入社会的根本。

本书由杨艳教授担任主编，并负责对全书进行统稿和定稿，同时编写了本书的第一、四、五、七章。本书其余各章的作者为林杨（第二章）、马小琪（第三章）、赵中绵（第六章）、周爱（第八章）。另外，王真真、李鹏程、李昊霖、师颖颖等为本书的编写提供了许多有价值的资料。

本书的编写参考了国内外同行们的研究成果，特表示衷心感谢。本书对网络营销的研究才刚刚起步，教材还将定期进行修订。由于网络营销是一门发展中的学科，加之作者水平和时间有限，本书难免有不足之处，期待广大专家和读者批评指正。

目　录

第一章　相关基础知识概述

学习目的:

回顾营销观念和市场营销基本原理,强化营销理论指导下新领域的应用思想;熟悉互联网基本知识,理解互联网思维;回顾电子商务概论的一些内容,作为学生学习网络营销知识的前期准备内容。

网络营销是伴随互联网技术的应用与普及而出现的营销活动,其基本思想源于现代营销理论与互联网应用实践的结合,具有明显的营销观念和互联网思维特征。因此,应在营销理论的基本思想和互联网基本知识学习的基础上,研究和学习网络营销。

第一节　营销理论概述

一、现代营销学基础

1. 营销观念

营销是关于企业如何发现、创造和交付价值以满足一定目标市场的需求,同时获取利润的学科。

营销学用来辨识未被满足的需要,定义、量度目标市场的规模和利润潜力,找到最适合企业进入的市场细分和适合该细分的市场供给品。营销学中使用的主要概念有市场细分、目标市场选择、定位、需要、欲求、需求、市场供给品、品牌、价值和满足、交换、交易、关系和网络、营销渠道、供应链、竞争、营销环境和营销策划/方案等。现代营销学主要由营销观念、消费需求和行为、营销环境、市场定位、市场营销策略等基础理论构成。在此理论基础上发展了一些新的营销概念,如社会营销、服务营销、关系营销、直接营销、绿色营销、整合营销、网络营销等。

所谓营销观念,是指以满足顾客需要为宗旨,从顾客需要出发安排生产和经营活动的基本指导思想。营销观念又称为市场营销管理理念,简称营销理念,是指企业从事市场营销活动及管理过程的指导思想或根本看法和根本态度,也就是企业在开展市场营销活动的过程中,在处理企业、顾客和社会三个利益方面关系时所持的态度和指导思想。企业营销观念的正确与否,是否符合市场环境的客观实际,直接影响企业营销活动的效率和效果,进而决定企业在市场竞争中的兴衰存亡。因此,奉行正确的营销理念,是企业组织市场营销实践的核心和关键所在。

2. 消费需求与消费行为

在市场经济条件下,消费需求的行为主体分为两类:一是消费者个人或家庭;一是厂商和社会其他组织(也称社会集团),如机关和事业单位。由于个人或家庭消费属于社会再生产过程中的最终消费环节,生产者市场、中间商市场的消费需求均受最终消费市场的引导和影响,而且个人和家庭满足消费需求的行为方式和特点同样会体现于生产者、中间商的购买行为过程,因此,消费者市场的需求和购买行为是需求分析的基础。

消费需求的类别主要包括:

(1) 按消费者的购买目的不同,可分为生产性消费需求和生活性消费需求。生产性消费需求是为满足生产过程中物化劳动和活劳动消耗的需要。如企业的生产需要劳动力,需要厂房、土地和机器设备,需要原材料、水、电、汽等,这些都属于生产性消费。生活性消费需求是指为满足个人生活的各种物质产品和精神产品的需要。如人们生活中对衣食住行等物质产品的需要,对文化、教育、艺术等精神生活的需要。

(2) 按消费需求满足的对象不同,可分为社会集团消费需求和消费者个人或家庭的消费需求。社会集团消费需求是指为实现社会的集体消费基金而统筹安排用来满足公共消费需要的部分,如场所、设施和劳动力等。个人消费需求主要是指居民有货币支付能力的生活消费需要,包括生理需要和心理需要。生理需要基于消费者的生理本能,如衣食住行,是人类最基本的物质需要,是维持和延续生命不可缺少的物质。心理需要是一种社会需要,是指人们在生产、生活和社会交往活动中产生的需要,是对商品社会象征性的需求,如对交通工具、通信工具、礼品、装饰品、艺术品和接受高等教育的需要等。社会集团消费需求在我国的社会消费需求总量中占有相当的份额。随着市场经济的发展,个人消费需求的领域将不断扩展,内容会更丰富多彩,消费需求的满足程度也将大大提高。

(3) 按消费需求的实质内容不同,可分为物质消费需求和精神消费需求,是对生活消费需求进行分类的一种方法。物质消费需求是指人们对物质生活用品的需要。精神消费需求是指满足人的心理和精神活动的需要,如人的自尊、发挥自己的潜能、精神上的娱乐等需要。与物质的需求相比,精神上的需求是高一层次的需求。

(4) 按消费需求的实现程度不同,可分为现实消费需求和潜在消费需求。现实消费需求是指目前具有明确消费意识和足够支付能力的需求。按需求的实现程度不同,现实消费需求又可分为已实现的消费需求和未满足的消费需求两种。已实现的现实消费需求是指由于购买到商品而得到实际满足的那部分需求;未满足的现实消费需求是指由于市场上缺少购买者所需要的消费特性的商品,而未得到满足的那部分实际存在的有支付能力的需求,直接表现为市场上的"消费热点"。如果某一个时期内某种商品出现短缺,那么市场上就会出现相当数量的未满足的消费需求。

消费心理指消费者进行消费活动时所表现出的心理特征与心理活动的过程。大致有四种消费心理,分别是从众、求异、攀比、求实。从众心理表现为消费行为上的趋同心理,具有仿效性和盲目性。求异心理是与从众心理相反的心理倾向,追求一种与社会流行不同的消费倾向,主要追求标新立异、与众不同。求异一方面可以推动新工艺与产品出现,而另一方面展示个性要考虑社会认可和代价。攀比心理亦即面子消费心理和求名心理,指某些消费者希望借助名牌商品提高自己的社会地位的心理倾向。求实心理是一种理智的消费心理,消费者在选择商品时往往考虑很多因素,如价格、功能便利、服务、偏好等。消费心理受到消费环境、消费引导、消费者购物场所等多个方面因素的影响。企业往往通过对消费者心理的影响,制定相应的营销策略。

消费行为是消费者为获得所用的消费资料和劳务而从事的物色、选择、购买和使用等活动。对消费行为的研究,主要是从市场角度考察消费者选购某种消费对象的动机及其决策过程。

消费行为包含以下三方面的内容:

(1) 消费行为可以表述为寻找、选择、购买、使用、评价商品和劳务的活动。这些活动的本身都是手段,满足消费者的需求才是它们的目的。

(2) 消费行为是一种复杂的过程。无论在什么情况下,任何一个阶段即便是最重要的购买阶段,也不能等于消费行为的全过程。消费行为必须包括购买前、购买中和购买后的心理历程。

(3) 消费者扮演着不同的角色。在某种情况下,一个人可能只充当一种角色;在另一种情形下,一个人则可能充当多种角色。

3. 营销环境

环境是相对于某一事物来说的,是指围绕着某一事物(通常称其为主体)并对该事物会产生某些影响的所有外界事物(通常称其为客体)。系统视域下,环境是指存在于系统外且与系统发生作用的各种因素的总称,亦即为系统提供输入或接受它的输出的各种因素的集合。

菲利普·科特勒认为:"营销环境由营销以外的那些能够影响与目标顾客建立与维持成功关系的营销管理能力的参与者和各种力量所组成。营销环境同时提供机会和威胁。"

营销环境是指企业营销活动有潜在关系的内部和外部因素的集合。营销环境分为内部环境和外部环境。

所有从内部影响公司的因素都称为"内部环境"。内部环境可以归纳为"五个M":员工、资金、设备、原料、市场。对于应对市场变化而言,内部环境和外部环境同样重要。

营销外部环境分为宏观环境和微观环境。宏观环境是对企业的营销活动起间接的影响作用的因素集合,包括人口、经济、政治、法律、自然、科技和社会文化环境等。其中社会文化主要指一个国家、地区的民族特征、价值观念、生活方式、风俗习惯、宗教信仰、伦理道德、教育水平、语言文字等总和,社会文化环境主要指教育水平、宗教信仰、价值观念、消费习俗和消费流行等。微观环境是对企业的营销活动起直接作用的因素集合,包括企业本身、供应商、营销中介、顾客、竞争者和公众。其中公众是指对企业实现营销目标的能力有实际或潜在利害关系和影响力的团体或个人,包括对企业的融资能力有重要影响的金融公众、具有广泛的社会联系能直接影响社会舆论对企业的认识和评价的媒体公众、与企业营销活动有关的非政府机构(或各种组织和社会团体),以及与企业所在区域相关的社区公众和内部员工。

4. 市场

市场起源于古时人类对于固定时段或地点进行交易的场所的称呼，指买卖双方进行交易的场所。现代市场概念一般表示两种含义：一是交易场所，如传统市场、股票市场、期货市场等；另一是交易行为的总称，即市场不仅指交易场所，还包括了在此场所进行交易的行为。"市场大小"不仅指场所的大小，还包括了消费行为是否活跃。广义上，所有产权发生转移和交换的关系都可以成为市场。

市场体系是由各类专业市场，如商品服务市场、金融市场、劳务市场、技术市场、信息市场、房地产市场、文化市场、旅游市场、服务市场等组成的完整体系。尽管在市场体系中的各专业市场均有其特殊功能，但相互之间存在相互依存、相互制约的关系，共同作用于社会经济。

一般地，市场是商品交换顺利进行的条件，是商品流通领域一切商品交换活动的总和。具体包括：

(1) 市场是商品交接的场所，亦即买主和卖主发生作用的地点或地区。市场是一个地理概念。

(2) 市场是指某种或某类商品需求的总和。即市场是某一产品的所有现实买主和潜在买主所组成的群体。

(3) 市场是买主、卖主力量的结合，是商品供求双方的力量相互作用的总和。"买方市场""卖方市场"这些名词反映了供求力量的相对强度，反映了交易力量的不同状况。

(4) 市场是指商品流通领域，反映的是商品流通的全局，是商品交换的总和，是"社会整体市场"的概念。

(5) 市场还指有价证券(特别是股票)的交易场所。市场的规模即市场的大小，反映购买者的人数。

按照市场的主体不同，市场可划分为：①消费者市场(指为满足个人消费而购买产品和服务的个人、家庭所构成的市场)、生产商市场(工业使用者市场或工业市场)、转卖者市场(中间商市场)、政府市场(政府采购市场)；②购买市场(企业在市场上是购买者，购买需要的产品)、销售市场(企业在市场上是销售者，出售自己的产品)；③完全竞争市场、完全垄断市场、垄断竞争市场、寡头垄断市场等。

按照消费客体的性质不同，市场可划分为：①生产资料市场、生活资料市场；②有形产品市场、无形产品市场；③商品市场、现货市场、期货市场。

5. 市场细分

市场细分是营销学中一个非常重要的概念，是企业通过市场调研，依据消费者的需要和欲望、购买行为和购买习惯等方面的明显差异性，把某一产品的整体市场划分为若干个消费者群的过程。其客观基础是消费者需求的差异性、相似性和企业资源的有限性。

任何一个企业不可能满足市场上的所有人的所有需求，只能满足一部分人的一部分需求。因此，企业必须选择目标市场，将自身的优势与目标市场的需要相结合，更好地满足市场需要。一般市场细分的依据有人口、地理、行为、心理及受益细分等。其中人口细分的变量包括年龄、性别、收入、职业、民族、教育水平、家庭人口、家庭生命周期、宗教、社会阶层等；地理细分的标准包括国家、地区、气候带、人口密度、地形地貌等；行为细分通常考虑消费者进入市场的程度、购买或使用产品的时机，以及消费者数量规模，对品牌的忠诚度等要素；心理细分包括生活方式、个性、购买动机、价值取向以及对供求和销售方式的感觉等；受益细分是根据购买者对产品所追求的不同利益所形成的另一种有效的细分市场。

市场细分的步骤如图1-1所示。

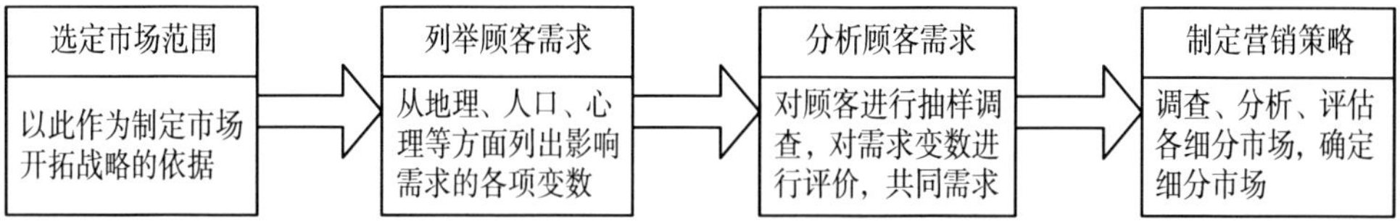

图1-1　市场细分步骤

6. 市场定位

市场定位是由美国营销学家艾·里斯和杰克·特劳特在1972年提出的，其含义是指企业根据竞争者现有产品在市场上所处的位置，针对顾客对该类产品某些特征或属性的重视程度，为本企业产品塑造的与众不同和印象鲜明的形象，并将这种形象生动地传递给顾客，从而使该产品在市场上确定适当的位置。

“定位”是现代营销之父杰克·特劳特所倡导,“定位”观念也被为“有史以来对美国营销影响最大的观念”。“定位”的核心思想是区别市场,焦点经营。

市场定位(marketing positioning)也称作“营销定位”,是市场营销工作者用以在目标市场(此处目标市场指该市场上的客户和潜在客户)的心目中塑造产品、品牌或组织的形象或个性(identity)的营销技术。

市场定位的策略:

(1) 避强定位策略。避强定位策略是指企业力图避免与实力最强的或较强的其他企业直接发生竞争,而将自己的产品定位于另一市场区域内,使自己的产品在某些特征或属性方面与最强或较强的对手有比较显著的区别。优点:避强定位策略能使企业较快地在市场上站稳脚跟,并能在消费者或用户中树立形象,风险小。缺点:避强往往意味着企业必须放弃某个最佳的市场位置,很可能使企业处于最差的市场位置。

(2) 迎头定位策略。迎头定位策略是指企业根据自身的实力,为占据较佳的市场位置,不惜与市场上占支配地位的、实力最强或较强的竞争对手发生正面竞争,而使自己的产品进入与对手相同的市场位置。优点:竞争过程中往往相当惹人注目,甚至产生轰动效应,企业及其产品可以较快地为消费者或用户所了解,易于达到树立市场形象的目的。缺点:具有较大的风险性。

(3) 创新定位。寻找新的尚未被占领但有潜在市场需求的位置,填补市场上的空缺,生产市场上没有的、具备某种特色的产品。采用这种定位方式时,公司应明确创新定位所需的产品在技术上、经济上是否可行,有无足够的市场容量,能否为公司带来合理而持续的盈利。

(4) 重新定位。公司在选定了市场定位目标后,如定位不准确或虽然开始定位得当,但市场情况发生变化时,如遇到竞争者定位与本公司接近,侵占了本公司部分市场,或由于某种原因消费者或用户的偏好发生变化,转移到竞争者方面时,就应考虑重新定位。重新定位是以退为进的策略,目的是为了实施更有效的定位。

市场定位是设计公司产品和形象的行为,以使公司明确在目标市场中相对于竞争对手自己的位置。公司在进行市场定位时,应慎之又慎,要通过反复比较和调查研究,找出最合理的突破口。避免出现定位混乱、定位过度、定位过宽或定位过窄的情况。而一旦确立了理想的定位,公司必须通过一致的表现与沟通来维持此定位,并应经常加以监测以随时适应目标顾客和竞争者策略的改变。

二、市场营销概念与策略

1. 市场营销

市场营销学于20世纪初期产生于美国,其发展经历了五个阶段:萌芽、功能研究、形成和巩固、市场营销导向和协同发展时期。几十年来,随着社会经济及市场经济的发展,市场营销学发生了根本性的变化,从传统市场营销学演变为现代市场营销学,其应用从赢利组织扩展到非赢利组织,从国内扩展到国外。如今,市场营销学已成为同企业管理相结合,并同经济学、行为科学、人类学、数学等学科相结合的应用边缘管理学科。市场、营销思想、消费需求(包括心理和行为)、环境构成了市场营销的核心概念。

市场营销学主要是研究卖方营销活动的。对卖方的市场营销来说,“市场”只是需求一方,因为站在卖方角度,作为供给一方,市场营销就是研究如何适应买方的需求,如何组织整体营销活动,如何拓展销路,以达到自己的经营目标。因此,市场在这里只是指某种商品的现实购买者和潜在购买者需求的总和。

根据市场需要组织生产产品,并通过销售手段把产品提供给需要的客户被称作营销。营销思想的出现标志着企业经营思想发生了质的飞跃,从基于企业本身的生产观念、产品观念和推销观念,到基于顾客和市场需要进行产品设计与开发、功能定位和销售服务的营销理念。一般说来,营销观念只有在市场经济发展比较成熟、市场竞争十分激烈的市场环境条件下,才容易被企业所接受。目前,越来越多的企业开始接受现代营销理念,并利用这种观念来指导实际生产经营活动。在具有不同的政治、经济、文化的国家,营销不应该一成不变。即使在同一个国家,在消费品行业、B2B行业和服务业,营销方式也是不同的。而在同样的行业里,不同的企业也有着各自不同的营销方式。

市场营销(Marketing)又称为市场学、市场行销或行销学。简称“营销”,台湾常称作“行销”,是指个人或集体通过交易其创造的产品或价值,以获得所需之物,实现双赢或多赢的过程。主要包含两种含义:一种是动词理解,指企业的具体活动或行为,称为市场营销或市场经营;另一种是名词理解,指研究企业的市场营销活动或行为的学科,称为市场营销学、营销学或市场学等。

美国市场营销协会下的定义:市场营销是创造、沟通与传送价值给顾客,及经营顾客关系以便让组织与其利益关系人受益的一种组织功能与程序。

菲利普·科特勒(Philip Kotler)于1984年对市场营销的定义:市场营销是指企业的这种职能:认识目前未满足的需要和欲望,估量和确定需求量大小,选择和决定企业能最好地为其服务的目标市场,并决定适当的产品、劳务和计划(或方案),以便为目标市场服务。

按照菲利普-科特勒的观点,市场营销是一种买卖双方互利的交换,即卖方按买方的需要供给产品或劳务,使买方得到满足;买方则付出相应的货币,使卖方也得到满足,双方各得其所,而不是一方盈利,一方就必定亏损。企业的一切市场营销活动都与市场、商品交换有关系,都是为了实现潜在交换,与顾客达成交易。

麦卡锡(E.J.McCarthy)于1960年也对微观市场营销下了定义:市场营销是企业经营活动的职责,它将产品及劳务从生产者直接引向消费者或使用者以便满足顾客需求及实现公司利润,同时也是一种社会经济活动过程,其目的在于满足社会或人类需要,实现社会目标。

市场营销的核心概念是指与市场有关的人类活动。亦即为满足消费者需求和欲望而利用市场来实现潜在交换的活动,是一种社会的和管理的过程。

宏观市场营销是一种社会经济活动过程,其目的在于求得社会生产与社会需求之间的平衡,满足社会需要,实现社会目标。微观市场营销是一种企业经济活动过程,其目的在于满足目标顾客的需要,实现企业的目标。

2. 市场营销策略

1960年,美国市场营销专家麦卡锡教授在人们营销实践的基础上,提出了著名的4P营销策略组合理论,即产品(Product)、定价(Price)、渠道(Place)、促销(Promotion)。"4P"是营销策略组合的简称,是企业以顾客需要为出发点,根据经验获得顾客需求量以及购买力的信息、商业界的期望值,有计划地组织各项经营活动,通过相互协调一致的产品策略、价格策略、渠道策略和促销策略,为企业实现营销目标提供了最优手段,即最佳综合性营销活动,也称整体市场营销。

产品策略主要是指产品的包装、设计、颜色、款式、商标等,给产品赋予特色,让其在消费者心目中留下深刻的印象。定价策略主要是指产品的定价,主要考虑成本、市场、竞争等,企业根据这些情况来给产品进行定价。渠道策略是指企业选用何种渠道使产品流通到顾客手中。如直销、间接渠道(分销、经销、代理等),企业可以根据不同的情况选用不同的渠道。促销策略主要是指企业采用一定的促销手段来达到销售产品、增加销售额的目的。手段有折扣、返现、抽奖、免费体验等多种方式。

20世纪80年代以来,世界经济走向滞缓发展,市场经济日益激烈,政治和社会因素对市场营销的影响和制约越来越大。一般营销策略组合的4P不仅要受到企业本身资源及目标的影响,而且更受企业外部不可控因素的影响和制约。1986年菲利浦·科特勒教授提出了大市场营销策略,在原4P组合的基础上增加两个P,即政治权利(Power)和公共关系(PublicRelations),简称6P。

菲利普·科特勒给大市场营销下的定义为:为了成功地进入特定市场,在策略上必须协调地使用经济心理、政治和公共关系等手段,以取得外国或地方有关方面的合作和支持。此处所指特定的市场,主要是指壁垒森严的封闭型或保护型的市场。

大市场营销理论与常规的营销理论相比,有两个明显的特点:①十分注重调合企业与外部各方面的关系,以排除来自人为的(主要是政治方面的)障碍,打通产品的市场通道。这就要求企业在分析满足目标顾客需要的同时,必须研究来自各方面的阻力,制定对策,这在相当程度上依赖于公共关系工作去完成。②打破了传统的关于环境因素之间的分界线,突破了市场营销环境是不可控因素,重新认识市场营销环境及其作用,某些环境因素可以通过企业的各种活动施加影响或运用权力疏通关系来加以改变。

3. 市场营销核心职能

市场营销是企业的基本职能,核心职能是:分析市场,定位市场,打开市场,稳定市场,为公司创造利润。

市场营销经理主要职责要求:

(1) 产品的品牌建设活动、销售渠道的形象陈列及推广活动计划,评估并改善。不断维护、推广各品牌形象,配合、促进销售部提高各渠道销量,并有效监控市场费用的合理使用。

(2) 协助销售总监把品牌形象、理念落实到市场营销和消费者沟通工作。根据各市场营销计划,合理订购、制作、分配各项推广物料。协助销售总监建立促销管理系统,并监控、评估执行效果。

(3) 有效管理及控制市场品牌建设费用预算。建立、筹划及提供产品知识培训,按需要制作、演示市场简报给管理层,及时准确地反映市场信息及竞争对手情况,提出意见及建议。

(4) 与广告公司、各类陈列制作、活动策划代理公司的日常沟通,确保其制作工艺、质量、报价及活动效果,符合公司的品牌形象标准。定期开展消费者市场调查,并收集分析市场调查数据。经常走访市场,与重点客户保持良好合作关系。

(5) 精通营销管理、策划、培训,能深入了解市场、科学地分析并迅速拿出针对性强的方案。

4. 市场营销十大新理念

(1) 知识营销。知识营销是通过有效的知识传播方法和途径,将企业所拥有的对用户有价值的知识(包括产品知识、专业研究成果、经营理念、管理思想以及优秀的企业文化等)传递给潜在用户,并逐渐形成对企业品牌和产品的认知,为将潜在用户最终转化为用户的过程和各种营销行为。

(2) 网络营销。网络营销是知识经济与网络技术飞速发展的产物。网络营销是以互联网为核心平台,以网络用户为中心,以市场需求和认知为导向,利用各种网络应用手段去实现企业营销目的的一系列行为。

知识营销需要一定的信息传播途径,网络营销是实现知识营销战略的最佳手段之一;网络营销需要向用户传递有价值的信息,而知识营销的内容是网络营销信息源中对用户最有价值的部分。

(3) 绿色营销。绿色营销是指社会、企业在充分意识到消费者日益提高的环保意识和由此产生的对清洁型无公害产品需要的基础上,发现、创造并选择市场机会,通过一系列理性化的营销手段来满足消费者以及社会生态环境发展的需要,实现可持续发展的过程。绿色营销的核心是按照环保与生态原则来选择和确定营销组合的策略,是建立在绿色技术、绿色市场和绿色经济基础上的、对人类的生态关注给予回应的一种经营方式。

(4) 个性化营销。企业把对人的关注、人的个性释放及人的个性需求的满足推到空前中心的地位,企业建立消费者个人数据库和信息档案,与消费者建立更为个人化的联系,及时地了解市场动向和顾客需求,向顾客提供一种个人化的销售和服务，顾客根据自己需求提出商品性能要求，企业尽可能按顾客要求进行生产，迎合消费者个别需求和品味，并应用信息，采用灵活战略适时地加以调整，以生产者与消费者之间的协调合作来提高竞争力，以多品种、中小批量混合生产取代过去的大批量生产。具体来说，就是企业面向消费者，直接服务于顾客，并按照顾客的特殊要求制作个性化产品的新型营销方式。避开了中间环节，注重产品设计创新、服务管理、企业资源的整合经营效率，实现了市场的快速形成和裂变发展，是企业制胜的有力武器。特别是随着信息技术的发展，个性化营销的重要性日益凸显。

(5) 创新营销。创新是企业成功的关键，把创新理论运用到市场营销中即为创新营销，包括营销观念的创新、营销产品的创新、营销组织的创新和营销技术的创新。

(6) 整合营销。整合营销是一种对各种营销工具和手段的系统化结合，根据环境进行即时性的动态修正，使交换双方在交互中实现价值增值的营销理念与方法。整合就是把各个独立的营销综合成一个整体，以产生协同效应。

(7) 消费联盟。消费者通过填表入会的方式取得消费资格，成为联盟中的固定消费者，如此发展下去形成一个庞大的辐射状的消费网络。消费者加盟某一行销网络之后，即获得该网络统一颁发的消费卡，消费者持卡可在行销网络中任何一家结盟企业以正常价格刷卡消费，每一笔消费金额都将累计自己的积分，根据自己消费积分的多少可以享受结盟企业联合提供的优厚利益回馈。

(8) 连锁经营渠道。连锁经营渠道是一种纵向发展的垂直营销系统，是由生产者、批发商和零售商组成的统一联合体，把现代化工业大生产的原理应用于商业经营，实现了大量生产和大量销售相结合，对传统营销渠道是一种挑战。

(9) 大市场营销。大市场营销指为了成功地进入特定市场，并在那里从事业务经营，在战略上协调使用经济的、心理的、政治的和公共关系等手段，以获得各有关方面如经销商、供应商、消费者、市场营销研究机构、有关政府人员、各利益集团及宣传媒介等的合作及支持。

(10) 综合市场营销沟通。这是一种市场营销沟通计划观念，即在计划中对不同的沟通形式，如一般性广告、直接反应广告、销售促进、公共关系等的战略地位作出估计，并通过对分散的信息加以综合，将以上形式结合起来，从而达到明确的、一致的及最大程度的沟通。这种沟通方式可以带来更多的信息及更好的销售效果,能提高公司在适当的时间、地点把适当的信息提供给适当的顾客的能力。

第二节　互联网基础

一、网络概述

1. 网络的概念

“网络”一词最早用于电学,《现代汉语词典》(1993年版)做出这样的解释:“在电的系统中,由若干元件组成的、用来使电信号按一定要求传输的电路或这种电路的部分,叫网络。”“网络”是具有多重意义的词。

(1) 用数字语言说,网络是由节点和连线构成的图,表示研究对象及其相互联系,一般专指加权图。有时用带箭头的连线,表示从一个节点到另一个节点存在某种顺序关系,在节点或连线旁标出的数值,称为点权或线权,有时不标任何数。

(2) 网络是从某种相同类型的实际问题中抽象出来的模型,由有关联的个体组成的系统,如开关网络、运输网络、通信网络、计划网络。

(3) 比喻性的泛化的意义,如“人际关系网络”、“信息交流网络”等,这种意义下,常说成“网”。

(4) 计算机网络定义:在网络协议控制下,利用某种传输介质和通信手段,把地理上分散的计算机、通信设备及终端等互相连接在一起,达到相互通信且共享资源的计算机复合系统。所谓传输介质,是如同轴电缆、双绞线、光纤及大气等传输导体;所谓通信手段,是通过激光、电磁波、电报、电话、卫星等实现交换信息的通信设施;所谓资源共享,是每个使用网络的用户,可以使用网络上硬件(包括主机CPU、存储器、打印机、磁带机、硬磁盘及通信设备等)和软件(包括系统软件、应用软件)及各种公用的数据等。

2. 网络的类别

(1) 按网络的地理位置分类。

局域网(LAN):一般限定在较小的区域内,小于10km的范围,通常采用有线的方式连接起来。

城域网(MAN):规模局限在一座城市的范围内,10~100km的区域。

广域网(WAN):网络跨越国界、洲界,甚至全球范围。

目前,局域网和广域网是网络的热点。局域网是组成其他两种类型网络的基础,城域网一般都加入了广域网,广域网的典型代表是Internet。

(2) 按通信方式分类。

点对点传输网络:数据以点对点的方式在计算机或通信设备中传输,星型网、环形网采用这种传输方式。

广播式传输网络:数据在共用介质中传输,无线网和总线型网络属于这种类型。

(3) 按网络使用目的分类。

共享资源网:使用者可共享网络中的各种资源,如文件、扫描仪、绘图仪、打印机以及各种服务。Internet是典型的共享资源网。

数据处理网:用于处理数据的网络,如科学计算网络、企业经营管理用网络。

数据传输网:用来收集、交换、传输数据的网络,如情报检索网络等。

(4) 按传输介质分类。

有线网:采用同轴电缆和双绞线来连接的计算机网络。同轴电缆网是常见的一种连网方式。安装方便,传输率和抗干扰能力一般,传输距离较短。双绞线网是目前最常见的连网方式。价格便宜,安装方便,但易受干扰,传输率较低,传输距离比同轴电缆要短。

光纤网:光纤网也是有线网的一种,是采用光导纤维作为传输介质。管线传输距离长,传输率高,可达数千兆比特/秒,抗干扰性强,不会受到电子监听设备的监听,是高安全性网络的理想选择。

无线网:采用空气作传输介质,用电磁波作为载体来传输数据,允许用户建立远距离无线连接的全球语音和数据网络,也包括为近距离无线连接进行优化的红外线技术及射频技术,与有线网络的用途十分类似。最大的不同在于传输媒介的不同,利用无线电技术取代网线,可以和有线网络互为备份。

局域网一般采用单一的传输介质,而城域网和广域网采用多种传输介质。

(5) 按网络的拓扑结构分类。网络的拓扑结构是指网络中通信线路和站点(计算机或设备)的几何排列形式。

星型网络:各站点通过点到点的链路与中心站相连。特点是很容易在网络中增加新的站点,数据的安全性和优先级容易控制,易实现网络监控,但中心节点的故障会引起整个网络瘫痪。

环形网络:各站点通过通信介质连成一个封闭的环形。环形网容易安装和监控,但容量有限,网络建成后,难以增加新的站点。

总线型网络:网络中所有的站点共享一条数据通道。总线型网络安装简单方便,需要铺设的电缆最短,成本低,某个站点的故障一般不会影响整个网络。但介质的故障会导致网络瘫痪,总线网安全性低,监控比较困难,增加新站点也不如星型网容易。

树形网、簇星形网、网状网等其他类型拓扑结构的网络都是以上述三种拓扑结构为基础的。

(6)按服务方式分类。客户机/服务器(C/S)网络:服务器是指专门提供服务的高性能计算机或专用设备,客户机是用户计算机。这是客户机向服务器发出请求并获得服务的一种网络形式,多台客户机可以共享服务器提供的各种资源,是最常用、最重要的一种网络类型。不仅适合于同类计算机联网,也适合于不同类型的计算机联网,如PC机、Mac机的混合联网。

对等网:对等网不要求文件服务器,每台客户机都可以与其他每台客户机对话,共享彼此的信息资源和硬件资源,组网的计算机一般类型相同。这种网络方式灵活方便,但是较难实现集中管理与监控,安全性也低,较适合于部门内部协同工作的小型网络。

(7)其他分类方法。按信息传输模式的特点来分类的ATM网,ATM是下一代多媒体通信的主要高速网络技术,采用面向连接的传输方式,将数据分割成固定长度的信元,通过虚连接进行交换。具有高速数据传输率和支持许多种类型如声音、数据、传真、实时视频、CD质量音频和图像的通信能力,可以传输语音、视频等实时信息,是最有发展前途的网络类型之一。

还有一些非正规的分类方法,如企业网、校园网等根据名称便可理解。了解网络的分类方法和类型特征,是熟悉网络技术的重要基础之一。

二、互联网基础

1. Internet

在英语中“Inter”的含义是“交互的”,net是指网络。简单地讲,Internet是一个计算机交互网络,又称网间网,是一个全球性的巨大的计算机网络体系,把全球数万个计算机网络、数千万台主机连接起来,包含了难以计数的信息资源,向全世界提供信息服务。Internet是采用TCP/IP网络协议,利用通信设备和线路将全世界上不同地理位置的功能相对独立的数以千万计的计算机系统互连起来,以功能完善的网络软件(网络通信协议、网络操作系统)实现网络资源共享和信息交互的数据通信网。

Internet具有信息的获取与发布、电子邮件、网上交际、电子商务、网络电话、网上事务处理及其他应用的功能(其他应用如远程教育、远程医疗、远程主机登录、远程文件传输等)。

2. TCP/IP网络协议

协议是用来描述进程之间信息交换数据时的规则术语。在计算机网络中,两个相互通信的实体处在不同的地理位置,其上的两个进程相互通信,需要通过交换信息来协调它们的动作达到同步,而信息的交换必须按照预先共同约定好的规则进行。

网络协议是为计算机网络中所有设备(网络服务器、计算机及交换机、路由器、防火墙等)之间进行数据交换而建立的规则、标准或约定的集合,规定了通信时信息必须采用的格式和这些格式的意义。例如,网络中一个微机用户和一个大型主机的操作员进行通信,由于这两个数据终端所用字符集不同,因此操作员所输入的命令彼此不认识。为了能进行通信,规定每个终端都要将各自字符集中的字符先变换为标准字符集的字符后,才进入网络传送,到达目的终端之后,再变换为该终端字符集的字符。

大多数网络都采用分层的体系结构,每一层都建立在它的下层之上,向它的上一层提供一定的服务,而把如何实现这一服务的细节对上一层加以屏蔽。一台设备上的第n层与另一台设备上的第n层进行通信的规则就是第n层协议。在网络的各层中存在着许多协议,接收方和发送方同层的协议必须一致,否则一方将无法识别另一方发出的信息。网络协议使网络上各种设备能够相互交换信息,常见的协议有TCP/IP协议、IPX/SPX协议、NetBEUI协议等。Internet上的计算机使用的是TCP/IP协议。

TCP/IP协议是传输控制协议和网际协议(Transmission Control Protocol/Internet Protocol)的简称，是美国国防部高级计划研究局为实现本土广域网互连而开发的通信传输协议组（也称协议簇），后发展成为网际网络。TCP/IP协议簇包括IP协议、IMCP协议、TCP协议，以及HTTP、FTP、SMTP协议等。IP是英文Internet Protocol（网络之间互连的协议）的缩写，中文简称为“网协”，也就是为计算机网络相互连接进行通信而设计的协议。在因特网中，它是能使连接到网上的所有计算机网络实现相互通信的一套规则，规定了计算机在因特网上进行通信时应当遵守的规则。ICMP是（Internet Control Message Protocol）Internet控制报文协议，用于在IP主机、路由器之间传递控制消息。控制消息是指网络通不通、主机是否可达、路由是否可用等网络本身的消息。这些控制消息虽然并不传输用户数据，但是对于用户数据的传递起着重要的作用。

HTTP（Hypertext Transfer Protocol，超文本传输协议）：是一种详细规定浏览器和万维网服务器之间互相通信的规则，通过因特网传送万维网文档的数据传送协议。用于规定从WWW服务器传输超文本到本地浏览器，既保证计算机正确快速地传输超文本文档，还确定传输文档中的具体部分；允许传输任意类型的数据对象，其传输的类型由Content-Type加以标记。

FTP（File Transfer Protocol，文件传输协议）是TCP/IP网络上两台计算机传送文件的协议，使得主机间可以共享文件。FTP是在TCP/IP网络和Internet上最早使用的协议之一，属于网络协议组的应用层。FTP客户机可以给服务器发出命令来下载文件，上传文件，创建或改变服务器上的目录。

SMTP（Simple Mail Transfer Protocol，简单邮件传输协议），是一种提供可靠且有效电子邮件传输的协议。SMTP是建立在FTP文件传输服务上的一种邮件服务，主要用于传输系统之间的邮件信息并提供与来信有关的通知。

3. IP地址与域名

互联网上计算机间要进行通信，如上传、下载信息，必须拥有通信地址，数据通信才能找到路径，就像传统的邮政通信一样。普通登录互联网的用户计算机每次访问网站时的地址是不同的，使用的是临时地址，称作动态地址。而作为网站的主机（服务器）必须拥有固定的地址，称作静态地址。互联网上的地址是基于IP

协议的地址，称为IP地址。IP地址的信息是由一个32位的数值分成4段，由“·”隔开的4个8位二进制数构成。或写成由“·”隔开的4个十进制数构成，如210.46.102.123形式的数字地址。IP地址结构由表示主机所在的网络号及表示主机在该网络中的位置的主机号共同组成，如图1-2所示。网络号用于确定一个物理网络，主机号也称节点号，用于确定同一个网络中的工作站、服务器、路由器或其他的TCP / IP主机。

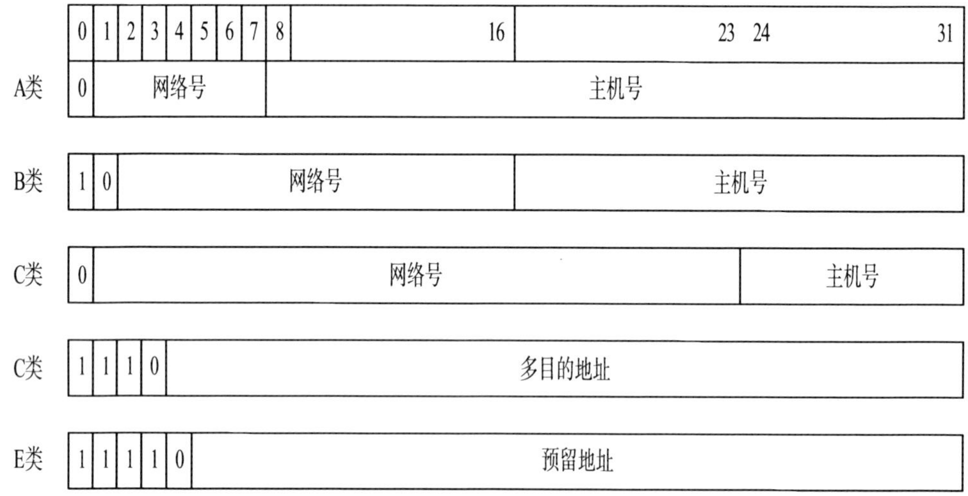

图1-2　IP地址结构图

为了方便记忆，Internet还采用用户友好的名称来代替，IP地址即采用域名来表示每台主机。域名是一种更加方便记忆Internet主机地址的字符型标识。由于IP地址对人们来说很难记忆，所以可以用域名来代替IP地址，一个IP地址对应一个域名。计算机的地址可以用域名也可以用IP地址，作用是一样的。人们习惯记忆域名，但计算机间只认IP地址，域名与IP地址之间的转换工作称为域名解析，域名解析需要由专门的域名服务系统（DNS）来完成。所谓DNS（Domain Name System）域名系统，是一种组织成域层次结构的计算机和网络服务命名系统。用来通过域名代替IP地址以定位计算机和服务，并为此名字在DNS中作好相应的与IP地址的映射工作，即将域名转换为IP地址。

域名由多个词组成，由圆点分开，位置越靠左越具体。最右边是一级域或顶级域，代表国家，我国为CN，英国为UN。由于Internet起源于美国，所以没有国家标志的域名表示该计算机注册了国际域名。

域名的特点:①易于记忆和理解;②使网络服务更易于管理;③在应用上与IP地址等效。域名系统采用层次型命名机制,各层次分别授权给不同的机构管理,层次之间用圆点分割。与IP地址相反,各层次自左至右越来越高。

语法格式:主机名.n级子域名.….2级子域名.1级子域名

其中1级子域名也称为顶级域名,使用一种标准化的标号来保证域名系统的通用性。其规定如下:

(1)一般顶级域名代表最大区域,也称地理顶级域名,通常为国家代码。(2)按使用的功能类别确定域名代码,如com代表商业组织,edu代表教育部门,gov代表政府部门,mil代表军事部门,net代表网络组织,org代表非赢利组织,int代表国际组织。还有新增加的类别,如biz代表商业,coop代表合作公司,info代表信息产业,aero代表航空业,museum代表博物馆行业,name代表个人等。通常功能类别域名作为2级子域名,但美国通常不使用国家代码作为顶级域名,直接将功能类别域名作为顶级域名。通常称没有国家代码表示的域名为国际域名。以cn作为顶级域名,以类别作为2级域名:com.cn、gov.cn、info.cn等。

(2)按照行政区域划分为2级或3级子域名,如bj.cn代表北京地区、hl.cn代表黑龙江等。域名在浏览器中有固定的显示位置,放在称作网址的URL条形框中。URL(Uniform Resource Locator)是统一资源定位器,其作用是:①定位在网络中的计算机的地址;②定位网络中的网页的地址;③定位IP地址并实现域名的转换;④定位收发电子邮件的地址。

URL的语法格式为:协议(protocol)://主机名:端口号/文件及路径/

端口号:计算机与网络一般只有一个单独的物理连接,所有的数据最终要通过连接到达一个指定的计算机。然而,数据是传向运行在计算机上的不同应用程序的,计算机需要知道数据传向哪个应用程序,这就要用到端口了。即在传输层通过端口来识别不同的应用进程,收发相应的应用数据。数据在网络上传送是与地址信息的传送一起进行的,地址信息表明了数据要传向的计算机和端口。主机名即是IP地址或域名地址表示的网络上计算机名称。端口用一个16位的数来表示,TCP和UDP都是通过这个端口来指明数据要发往的应用程序。如图1-3所示。

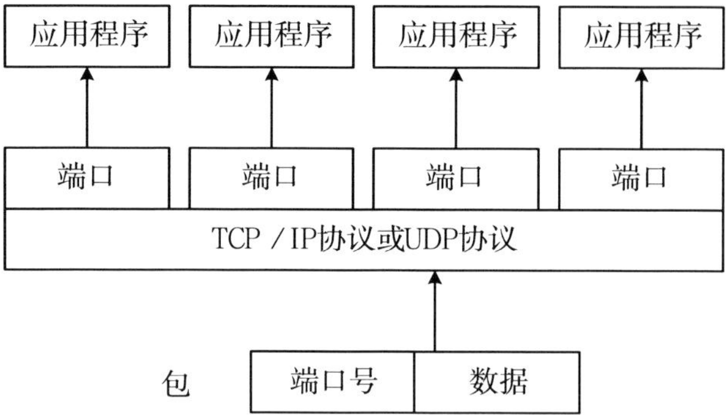

图1-3　端口作用示意图

端口号是从0到65535(因为端口是用16位表示)。许多端口号被知名的服务占据,如HTTP协议默认端口号为80,FTP协议默认端口号为21,SMTP协议默认段口号为25,Telnet协议对应的默认端口号为23。

文件及路径:资源存放位置,文件夹可以是虚拟文件夹。

第三节　电子商务概述

一、电子商务概念及类型

1. 电子商务概念

电子商务是指在互联网(Internet)、企业内部网(Intranet)和增值网(Value Added Network,VAN)上以电子方式进行交易活动和相关服务活动,是传统商业活动各环节的电子化、网络化。其中增值网是指将制造业、批发业、零售业、物流业等相关部门的信息,通过计算机服务网络来相互交换的信息系统。增值网可凭借从公用网租用的传输设备,使用本部门的交换机、计算机和其他专用设备组成专用网,以适应本部门的需要。例如,租用高速信道组成的传真存储转发网、会议电视网、专用分组交换网、虚拟专用网(VPN)等。

广义的电子商务定义,是指使用各种电子工具从事商务活动;狭义的电子商务定义,主要指利用Internet从事商务活动。无论是广义的还是狭义的电子商务的概念,电子商务都涵盖了两个方面:一是离不开互联网这个平台,没有了网络,就称不上为电子商务；二是通过互联网完成的是一种商务活动。

2. 电子商务类型

按照商业活动的运行方式，电子商务可以分为完全电子商务和非完全电子商务。

按照商务活动的内容，电子商务主要包括间接电子商务（有形货物的电子订货和付款，仍然需要利用传统渠道如邮政服务和商业快递车送货）和直接电子商务（无形货物和服务，如某些计算机软件、娱乐产品的联机订购、付款和交付，或者是全球规模的信息服务）。

按照开展电子交易的范围，电子商务可以分为区域化电子商务、远程国内电子商务、全球电子商务。

按照使用网络的类型，电子商务可以分为基于专门增值网络（EDI）的电子商务、基于互联网的电子商务、基于Intranet的电子商务。

按照交易对象，电子商务可以分为企业对企业的电子商务（B2B）、企业对消费者的电子商务（B2C）、企业对政府的电子商务（B2G）、消费者对政府的电子商务（C2G）、消费者对消费者的电子商务（C2C）。随着电子商务的发展，不断产生更多的类型，近年来多以商业（商务）模式进行区分。

二、电子商务商业模式

1. 典型的电子商务商业模式

电子商务的主要特征之一就是创造了一种新的商业模式。商业模式是企业实施赖以生存的业务活动的方法，决定了企业在价值链中的地位。商业模式描述了不同的商业参与者及其角色定位，以及这些参与者的潜在收益和收入来源。韦尔（Weill）和瓦伊塔尔（Vitale）在2001年创建了一个评估电子商务企业生存能力的框架。框架包含了八种构成电子商务的元素或“原子”，按不同方法将这些“原子”进行组合，可以创建出运作的电子商务公司。对于大型企业来说，这八种商务模式的“原子”分别是：直销、中介、内容提供商、全服务提供商、公共基础设施、价值网集成商、虚拟社区、综合服务商。每一种“原子”模式均可用四个特征来描述：战略目标、收益来源、关键成功因素以及所需核心竞争力。

电子商务的商业模式，是指在网络环境中基于一定技术基础的商业运作方式和盈利模式。表1-1给出了一个基于互联网的企业商业模式的总体架构。

表1-1 企业电子商务的商业模式架构

商业模式的子项内容	企业商业模式需要解决的问题	电子商务的商业模式需要解决的问题
客户价值	能否为客户提供差别性的或更低成本的产品和服务？	能够使企业为客户提供哪些差别性的产品或服务？能否借助电子商务为客户解决一系列新问题？
商业范围	需要为哪些客户提供价值？哪些产品和服务可以包含这些价值？	能够使企业接触到哪些范围内的客户？电子商务是否改变了企业原有的产品和服务的商业范围？
定价	如何为提供产品和服务的价值定价？	电子商务如何使企业提供的产品和服务的价值形成差别化而可以差别定价？
收入来源	企业的收入来自何方？哪些客户什么时候为企业提供了哪些价值付款？每个细分市场的利润率如何？哪些是企业利润的决定因素？在各种收入来源中哪些收入是决定性的或关键性的？	电子商务如何影响企业的收入来源？在电子商务环境中企业的收入来源发生了什么变化，是否出现了新的收入来源，或在原有收入来源中是否出现了结构性的收入转移现象？
关联活动	应该在什么时候进行哪些关联活动来提供价值？这些活动是如何关联的？	电子商务环境中企业必须推动哪些新的活动？将如何提高原有活动的操作水平？
实现	企业需要什么样的组织结构、制度机制、人力资源和环境来执行和实施这些活动？它们之间如何协调适应？	电子商务对企业的经营战略、竞争策略、组织结构、业务流程、人力资源和发展环境有什么影响？企业如何通过自我创新来适应这些变化的要求？
能力	企业拥有什么能力？需要填补哪些能力缺口？企业如何填补这些缺口？企业是否存在其他企业难以模仿的创造价值的能力？这些能力来自何处？	在电子商务环境中，企业需要哪些新的能力？电子商务活动对企业现有的能力构成什么样的影响？

续表

商业模式的子项内容	企业商业模式需要解决的问题	电子商务的商业模式需要解决的问题
持久性	哪些能力是其他企业难以模仿的？如何持续赢利并保持长久的竞争优势？	电子商务增强还是削弱了企业的持久赢利能力？企业如何利用电子商务提高持久的赢利能力？

资料来源：Allan Afuah and Christopher L. Tucci （2001）。

迈克尔·罗帕(Michael Rappa)和保罗·蒂姆尔斯将企业电子商务的商业模式划分为9种,经纪商、广告商、信息中介商、销售商、制造商、会员服务提供商、社区服务提供商、订阅服务提供商,以及效用服务提供商。

电子商务的经营模式有很多种,下面介绍一些最常见或能见得到的模式。

(1) 在线直销。在线直销是指生产厂家借助联机网络、计算机通信和数字交互式媒体且不通过其他中间商,将网络技术的特点和直销的优势巧妙地结合起来进行商品销售,直接实现营销目标的一系列市场行为。开展网络直销有三种主要方式:直销企业建立网站、直接网络派送和电子直邮营销。直销模式的应用对数字产品和服务的销售是非常有效的,主要应用于B2C或部分B2B类型的电子商务中。

(2) 电子招标／投标系统。电子招标／投标系统是以网络技术为基础,招标、投标、评标、合同等业务全过程实现数字化、网络化、高度集成化的系统,主要由网络安全系统与网上业务系统两部分组成。系统不但能够解决招标方关于招标文件的电子发布、传送、招标公告发布、招标文件的下载等方面的问题,而且还能解决投标方关于投标文件的投递安全性,投标时间的准确性与有效性,以及不同地域的评标专家同时对电子标书的阅读、评审、相互之间交流等问题。同时,还能提供丰富的招标项目历史数据、投标商历史数据及拟招标产品资料等,可以满足不同要求的多种数据仓库、数据挖掘、数据共享、数据查询、数据分析等功能。大型企业常采用招标／投标系统进行大批量或大家支持的采购,一些政府机构规定的政府采购活动必须通过该系统来完成。

(3) 开价模式。允许购买者为个人特定产品或服务指定他愿意支付的价格。Priceline公司最先引入这一模式,按照顾客的需求来寻找愿意以顾客制定价格出

续表

售产品或服务的提供商，也称作采集需求模式。国内比较有特色的“采到宝网”，是一个定位IT垂直领域的电子商务C2B网站平台，为个人消费者、单位在IT应用领域的产品采购中提供专业的C2B模式采购招标平台和服务。在C2B电子商务的模式下消费者有购买需求不是直接去寻找商家，而是通过C2B网站把需求信息发布出去，由商家上来报价、竞标，消费者可以选择与性价比最好的商家达成交易，不让消费者花一分冤枉钱，让商家不开店不打广告就可以把商品卖出，减少中间环节，最终的交易方式可以由消费者和商家自己选择。

(4) 寻找最优价格模式。也称比较购物搜索引擎模式。首先由顾客在搜索框内明确说明自己的要求，然后中介公司(该模式平台)在数据库中搜索与顾客需求相匹配的信息，确定最低价格的定位，并将此价格递交给顾客供顾客选择。国内的“搜购天下”(www.17sgtx.com)，收录有主要网上购物网站的产品信息，提供网上购物比较搜索服务。国外的MySimon(mysimon.com)能够从几千种普通商品中搜索出最低价格。

(5) 关联营销模式。关联营销模式是指营销合作商将消费者引导到销售公司的网站上。这种引导主要是通过在关联公司的网站上放置销售公司的横幅广告(banner)和标识(logo)来实现的。只要被引导到销售公司的网站上，则关联公司将得到3%~5%的回扣。如亚马逊公司有超过100万个关联网站。网站的拥有者可以利用加入Google广告联盟(AdSense)的方式，参与关联营销。

(6) 群体采购模式(团购)。由一个第三方寻找个人或中小企业的订单，并将这些订单集中起来形成一个数目较大的订单，最后第三方与供应商进行协商以实现最好的交易的模式。团购(Group purchase)就是团体购物，指认识或不认识的消费者联合起来，加大与商家的谈判能力，以求得最优价格的一种购物方式。

(7) 网上拍卖。网上拍卖(Auction Online)是指通过Internet实施的价格谈判交易活动，即利用互联网在网站上公开发布将要招标的物品或者服务的信息，通过竞争投标的方式将它出售给出价最高或最低的投标者。其实质是以竞争价格为核心，建立生产者和消费者之间的交流与互动机制，共同确定价格和数量，从而达到均衡的一种市场经济过程。

(8) 定制化模式。定制化是指按购买者所要求的规格来生产产品和服务。定制并不是一个新模式，新的只是以不高出非定制化产品太多的成本快速在网站上定制出产品和服务的能力。目前先进的生产商大多在网站上提供个性化定制业务。如戴尔为顾客定制PC机,耐克允许顾客定制鞋子,Mattel公司网站上“我的设计”功能允许时尚洋娃娃爱好者们为芭比娃娃定制一个朋友,德比尔斯公司允许顾客自己设计他们的订婚戒指等。

(9) 电子市场和电子交易。电子市场和电子交易是指一个交互式的企业所提供的一个中立的市场空间,期间有很多的买方和供应商从事电子商务交易与其他电子商务活动。电子市场的主要特征包括增值网服务商、横向电子市场以及纵向电子市场。横向电子市场是指一个连接了很多行业买方和卖方的电子化市场,主要是维护、维修和运营的物料的交易,包括范围很广泛的产品和服务,如办公室、旅游、运输以及一些金融服务等。纵向电子市场是指一个连接特点行业的买方和卖方的电子市场(如石油和天然气、纺织品以及零售业)。电子市场中没有实际货物,是一个虚拟商店,有关商品的各种信息均存储在服务器上,消费者通过网络浏览这些服务器就可了解各种商品信息,若对某种商品有购买要求,通过电子订购单发出购物请求,然后输入信用卡号码或采用其他支付方式,厂商托运货物或送货上门。例如,维库电子市场网是电子元器件交易平台。

(10) 信息中介模式。电子商务信息中介作为第三方不直接参与交易,专门为客户提供商务信息和增值服务。如携程旅游网,是航空公司和酒店的“渠道商”,为酒店、航空公司和消费者提供信息服务。阿里巴巴(B2B)信息服务平台,是目前全球最大的网上交易市场和商务交流社区。

(11) 实物交换模式。企业或个人之间以实物交换的方式来交换其不需要的过剩物品,市场经济人负责安排这类交易。如淘有网,提供网上换物、二手物品交易,处理闲置物品,同时提供担保交易。

2. 电子商务的创新商业模式

互联网应用的发展与普及,信息交互、知识共享的互联网思维更加深入地影响着各行各业,已有商业模式之间的相互融合、渗透,衍生出更多的商业模式。如威客模式,B2M模式、体验式电子商务模式、社区电子商务模式、虚拟物品实物交易模式等。我们仅就目前较为流行的创新商业模式进行介绍。

(1) 威客模式。按照威客(Witkey)模式创始人刘锋给出的定义:威客模式是指人的知识、智慧、经验、技能通过互联网转换成实际收益的互联网模式,主要应用包括解决科学、技术、工作、生活、学习等领域的问题。威客的英文Witkey是由wit(智慧)、key(钥匙)两个单词组成,也是The key of wisdom的缩写,译为“智慧的钥匙”。威客模式产生之前的互联网只是单纯地让用户共享知识和信息,无论是博客还是Wiki(维客)等模式的设计,是让互联网用户无偿地提供智力成果,而运行这些模式的网站获得了沉淀下来的知识价值。威客模式提出了知识必须体现价值的观点并不只是指货币价值,也包括自豪感、成就感,但最重要的激励机制还是货币价值,只有通过货币才能让人类有价值的隐性知识表现出来,才能让互联网中无意义的信息大幅度减少。

威客网站一般分为两类:知道型威客网和悬赏型威客网。知道型威客,也称知识问答型威客,通过回答别人问题获得利益的威客。通常是通过回答问题获得积分,然后通过积分兑换奖品,如百度知道、爱问知识人等威客。悬赏型威客是一般意义上的威客。通过对某个项目进行投标,争取中标从而获得项目开发机会,最终产生价值。现金悬赏任务流程在2003年Google Answer上得到应用,2004年K68将其发展为“全额付款,永不退款,网站扣20%”的制度,这一制度后来被许多中国威客模式网站所采纳。现金悬赏型任务流程如图1-4所示。

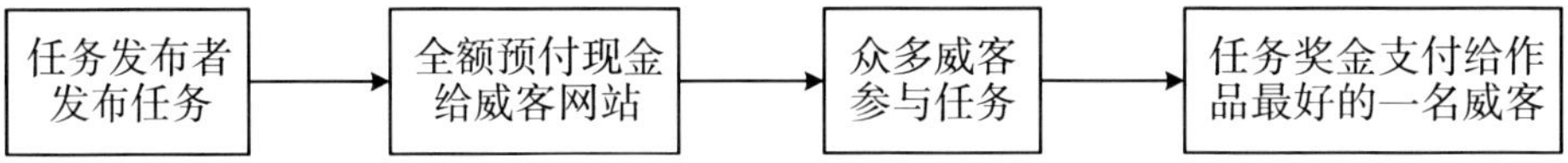

图1-4 威客现金悬赏型任务流程

现金悬赏任务流程的一个最大问题是参与者水平参差不齐,不能确保任务发布者获得满意的作品。从2000年开始,另外一批威客类型网站开始了招标任务流程的道路,2000年中国深圳的“设计者之窗”开始用招标任务的方式为世界著名企业服务,将这些企业的设计任务通过互联网发包给高水平的设计师。2005年开始,Witkey将招标任务应用在科技转移领域,帮助企业的科技难题与专家进行对接。2008年,更多威客模式网站将招标任务应用在复杂的在线工作领域。威客招标任务流程图如1-5所示。

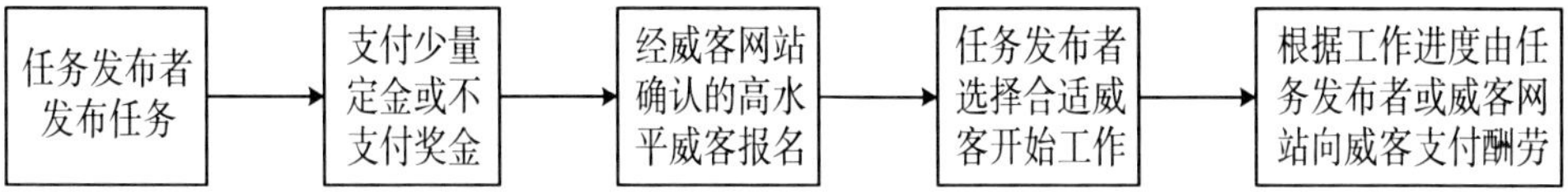

图1-5　威客招标任务流程

国内比较常见的威客网站有猪八戒、一品威客、任务中国、时间财富威客（原威客中国）等。

（2）B2M模式。B2M（Business to Marketing）是指为企业提供网络营销托管NMTC（Network marketing Trusteeship Council）的电子商务服务商。B2M是以满足客户的多样化、个性化需求为核心而建立起的营销型网站，是企业的网络营销渠道平台，并通过线上、线下多种渠道对站点进行广泛的推广和规范化的导购管理。B2M电子商务模式通过市场调研、市场选择、市场开发来挖掘和开发目标市场，从而实现扩大市场份额、增加市场占有率、提升企业品牌形象的功能，成为企业新的经济增长点。

B2M环节中，企业通过网络平台发布该企业的产品或者服务，职业经理人通过网络获取该企业的产品或者服务信息，并且为该企业提供产品销售或者提供企业服务，企业通过经理人的服务达到销售产品或者获得服务的目的。职业经理人通过为企业提供服务而获取佣金。

B2M与传统电子商务相比有了巨大的改进，除了面对的用户群体有着本质的区别外，B2M具有一个更大的特点优势：电子商务的线下发展。传统电子商务的特点：商品或者服务的买家和卖家都只能是网民，而B2M模式能将网络上的商品和服务信息完全走到线下，企业发布信息，经理人获得商业信息，并且将商品或者服务提供给所有的百姓，不论是线上还是线下。

（3）体验式电子商务模式。电子商务“体验店”就是在一个实体店面里陈列着网购的商品，或在网店里展示商品，这些商品只作为样品供客户参考，如果客户满意，要购买看中的商品，店主可代其进行该商品的网购，或指导客户到实体店体验或购买。

线下零售是电子商务发展形成的新模式，网络零售商授权副食店、超市、连锁店、校园店等社区店成为授权代购店，为不会上网的消费者提供服务到家的网购、充值缴费等电子商务服务。2010年初，淘宝网宣布大规模进军线下零售，首批杭州150家线下授权店1月16日同时开张营业，生意红火。随即，淘宝宣布，计划年内在全国各社区、高校铺设超过3万家授权店。

顾客除了可以在网上浏览、选定商品后找线下授权店店主代购，还可通过线下授权店内的购物目录、单页等了解相关商品。如果顾客需要了解更详细的商品信息，甚至可让线下授权店店主上网查找详细信息，网络购物物美价廉的优势通过授权店得到体现。一旦顾客选好商品，线下授权店店主会主动确认顾客所购买商品的型号、尺寸、库存信息等细节并开具代购单。市民付款几天后，线下授权店就会通知顾客取货。

在“体验店”，顾客只需支付少量代理费，就可享受到网络代购、团购等服务，用户直接用现金与“体验店”进行结算。顾客也完全不用担心“体验店”会存在欺诈行为，“体验店”完全可以实现货到付款。即使是老年人，也同样可通过“体验店”轻松完成网络购物，让网络购物变得更现实。

爱样品网是一家为消费者提供样品免费线下领取的网站。通过网站搭建的平台，线下商家每月缴纳一定费用后入驻，通过自主发布免费样品进行营销。而用户只需通过手机认证后，便可进入线下门店领取或体验。

创始人马向东将爱样品定义为一个体验营销平台：通过爱样品网为线下实体店带去消费者，品牌商不但能通过爱样品的开放后台实实在在地获取用户的账号、性别、手机号码等精确信息，还能对实地来取货的消费者完成进一步的促销和导购。与导购网站纯线上逻辑不同的是，爱样品做的是提供落地服务，通过形成从线上到线下的闭环，向上游说服商家，从下游给予消费者眼见为实的质量保证。

（4）社交电子商务模式。社交电子商务（Social Commerce）是电子商务的一种新的衍生模式，是电子商务与社交网络服务（SNS）融合的产物。借助社交媒介、网络媒介的传播途径，通过社交互动、用户自生内容等手段来辅助商品的购买和销售行为。在Web 2.0时代，越来越多的内容行为是由终端用户来产生和主导的，如博客、微博。

电子商务与SNS的融合有两种模式。一种是以SNS网站为基础，增加电子商务模块，或者开放平台与第三方电子商务网站合作，利润分成。如Facebook，于2010年底开始邀请大型的零售商在自己的网站上开店，帮助搭建页面商店，开发销售工具，并允许客户在购买商品时进行互动。如国内的人人网推出电子商务导购平台“人人爱购”平台，与凡客诚品、京东商城、麦考林、银泰网等多家电子商务网站完成对接，提供产品导购服务，涉及产品包括服装鞋帽、美容护肤、珠宝饰品、运动户外、3C数码、食品保健及图书音像等。

另一种是以传统电子商务平台为基础，发展SNS增加黏性，最典型的例子就是电子商务的社区化。目前不少电子商务网站设立了社区或论坛，消费者在完成购物后可以交流购物体验，其他人可以在社区里进行反馈，这种交流和反馈在很大程度上影响着网民的购物行为,使口碑的力量转变成销售的力量。比如,国内最大的C2C平台淘宝网开辟了“淘宝网论坛”,设置分享、茶馆、经验等多个栏目供淘宝客们交流。垂直B2C的领军企业凡客诚品也推出了自己的社区频道——凡客达人，任何人只需注册并上传照片参加海选，就有机会成为凡客诚品帮助策划拍摄的达人，可以秀搭配、写微博、晒衣单以供其他用户借鉴。

（5）虚拟物品实物交易模式。虚拟物品是指从虚拟的网络游戏世界里衍生出来的物，主要是装备、武器等，有时候还包括了游戏中的货币，以及QQ的各种收钱图标如黄钻、QQ会员等。随着网络科技的发展日益成熟，在互联网中形成的交易也开始逐渐蔓延开来，人们不但借助网络进行实物的交易，架构起措施完善的电子商务交流领域，更跟随着网络环境而萌生出了虚拟物品价值向实体化转换的概念。最为突出的领域莫过于现今相当流行的网络娱乐产业——网络游戏。

在网络游戏中，各种游戏装备、物品乃至金钱的价值尤为突出，因此也造成了纯虚拟世界难以包容其价值需求度的逐渐膨胀，最终造成这些原本虚拟的数据向现实世界转化，最终根据人们对其价值的认可而转化为具有实物货币交换意义的现实商品。从完善的制度上分析，收费游戏的支付金钱触发端为游戏运营官方，而官方收费无论在支付系统还是兑换给玩家的点卡商品机制方面，都有着强大安全的后台技术支持，从而给交易双方都带来了安全可靠的风险保障。

【课后思考题】

1. 互联网的特点与互联网的思维是什么？
2. 理解EB与EC？
3. 电子商务类型有哪些？
4. 你知道的电子商务新的商业模式有哪些？

【本章参考文献】

[1]金安,李宏宇.市场营销学[M].北京:中国水利水电出版社,2005.

[2]翁智刚.营销工程[M].北京:机械工业出版社,2010.

[3]陈向军.网络营销与策划[M].北京:高等教育出版社,2011.

[4]吴杰.计算机网络实用技术[M].上海:同济大学出版社,1996.

[5]埃弗雷姆・特班,戴维・金,朱迪・麦凯等著.电子商务管理视角(原书第5版)[M].北京:机械工业出版社,2011.

[6]梁跃文.电子商务新模式-“体验店”的商业化设计与运作[J].中国商贸.2010.9:64-65

第二章　网络营销基础

学习目的:

了解网络营销的产生背景和发展现状;理解网络营销概念和内涵特点,弄清网络营销与传统营销的区别;掌握网络营销的职能,熟悉网络营销可以借助的网络工具或平台。

第一节　网络营销的产生与发展

一、网络营销产生的基础

网络营销是伴随互联网进入商业应用和信息技术的发展逐渐诞生与发展的,尤其是万维网(WWW)、电子邮件、搜索引擎等得到广泛应用之后,网络营销的价值越来越明显。互联网典型技术的出现、消费者价值观的变革和市场竞争的日趋激烈等构成了网络营销产生的基础。

1. 互联网典型技术的出现

Internet最早源于美国1968年建立的ARPANET,主要应用于军事研究,为军事科研人员提供交换信息环境。1971年美国工程师在剑桥实验室利用ARPANET成功在两个机器之间传递了文本文件信息,标志电子邮件的诞生。

20世纪90年代初美国提出建设国家信息高速公路,将互联网普及为民用,实现信息共享。互联网能够民用且迅速普及得益于一个重要人物的伟大发明,他就是被称作"互联网之父""全球网站第一人"的英国科学家——蒂姆·伯纳斯·李。1989年蒂姆提出"World Wide Web"的全球超文本项目计划,以便人们能够将各自的信息通过超文本网络共享。1990年12月完成了第一个超文本浏览程序编写的软件。1991年8月6日在互联网上发布了世界上第一个网站(http://info.cern.ch/),网站解释了万维网是什么,如何使用网页浏览器和如何建立一个网页服务器等技术。后来在这个网站里列举了其他网站,因此,该网站也成为世界上第一个万维网目录。构成万维网的各个组成部分都很简单,蒂姆·伯纳斯·李的功绩是将它们有效地组合在一起使之发挥出最大的效用,并无偿地将他的技术提供出来。

1993年6月,美国麻省理工学院学生Matthew·Gray(麦瑟·格雷)为协助估算互联网的规模,即联机数量,开发了名为“WWW Wanderer”的网络机器手程序。这是第一个Spider程序,也是全文搜索引擎技术的雏形。搜索引擎平台技术由此快速发展。

1994年4月12日美国亚利桑那州一对从事移民签证咨询服务的律师夫妇把一封“绿卡抽奖”的广告信发到他们可以发现的每个新闻组,大量的求助与咨询信息充斥这些新闻组,在服务商平台技术尚待完善的年代,致使提供新闻组服务的服务器宕机。

律师夫妇的行为给新闻组平台服务商带来了灾难,却给自己带来了一本万利。通过互联网发布广告信息,只花费20美元的上网通信费就吸引了25000个用户,赚了10万美元。这种未经许可的E-mail宣传所带来的影响,尽管致使邮件服务器一度瘫痪,却诱发了人们对网络营销的关注,并对互联网上的平台所能提供的服务进行深层研究,网络营销的概念开始形成。

1994年10月14日,美国著名的Wired杂志在其推出的网络版Hotwired站点主页上发布了14家客户的广告Banner。这是世界上第一个网络广告。

信息技术的迅速发展使网络广告成为颠覆传统广告的新生力量,有数据显示:将一种传媒推广到5000万人,收音机用了38年,电视用了15年,而因特网仅用了5年。网络广告对传统媒体的广告份额形成强烈的冲击。

1995年7月,网上商店亚马逊成立。亚马逊这家全球销量最大的图书公司总部位于华盛顿州西雅图市,目前共有全职员工20700人,是世界500强公司之一。公司作为全球在线零售商,通过网站为消费者提供产品零售服务。在其网站上可以买到近150万种图书、音乐和影视节目,自1999年开始,亚马逊也同时在网上销售手机数码、家电、车用品、电脑、游戏、软件、办公、家居、厨具、食品、个人护理、美容化妆、玩具、母婴、运动健康、表首饰、鞋靴服饰等20多个门类的商品,并于2004年收购了中国的卓越网。

2. 消费者价值观的变革

价值观是指个人对客观事物(包括人、物、事)及对自己的行为结果的意义、作用、效果和重要性的总体评价,是推动并指引一个人采取决定和行动的原则、标准,是个性心理结构的核心因素之一。价值观反映的是社会上大多数人的情感、愿望和追求。价值观并不是一个人的追求和愿望,而是一定的社会群体的共同追求,是群体中不同个体的意志体现。

随着经济全球化、政治多极化的全球趋势和我国社会转型的发展,各种价值观念不断地相互交融、汲取、作用、冲突。在此过程中,人们的价值观念处于多元纷呈的状态,主要表现在三个方面。

(1) 价值取向从整体向个体转变。在计划经济体制下,国家作为一个整体,是最高的主体,主要通过自上而下的单向行政控制来强化自己的作用,国家和集体的价值便是终极价值。在市场经济条件下,原有的利益结构逐渐解构,不同的利益主体在市场上展开竞争,追求经济利益的最大化。个人的价值、地位和作用突现出来,人们寻求个体发展、个性实现的主体意识愈加强烈。

(2) 价值追求从道义导向向利益导向转变。在市场经济条件下,个人的经济动机得到了合法化,追求财富和富裕的生活已经为社会所肯定。人们追求自己的物质利益,最大限度地调动了人的积极性,提高了自己活动的效率和效益,增强了经济的整体活力。

(3) 价值标准从一元性向多元性转变。在市场经济条件下,利益主体多元化,价值主体也多元化了,国家、集体是价值主体,个人也是价值主体,国有企业是价值主体,非国企也是价值主体。由于价值主体的多元化,人们在行为选择上更多地将集体、国家利益与个人利益结合起来。同时,"自我"作为价值主体、评价主体的地位日益被人们重视与突出起来。个人价值的充分肯定促使了人们价值主体意识的空前觉醒,赋予每个个体积极性和自主性。人们强烈地意识到自己的地位、作用和利益所在,意识到自己是独立的价值主体,从而追求自身的独立价值。

互联网改变了人们生活、学习和工作的方式,人们的消费价值观产生了较大的变化。首先,互联网给人们带来虚拟环境下的真实活动,促进了人们个性化消费的回归。其次,消费主动性增强。多数产品无论是在数量还是品种上都极大丰富,消费者希望能够快捷挑选并购买自己满意的商品和服务,网络营销信息的快速更新和网络购物的便捷促使更多的消费者主动消费。在社会分工日益细化、专业化的趋势下，客户对单向“填鸭式”营销沟通感到厌倦和不信任，而会主动通过各种可能的渠道获取与商品有关的信息进行比较，以增加对产品的了解和争取心理上的满足感。

3. 商业竞争的日益激烈

随着市场竞争的日益激烈化，为了在竞争中占有优势，各企业都使出了浑身解数想方设法地吸引客户。市场竞争已不再停留在表层，更深层次的经营组织形式上的竞争已经开始。经营者尽可能地降低商品从生产到销售的各个环节所用的成本，缩短运作周期。开展网络营销，可以节约大量销售成本，可以减少库存商品对资金的占用，可使经营规模不受场地的限制，便于采集客户信息。

1994年被认为是网络营销发展的重要一年，因为网络广告诞生的同时，基于互联网的知名搜索引擎Yahoo、Webcrawler、Infoseek、Lycos等也相继在1994年诞生，可以说网络营销诞生于1994年。此后，随着企业网站数量和上网人数的日益增加，各种网络营销方法也开始陆续出现，网络营销进入了快速发展时期。

二、我国网络营销发展的历程

相对于互联网发达国家，我国的网络营销起步较晚。到目前为止，我国的网络营销大致可分为4个发展阶段：基础环境搭建阶段、概念形成阶段、应用发展阶段和理论研究与策略创新阶段。

1. 基础环境搭建阶段

我国互联网技术应用起步较晚，1987年9月，北京计算机应用技术研究所与德国合作建立中国学术网，正式建成中国第一个国际互联网电子邮件节点，并于9月14日发出了中国第一封电子邮件：越过长城，走向世界(Across the Great Wall we can reach every corner in the world.)。1989年8月，中国科学院承担了国家计委立项的“中关村教育与科研示范网络”(NCFC)——中国科技网(CSTNET)前身的建设。1994年4月，NCFC率先与美国NSFNET直接互联，实现了中国与Internet全功能网络连接，标志着我国最早的国际互联网络的诞生。1994年5月21日，在钱天白教授和德国卡尔斯鲁厄大学的协助下，中国科学院计算机网络信息中心完成了中国国家顶级域名(CN)服务器的设置，改变了中国的CN顶级域名服务器一直放在国外的历史，揭开了中国人使用互联网的序幕。1994年7月初，由清华大学等六所高校建设的“中国教育和科研计算机网”试验网开通，该网络采用IP / x.25技术，连接北京、上海、广州、南京、西安等五所城市，并通过NCFC的国际出口与Internet互联，成为运行TCP / IP协议的计算机互联网络。1995年4月中国黄页开通，这是第一家网上中文商业信息站点，即企业信息发布平台。1996年1月，中国公用计算机互联网(CHINANET)全国骨干网建成并正式开通，全国范围的公用计算机互联网络开始提供服务。1996年2月，中国科学院决定正式将以NCFC为基础发展起来的中国科学院院网命名为“中国科技网”（CSTNET）。1996年2月1日，国务院第195号令发布了《中华人民共和国计算机信息网络国际联网管理暂行规定》。1996年2月27日，外经贸部中国国际电子商务中心正式成立。1996年12月，中国公众多媒体通信网(169网)开始全面启动，广东视聆通、四川天府热线、上海热线作为首批站点正式开通。直到1997年之前，互联网在我国还处于科学研究和教育研究阶段。

在1997年之前，中国的网络营销处于一种神秘阶段，并没有清晰的网络营销概念和方法，也很少有企业将网络营销作为主要的营销手段。在早期有关网络营销的文章中，经常会描写某个企业在网上发布商品供应信息，然后接到大量订单的故事，并将互联网的作用人为地加以夸大，给人造成只要上网就有滚滚财源的印象。其实，即使那些故事是真实可信的，也都是在互联网上信息很不丰富的时代发生的传奇，别人也无法从那些故事中找出可复制的、一般性的规律。因此，这个阶段只是为我国网络营销思想的产生搭建环境基础的阶段。

2. 概念形成阶段

1997年1月1日，人民日报主办的人民网开通，这是中国开通的第一家中央重点新闻宣传网站。1997年1月15日，专业IT资讯网www.chinabyte.com正式开通，年底站点点击率突破20万。2月，ChinaByte正式开通免费新闻邮件服务，年底新闻邮件订户数接近3万。3月，Intel、IBM开始在ChinaByte上发布网上广告，IBM为AS400的宣传付了3,000美元。

1997年2月，我国首家互联网服务平台——瀛海威开通，3个月内在北京、上海、广州、福州、深圳、西安、沈阳、哈尔滨8个城市开通，成为中国最早、最大的民营ISP、ICP。1997年4月，依托国家主干网络基础通信资源的各地信息港开通。

注册域名和空间租用服务，以及承担建设网站开发等业务的开展，促使企业网站建设加速。

1997年6月3日，受国务院信息化工作领导小组办公室的委托，中国科学院在中国科学院计算机网络信息中心组建了中国互联网络信息中心(CNNIC)，行使国家互联网络信息中心的职责。全面规范我国互联网资源，如域名注册、域名审核、网站建设情况、网民情况、全国各省市分布情况等。1997年11月，中国互联网络信息中心发布了第一次《中国互联网络发展状况统计报告》：截至1997年10月31日，中国共有上网计算机29.9万台，上网用户数62万，WWW站点约1500个，国际出口带宽25.408M。尽管现在看来上网人数和网站数量均微不足道，但之后我国互联网的快速发展，促进了网络营销概念在我国的形成。

1997年，江苏无锡小天鹅利用互联网向国际上8家大型洗衣机生产企业发布合作生产洗碗机的信息，并通过网上洽商，敲定阿里斯顿作为合作伙伴，签定合同2980万元；海尔集团1997年通过互联网将3000台冷藏冷冻冰箱远销爱尔兰，截至1999年5月12日，该公司累计通过互联网发布信息11298次，接受并处理用户电子函件3600多封，访问人数由去年同期平均每天2300人次扩大到现在平均每天27000人次，并有20%的出口业务通过互联网实现。

1998年3月，第一个由中国人自己开发的免费邮件系统Coremail诞生，发布在163.net上供中国当时的网民免费使用，并在当年年底就拥有了40万用户。从1998年到2001年，邮箱用户急剧增加，网易、新浪、Sohu、中华网等门户开始涉足电子邮件服务，引发了门户网站之间的电子邮件大战。

1998年二季度，"国中网"世界杯网站，使许多从未做过网络广告的广告主有机会了解网络广告。1998年底到1999年初，PC厂商大规模上网，中国大陆的广告才真正启动。

1999年上半年，IT和电信以外的广告主上网做广告，打破了网络广告单调的僵局。"上海热线""亿唐""梦想家""前程无忧"等七家网络信息服务商从国家工商局领到了拥有网络广告设计、制作、发布权的"广告经营许可证"。

1999年，北京三元牛奶在网易上发布网络广告，开创了我国传统企业做网络广告的先河。

1999年，马云带领团队撤出官方网站，创办阿里巴巴，综合性的企业间商业信息供求平台诞生。同时,以8848为代表的网上零售电子商务平台诞生。

网络广告和E-mail服务在中国的诞生,以及电子商务平台、网络服务、搜索引擎的涌现等,网络营销的概念逐步形成,越来越多的企业认识到网络营销的重要性。截至2000年底,我国上网用户人数已达2250万人,WWW站点数(包括.cn、com、.net、.org下的网站)约265405个。

3. 应用发展阶段

进入2001年之后,网络营销开始进入应用发展阶段,主要特征表现在以下6个方面。

(1) 网络营销服务市场初步形成。尽管网络营销服务市场至今仍不完善,但2001年之后,以"企业上网"为主要业务的一批专业服务商开始快速发展,一些公司已经形成了在该领域中的优势地位,这标志着我国网络营销服务领域开始走向清晰化。网络营销服务市场分成两大类:一类是以域名注册、虚拟主机和企业网站建设为主要内容的网络营销基础服务市场;另一类是以提供大型门户网站的分类目录登录、专业搜索引擎的关键词广告和竞价排名、供求信息发布、专业E-mail策略、电子商务平台等为主要内容的网络营销推广服务市场。同时,网络营销服务市场也出现一些无序状态,如出售收集邮件地址的软件、贩卖用户邮件地址、发送垃圾邮件等为主要业务的"网络营销公司"也在悄然发展,成为网络营销服务健康发展的障碍。

(2) 网站建设已成为企业网络营销的基础。根据中国互联网信息中心的统计报告:2001年~2007年我国的WWW网站数量从24万个发展到150万个,其中绝大多数为企业网站。企业网站数量在快速增长,反映了网站建设已经成为企业网络营销的基础。

(3) 网络广告形式和应用发展迅速。国内网络广告市场虽然也受到互联网泡沫或网络经济滑坡的影响,但仍然保持一定的增长,而且更重要的是,网络广告市场的集中趋势更为明显。2001年,搜狐网络广告收入大幅上升了58%,从2000年的580万美元上升到2001年的920万美元。2002年,我国网络广告实现总收入4.9亿,增幅26%。根据新浪、搜狐和网易公布的2003年度业绩报告,三个公司分别实现了1.14亿美元、8900万美元、8000万美元的全年度营业收入,以及3100万美元、3900万美元和2600万美元的全年度净利润,首次迎来了全年度盈利。另外,网络广告从表现形式、媒体技术等多方面开始发生变革，如广告规格尺寸不断加大、表现方式更加丰富多样、网络广告展示的信息内容更多等。

（4）E-mail策略的重要性依然存在。E-mail策略是国内较早诞生的一项网络营销活动，但从1997年至今，仍然没有在网络营销服务市场上占据重要地位。尽管存在市场不成熟、垃圾邮件、服务商的屏蔽等问题，但我国拥有和使用E-mail的人群数量仍在不断增多，据CNNIC发布的《第十三次中国互联网络发展状况调查统计报告》，截止2003年底，上网用户总人数为7950万，而88.4%的用户经常使用的网络服务功能是电子邮箱，用户平均每周收到电子邮件数(不包括垃圾邮件)5.8封，收到垃圾邮件数7.9封，发出电子邮件数4.1封。因此，E-mail策略的重要性依然存在。

垃圾邮件造成了用户对应用E-mail策略的误解。要么把所有的商业邮件误以为是“E-mail策略”，要么把所有的商业邮件都认为是垃圾邮件。严重破坏了正规E-mail策略的声誉和整个网络通信环境，使得一些正常的电子商务和顾客服务工作等无法正常进行。

（5）搜索引擎策略向深层次发展。网络营销概念形成的阶段，企业向主流搜索引擎登录网站是网站推广的基本手段，这也得益于登录网站的免费形式。随着我国互联网网民人数的剧增，以及网民使用互联网查询信息常规方式的聚集，从2001年下半年开始，国内的主要搜索引擎服务陆续开始了登录网站收费。收费服务自然会影响部分网站登录的积极性，不过搜索引擎也为网站提供了更多专业的服务，从功能上为网络营销提供了更为广阔的发展空间，提高了营销的效果。2001年~2003年,由于出现了按点击付费(Pay-Per-Click)的搜索引擎关键词广告,带来了收费问题,加上网络经济环境因素,搜索引擎营销市场进入了调整期,传统网络分类目录的推广作用日益减弱。2003年后期开始,以Google为代表的全文搜索引擎渐成主流。网站建成后无需人工提交,于是,基于自然检索结果的搜索引擎优化开始得到重视。同时,搜索引擎广告进入了快速增长时期,出现了以Google AdSense为代表的基于定位内容的搜索引擎广告。越来越多的商家开始重视搜索引擎带来的效果，与之相关的研究和探讨最终造就了搜索营销的体系，这个体系的日益完善也推动了对搜索营销价值的广泛认同，在搜索营销上投入的预算呈现快速增长的趋势。

(6) 网上销售环境日趋完善。建设和维护一个完善电子商务功能的网站并非易事,不仅投资大,还要涉及网上支付、网络安全、商品配送等一系列复杂的问题。随着一些网上商店平台的成功运营,网上销售环境日趋完善,电子商务不再是网络公司和大型企业的特权,而逐渐成为中小企业销售产品的常规渠道。

4. 理论研究与策略创新阶段

随着网络营销应用的深入,网络营销理论研究引起各方面专家学者的关注。中国知网2000—2013年"网络营销"的研究文献数据,如图2-1所示。

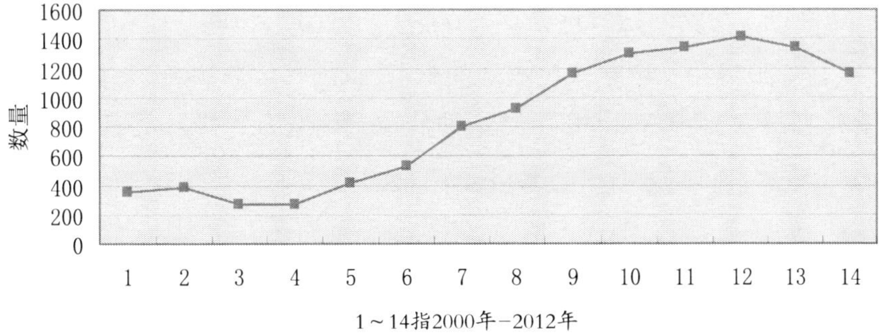

图2-1　2000年至2013年间"网络营销"的研究文献数据(中国知网数据)

从图2-1中可以看出,2004年以后,对网络营销的研究文献数量呈现大幅增长趋势。研究内容涉及网络营销的内涵分析、战略、策略、模式和方法。由此补充完善了现代营销理论,丰富了现代营销策略的内容,如网络直复营销、网络软营销、网络整合营销、网络关系营销、知识营销、病毒性营销、口碑营销、事件营销,以及数据库营销等新内容。这些理论研究,极大地推动了网络营销策略创新的进程,网络营销的手段和方法的运用,已经成为企业在市场经济中取得竞争力的核心内容。

网络营销理论的研究带动了策略模式创新实践,新的营销模式和手段不断涌现。同时,我国政府对电子商务环境发展的政策推动,促进了网络营销理性和有序的发展。主要的创新成果有以下几个方面。

(1) 搜索引擎技术发展带动营销模式创新。自1994年2月雅虎分类目录式搜索引擎的诞生,搜索引擎技术不断发展,先后诞生了基于软件机器人技术的全文搜索引擎、多元搜索引擎和集成搜索引擎。我国搜索引擎技术及平台功能也取得了较快的发展,诞生了许多拥有自主知识产权技术能力的搜索引擎服务平台,如百度、搜狐(搜狗)、新浪、网易、万纬等。近年,出现了更多垂直化(或专业化)搜索引擎和综合搜索引擎平台。网络营销策略模式也从当初的免费登录、付费登录、关键词广告,发展成为关键词竞价排名、网页内容定位广告、搜索引擎优化策略等模式。同时,更多搜索平台提供面向网站推广的数据分析、相关推荐和账户管理等服务功能。

(2) 网站绩效促进网站优化技术手段和方法创新。根据CNNIC报告数据,2004年-2009年,我国网站数量分别为66.89万、69.42万、84.30万、150万、287.8万和322.18万。2010年受国家安全清理的影响,我国网站数年降幅41%,回落至191万,但整体质量得到提升。同时,网站维护专业化能力的提升及搜索引擎排名的要求,越来越多的网站拥有者更加注重网站的绩效。因此,网站优化技术手段和方法得到了创新和发展,出现了网站诊断、静态页面动态化、基于营销导向的网站优化等各种技术手段和方法。许多专家学者也在理论上对网站的评价进行了深入研究,第三方专业评价机构和网站优化机构相继成立,有效地促进了网站专业化建设的进程。2011年-2013年,我国网站数量再次增至230万、268万和320万,新建和改建的企业网站占绝大多数。

(3) 网络广告实现精准化营销的创新。2004年以后,随着广告效果监测和分析服务技术的诞生,网络广告进入理性化发展阶段。随着企业对网络营销认识的提高,对网络广告营销效果的要求越来越高。2004—2005年,由于互联网环境的改变,众多互联网公司开始赢利,而网络广告市场也稳步增长,平均增长率在70%以上。2006—2007年,传统的网络广告模式已经不能满足客户的需求,于是各种网络广告模式相继出现,已经发展成包括富媒体、赞助式、插播式等在内的八种以上形式。2008—2009年,中国网络广告市场规模分别达180.6亿元、207.3亿元和321.2亿元人民币。视频网站等新媒体和广告效果分析服务创新技术成为整体网络广告市场强劲增长的拉动力。网络媒体提供高效的网络广告环境和资源,管理更加规范化,广告客户则可以自主地进行广告投放、更换、效果监测和管理,也可以通过第三方进行广告管理，而用户可以根据自己的需要选择感兴趣的广告信息及其表现形式。

（4）反垃圾邮件联盟规范了许可E-mail营销的创新。自电子邮件诱发网络营销概念以来，垃圾邮件问题始终困扰网民和邮件服务商。国际上先后建立反垃圾邮件联盟组织，联合抵制垃圾邮件泛滥问题。中国垃圾邮件问题较为严重，由于没有制定出相关的法律、法规，对发送垃圾邮件的行为进行有效制裁，造成垃圾邮件在我国畅通无阻，甚至中国网民发往国外的许多有效的电子邮件无端地遭到封杀。一些组织甚至全面封杀来自包括中国电信、新浪、网易、搜狐、163邮局、263、21CN等国内主要邮件商的所有邮件。有组织的西方垃圾邮件群体也大规模转移阵地，大肆利用中国的域名注册服务、DNS服务、虚拟主机服务、邮局服务发送垃圾邮件，中国服务商的声誉和中国网民的利益受到了极大的损害。

2005年12月9日，中国互联网协会在"中国互联网协会反垃圾邮件协调小组"的基础上正式成立中国第一个在行业内最具代表性的反垃圾邮件组织——"中国互联网协会反垃圾邮件工作委员会"（Anti-Spam committee of Internet Society of China，ASISC），标志着中国反垃圾邮件事业迈上了新的台阶。近年来，中国的反垃圾邮件队伍不断壮大，有更多网络界的高层人士参加到反垃圾邮件的队伍里来，反垃圾邮件的工作将更为规范化，措施与手段也将更加完善和先进，治理垃圾邮件的效果也将更为显著。

（5）社区营销的创新应用。网络社区是网站所提供的虚拟频道，主要通过把具有共同兴趣的访问者集中到一个虚拟空间，让网民产生互动、情感维系及资讯分享。主要包括BBS / 论坛、贴吧、公告栏、群组讨论、在线聊天、交友、个人空间等服务形式。2006年~2007年是网络社区数增幅最大的时期，由于有众多用户的参与，不仅可以带来稳定及更多的流量，增加广告收入，注册会员更能借此拥有独立的资讯存放与讨论空间,会员多,人气旺,还给社区营销造就了良好的场所。据艾瑞咨询《2009年中国网络社区营销研究报告》，2008年中国网民为2.98亿，而网络社区注册用户达1.28亿，比2007年增长56.1%，全体网络社区营销市场规模为20亿美元。

（6）移动营销的诞生与应用。2013年7月，CNNIC发布了《第32次中国互联网络发展状况统计报告》，报告显示，截至2013年6月底，我国网民规模达5.91亿，我国手机网民规模达4.64亿。企业需要采用网络营销的手段和方法在移动终端上直接向目标受众定向、精确地传递个性化即时信息，通过与消费者的信息互动达到市场营销目标。IDC的数据，中国成为移动应用下载量增长最快的国家，2011年的增幅高达298%。

随着电信技术的发展，手机可以运用的传播形式也越来越多样化，除文字外，彩色动画、影音和二维码等传播形式越来越受广告主的青睐，手机逐渐成为继电视、广播、报刊、网络之后的新媒体（第五媒体）。随着移动通信技术的不断成熟，特别是手机二维码的推出，手机真正成为移动的多媒体互动信息终端，许多市场触觉敏锐的企业已经开始领先一步切入手机互动营销的领域。

第二节　网络营销基本概念和职能

一、网络营销基本概念及其特点

1. 网络营销的概念

网络营销在国外有许多译法，如Cyber Marketing、Internet Marketing、Network Marketing、E-Marketing等，不同的单词词组有着不同的含义。目前，比较习惯采用的翻译方法是E-Marketing，E表示电子化、信息化、网络化的含义，与电子商务（E-Business）、电子虚拟市场(E-Marketplace)等相对应。

网络营销目前并没有统一的定义，与许多新型学科一样，由于研究人员对网络营销的研究时期和角度不同，网络营销环境不断发展变化，各种网络营销模式不断出现，并且网络营销涉及多个学科的知识，不同研究人员具有不同的知识背景，因此对网络营销概念的认识有一定差异。

从营销管理的角度，外国学者拉菲·默罕默德对网络营销有如下定义："网络营销是通过在线活动建立或维持客户关系，以协调满足公司与客户之间交换概念、产品和服务的目标。"

从网络营销的内容和表现形式的角度，网络营销是以互联网为媒体，以新的方式、方法和理念实施营销活动，更有效地促成个人和组织交易活动实现的新型营销模式。

从技术实现的角度，网络营销是通过有效利用计算机网络这一现代技术，最大程度地满足顾客需求，以达到开拓市场，增加盈利能力，实现企业市场目标的过程。

各种观点都从某些方面反映了网络营销的内容。本书基于营销理论用于实践的观点，采用《网络营销基础理论与实践》（冯英健，清华大学出版社）书中给出的定义：网络营销是企业整体营销战略的一个组成部分，是为实现企业总体经营目标所进行的，以互联网为基本手段营造网上经营环境的各种活动。简单而言，就是借助互联网做营销，利用互联网平台，借助技术、工具、意识的整合性思维达到营销目标的新型营销活动。

网络营销产生于互联网的发展，是依托网络的新的营销形式和手段，有助于实现企业的整体营销目标。因此，凡是以互联网为主要手段进行的、为达到一定营销目标的营销活动，都可以称为网络营销。

对于网络营销的概念内涵，可以进行以下分析。

（1）网络营销是企业整体营销战略的组成部分。企业经营的关键环节是市场营销，市场营销是满足企业总体经营目标而进行的（组织和个人需求的）计划和执行活动。为了占领市场、稳定市场、扩大市场份额，企业会制定长期或短期的营销战略，如品牌战略、竞争战略等，并依此战略指导企业的营销传播活动，包括借助各种媒体或环境采用的各种营销策略和方法。网络营销主要是面向互联网上潜在用户，其借助各种网络平台进行营销宣传的内容不能与其他媒介的营销活动内容冲突，否则，将引起消费者对企业整体形象的认知差异。

（2）网络营销不等于网上销售。营销的最终目的是为了实现销售，包括网上和网下销售。网络营销是一种手段，网上销售是一种结果，网络营销发展到一定阶段可以实现销售。网络营销还可以实现网上营销信息传递、网上品牌宣传、网上顾客沟通与服务等目的，进而提升顾客的忠诚度。进行网络营销可以促进销售，但不必同时具有网上销售功能，如大部分中小企业的网站只具有信息发布功能，并不具有网上直销功能。

（3）网络营销不等于电子商务。网络营销概念来源于互联网技术与营销观念的结合，与电子商务的产生没有必然联系。①电子商务是利用互联网进行的各种商务活动的总和，既强调交易方式和交易过程环节，又强调与之相关的法律、安全、技术、认证、支付和配送等支撑环境。网络营销是企业在互联网上进行的营销活动,无论交易是否发生,网络营销活动都可以进行。②电子商务包括信息流、商流、资金流和物流,网络营销仅包括信息流。③电子商务的内容体系中包括网络营销管理的内容,但电子商务中的安全、法律等问题并不能包含或全部适用于网络营销。

(4) 网络营销不应被称为“虚拟营销”。网络营销的手段和方法与市场营销的手段和方法一样都是真实的。真实的营销信息发布,真实的banner广告,真实的邮件。不仅如此,网上营销还能真实地追踪网民行为,准确定位消费群体,如许可中的喜好、下订单客户的详细资料,以及网站统计软件的访问IP等。

(5) 网络营销是对网上经营环境的营造。企业网上经营活动包括产品和服务信息发布(包括网络广告)、网上订购、网上客户服务与沟通、网上调研、网上定制个性化产品、网上交易等内容。要进行这些经营活动需要基础网络环境,如供求信息平台(阿里巴巴、行业网站)、企业网站、搜索引擎平台、电子邮件平台等。网络营销能够为企业网上经营打造这些基础环境,如网络营销可以为企业信息发布平台进行有效推广,进行搜索引擎营销和许可mail营销,在门户网站上进行网络广告宣传;可以在自身网站上调研,也可以利用其他网站进行调研,即网络营销可以综合运用各种手段和方法营造企业网上经营环境。

2. 网络营销的优势

传统营销采用报纸、杂志、广播和电视等传统媒体进行营销信息传播,由于传统媒体的特性,使得基于互联网的网络营销无论从传播渠道、内容表现形式和信息传递策略上都具有一定的优势。

(1) 传播媒体的优势。“互联网媒体”又称“网络媒体”,就是借助国际互联网信息传播平台,以电脑、电视机以及移动电话等为终端,以文字、声音、图像等形式来传播信息的一种数字化、多媒体的传播媒介。在互联网上无论是文字、图像、声音,归根到底都是通过“0”和“1”这两个数字信号的不同组合来表达。这使得信息第一次不仅在内容上,而且在形式上获得了同一性。互联网的结构是按照“包切换”的方式连接的分布式网络。因此,在技术的层面上,互联网不存在中央控制的问题。即不可能存在某一个国家或者某一个利益集团通过某种技术手段来完全控制互联网的问题。

（2）营销范围的优势。互联网覆盖全球市场，借助互联网能够超越时间约束和空间限制向全世界进行信息发布、信息交互和信息传播，企业可每周7天、每天24小时随时随地提供全球性营销服务。传统营销受限制于传统媒介许可播放范围、固定版块、固定频道、固定时段等要素。

（3）营销效率的优势。网络营销可以实现高效率低成本的营销绩效。一方面，营销信息在互联网上传播速度快捷，信息来源广泛，制作发布信息简便，并方便实时更新，能够保证消费者查询信息的数量与精确度。同样的信息内容可以同时在不同的营销平台上传播，具有很强的时效性。另一方面，企业可以利用自身的网络资源，如企业网站、邮件地址资源、行业平台、企业博客、邮件列表等，实时免费发布营销信息，直接进行信息交换，直接进行数字化产品交易。同时，企业可以减少印刷与邮递成本，可以无店面销售，免交租金，节约水电与人工成本，可以减少由于迂回多次交换带来的损耗。这给了中小企业与大企业公平传播营销信息的机会，传统媒介的费用较高，中小企业几乎没有竞争的机会。

（4）营销内容的优势。网络媒体在信息传输量上具有无限的丰富性；在信息形态上具有纷繁的多样性。互联网可以发布和传输包括多媒体、Flash、HTML、JavaScripts等在内的富媒体信息，采用所有可能采取的最先进技术，以最好的传达广告主的信息以及与用户进行互动，可以多视角展示产品形象和产品功能，对浏览者的视觉冲击力较强。无论是报纸、广播、电视，在单位时间（节目）和空间（版面）中所传播的信息，都是有限的，而互联网媒体储存和发布的信息容量巨大，有人将其形象地比喻为“海量”。

（5）信息传递的优势。传统营销的信息传递方式一般是点对面的传播，而互联网媒体除了点对多，即网站向网民、某一网民向不特定的其他网民发布信息这一方式之外，还有点对点，即网民通过网络向其他某个网民发电子邮件的方式，众多网民向某一个网站发送信息、反馈意见的多对点方式，以及网上聊天室、电子公告牌等多对多的传播方式。同时，企业与浏览者或潜在客户间可以进行交互，接受浏览者或潜在客户的消费需求或信息反馈，可以实现供需互动与双向沟通，还可以进行产品测试与消费者满意调查等活动。营销信息对浏览者的影响是可控的，浏览者可以对营销信息进行选择，不具有强制性。传统营销的信息传递是单向的，广告和宣传在时间、空间、内容等方面具有一定的强制性，难以取得潜在用户的信任。

（6）服务受众的优势。网络营销借助互联网的开放性和网络服务平台提供的各种功能，能够实现面向大众和面向个人的促销。根据网上收集的潜在消费者关注与行为习惯信息，进行个性化分析，提供一对一的、理性的、消费者主导的、非强迫性的、针对性的、循序渐进式的人性化服务，避免推销员强势推销的干扰，消费者在网络环境中比在传统环境中更具有主动性。企业可以通过网上交流界面与平台，与消费者建立长期良好的关系。受众可以在自己许可的时间与地点上网，接受信息，消化信息。也可以个性化定制，追求个性化的价值观，享受独一无二的服务。

二、网络营销的职能

营销的实质是将信息传递给用户，由于企业与用户信息不对称，产品的能力、适用范围、替代的生活、生产企业的信誉、品牌的知名度等，都需要通过营销信息传递给用户，用户了解并理解了才能有兴趣，进而有可能产生购买动机。互联网具有信息发布、信息传递和信息交互能力，能够实现将营销信息发布在网站平台上，包括品牌LOGO、产品和服务信息，能够实现在线与顾客交互沟通，建立友好的客户关系，如QQ、FAQ、社区、电子邮件等，能够在线发放并填写调查表，实现分析市场功能。网站的超链接技术较好地实现了网站的推广。因此，网络营销的职能表现在八个方面：网络品牌、网站推广、信息发布、销售促进、网上销售、网上调研、顾客服务、顾客关系。

（1）网络品牌。品牌是一种名称、属性、标记、符号或设计，或它们的组合运用，其目的是借以辨认某个销售者或某群销售者的产品或服务，并使之同竞争对手区别开来。企业的品牌包含产品品牌和文化品牌，产品品牌主要靠产品的质量和性能来制造，文化品牌主要靠宣传企业的文化、捐赠活动、形象代言人、公益事业、体育赛会的独家代理等方式建立和提升。网络品牌是企业在互联网上建立的具有可辨识性和唯一性的品牌，既可以是企业网下品牌在网上的延伸和拓展，也可以是网络公司在网上建立的品牌。

网络营销的重要任务之一，就是要充分利用互联网能够提供的服务能力，在互联网上建立和推广企业的品牌，提升企业品牌的知名度。互联网给了所有企业或个人公平竞争的机会，尤其为中小企业提供了与大中型企业公平的竞争机会。网络品牌的价值体现了网络营销的效果，在诊断一个企业或网站的网络营销绩效时，其中一个较为重要的要素就是网络品牌的价值。

（2）网站推广。截至2013年12月，中国网民规模达6.18亿，网站数320万，手机网民数达5亿。互联网普及率为45.8%，较2012年底提升3.7%。综合近年来网民规模数据及其他相关统计，中国互联网普及率逐渐饱和，互联网发展主题从“数量”向“质量”转换，具备互联网在经济社会中地位提升、与传统经济结合紧密、各类互联网应用对网民生活形态影响力度加深等特点。企业在互联网上基本的营销信息发布平台就是网站，主动发布信息的网站只能被动地等待网民用户通过各种渠道访问，如搜索引擎、网址大全等。要实现营销信息有效地传播，就要建立网民发现网站的渠道，减少传播过程中的噪声。网络营销能够利用各种方法和手段，实现网站网址的有效传播，即网站推广。既可以利用网下：口碑相传、报纸、广播、电视，也可以利用网上：搜索引擎、E-mail、即时消息、电子书、交换链接、供求平台等。

（3）信息发布。网络营销最基本的思想就是通过各种手段，将企业营销信息以高速的手段传递给用户、合作伙伴、公众。信息发布是互联网具有的基本能力，也是网络营销最基本的职能。网上可以进行信息发布的平台包括企业自身网站、供求信息平台、即时消息、博客等其他工具。

（4）销售促进。市场营销的最终目的是为了增加销售，网络营销也是如此。网络营销采用的一系列手段都是为了促进网上或网下交易的成功。

（5）网上销售。网上销售是企业销售渠道在网上的延伸，一个具备网上交易功能的企业网站本身就是一个网上交易场所，网上销售是企业销售渠道在网上的延伸，网上销售渠道建设也不限于网站本身，还包括建立在综合电子商务平台上的网上商店及与其他电子商务网站不同形式的合作等。

（6）网上调研。企业的新产品研发、营销手段的确定之前都要经过大量的市场调研。通过市场调研收集客户需求、竞争对手的情报、市场产品的品质等信息，为决策提供支持。互联网的出现为传统的市场调研提供了高效低成本的平台和渠道，与传统市场调研方法相比，利用互联网进行市场调研有很多优点，主要表现在缩短调研周期、节约费用、不受地域限制等方面。

从市场调研的程序上来说，网上调研与传统的市场调研没有本质的区别，都包括确定目的、调研对象、采用方法、实施和分析。只是采用的信息收集方式有所不同，网上调研是通过在线发放、填写和统计调查表，或者电子邮件、即时消息、论坛等方式来完成网上市场调研。网上调研低成本、高效率的特点，常用于产品调查、消费者行为调查、品牌形象调查等。

(7) 顾客服务。互联网能够提供更加方便的、个性化的服务手段，如在网站上提供常见问题解答、技术服务热线(MSN、QQ)、使用说明、产品百科等功能栏目。网络营销具有比传统市场营销更加人文的顾客服务能力，同时极大地降低了服务的成本，提高了服务的效率。有的企业直销网站还提供DIY产品定制服务，更好地实现个性化服务。

(8) 顾客关系。客户资源是企业生存的根本。建立良好的顾客关系，可以扩大企业客户资源，是企业创造和保持竞争优势的重要策略。互联网的交互性为网络营销建立顾客关系、提高顾客满意度和顾客忠诚度提供了更为有效的手段。由于互联网避免了面对面沟通给人们带来的心理障碍，人们发表言论更加无所顾忌，不用考虑对方的心理状态，因此会有更多的人选择在网上交友、网上交谈的方式。这种交互性的优势是传统营销无法比拟的。如社区、会员区、聊天室、博客等都为企业在网上建立良好的顾客关系提供了平台。

开展网络营销的意义就在于充分发挥各种职能，让网上经营的整体效益最大化，因此，仅仅由于某些方面效果欠佳就否认网络营销的作用是不合适的，网络营销的各个职能之间并非相互独立的，同一个职能可能需要多种网络营销方法的共同作用，而同一种网络营销方法也可能适用于多个网络营销职能。

第三节　网络营销的工具

网络营销是以互联网为基本手段营造网上经营环境的各种营销活动，与传统市场营销一样，营销信息需要借助信息载体才能进行传播。互联网上能够进行营销信息传播的载体都可以成为网络营销的工具。

网络营销工具应该具有三个基本内容：

(1) 网络营销工具是企业及个人为了实现其营销目标而使用的，而不是所有的网络工具。这些工具都能最大程度地满足顾客需求、开拓市场、增加盈利能力、实现企业市场目标。其他如杀毒工具、浏览工具等，由于与营销活动没有紧密的关系，所以不是网络营销工具。

（2）网络营销工具的表现形式是“软件”技术或网络服务平台，而不是硬件形式。例如网站是网络营销工具，而电脑或服务器则不是。

（3）网络营销工具是在互联网上使用的，如客户关系数据库、信息统计软件等虽然是营销策划需要借助的工具，且与信息技术紧密相联，但其可以脱离互联网而独立运行，所以都不属于网络营销工具。

一般地，网络营销工具是以网络技术、信息技术为基础，以互联网为依托，进行营销活动的载体平台。

在现阶段的网络营销活动中，常用的网络营销工具包括网站、搜索引擎、电子邮件、博客与RSS、电子书、即时通信和其他工具等。企业借助于这些工具及其方法手段，才能够实现营销信息的发布、传递、与用户之间的交互，为实现销售营造有利环境。

一、网站

网站是在互联网上具有固定地址（IP）的地方（或平台），能够面向全球提供信息浏览、信息发布、信息交流。网站由域名（即网站地址）和网站空间构成。衡量一个网站的性能通常从网站空间大小、网站位置、网站连接速度、网站软件配置、网站提供服务等几方面考虑。从网站给浏览者的表现上来看，网站是指在因特网上，根据一定的规则，使用HTML等工具制作的用于展示特定内容的相关网页的集合。

随着互联网的发展，全球互联网上的网站数已经有几千万，网站的种类不断增多，常见的网站分类方式有：

（1）根据网站所用编程语言分类：静态网站和动态网站。静态网站是指网站的网页均是静态网页，静态网页是标准的HTML文件，由一系列静态的HTML标签元素组成，其文件扩展名是.htm或.html。文件包含文本、图像、声音、Flash动画、客户端脚本和ActiveX控件及Java小程序等。网页程序代码都是由设计人员编好，并放置到Web服务器中，当Web服务器接到用户请求时，直接将该页面发送到用户的浏览器，其内容不会发生更改。即使采用控件或脚本语言编写部分内容使网页产生动感效果,其程序也是在客户端执行。静态网站仅能够实现网站信息发布的简单功能,为访问者提供一般的浏览信息。

动态网站由一系列静态和动态网页构成,是基本的HTML语法规范与Java、VB、VC等高级程序设计语言、数据库编程等多种技术的融合系统,能够实现对网站内容和风格的高效、动态和交互式的管理。其文件扩展名是.asp、.jsp、.php、.perl、.cgi等,一般在动态网页网址中有一个标志性的符号"?";动态网页中的某些脚本只能在服务器上运行,当Web服务器接收到对动态页面的请求,先把页面传给一个专门负责处理动态元素的处理层次,即应用服务器,来生成最终传回用户端的页面内容。如请求访问数据库时,应用服务器发送代码中的SQL命令给数据库服务器,数据库服务器执行SQL命令,把结果所得的数据集返回给应用服务器,应用服务器执行脚本中的后续代码,生成替换脚本的静态内容返回请求。

(2) 根据网站的用途分类:门户网站(综合网站,如新浪)、行业网站、企业网站、交易类网站、社区网站、办公及政府机构网站、互动游戏网站、有偿资讯类网站、搜索引擎网站等。

(3) 根据构建网站的主体分类:行业网站、企业网站、个人网站、政府网站和服务机构网站。其中服务机构网站包括教育网站、医疗网站等。

(4) 根据网站的商业目的分类:营利型网站(行业网站、论坛)、非营利型网站(公益网站、政府网站)。

所有类型的网站,除所需要建设的规模和功能不同外,采用的技术几乎没有区别。基于企业在市场中的主体地位,将重点研究企业网站作为网络营销工具的特性。

1. 企业网站

(1) B2C网站。B2C网站是指企业直接面向消费者的网站,包括生产型企业、商务流通型企业和咨询服务型企业,如海尔、京东和各种留学咨询等网站。这类网站按照企业建设规模和功能的需要,还可以具体分成信息发布型和网上销售型。一个网站采用哪种形式取决于企业的经营战略、产品特性、财务预算以及策划者对于企业网站的理解,并不是所有的网站都能够采用网上直接销售的模式。信息发布型企业网站功能简单,内容单一,相当于产品宣传册的在线多媒体展示版,是企业网站的初级形式,其特点是建设成本很低,维护简单,所能发挥的效果有限。企业一般在网络营销的初期阶段建设这种类型网站，经营上主要将网站作为一种信息载体，其功能定位于企业信息发布，包括公司新闻、产品信息、采购信息等用户、销售商和供应商所关心的内容，可以较好地实现品牌推广、产品和服务展示、信息服务、顾客服务、顾客关系、网上调查、资源合作等营销职能。随着企业经营对网络营销功能需求的增加，会逐步更新或改版成网上销售型网站。由于信息发布型网站建设和维护比较简单，资金投入也很少，初步解决了企业网上信息传播的需要，是中小企业网站的主流形式。

（2）B2B网站。B2B网站是指提供企业与企业间电子商务活动的平台，其主要模式可分为三类：大型企业的B2B网站、第三方经营的B2B网站、行业生态型的B2B网站。不同类别的B2B网站有自己本身的特点和运作方式，其应用比较广泛的模式有电子市场中心、电子分销商、B2B服务提供商、信息中介等。网站的主要功能包括发布供求信息、订货及确认订货、支付过程及票据的签发、传送和接收、确定配送方案并监控配送过程等。

大型企业的B2B网站有垂直和水平两种模式。垂直模式是上游和下游之间的电子商务活动。生产商或商业零售商可以与上游的供应商之间形成供货关系，如Dell电脑公司与上游的芯片和主板制造商就是通过这种方式进行合作。生产商与下游的经销商可以形成销货关系，比如Cisco与其分销商之间进行的交易。水平模式是将各个行业中相近的交易过程集中到一个场所，为企业的采购方和供应方提供一个交易的机会，如中国化工网。

第三方经营的B2B网站分为综合性平台和行业垂直型平台。绝大部分中小企业是通过第三方电子商务平台发布和查询供求信息，与潜在客户进行在线交流和商务洽谈等。B2B综合性平台是指可服务于多个行业与领域的电子商务网站，如Alibaba、环球资源网等；B2B行业垂直性平台是指定位于某一特定专业领域的电子商务贸易网站，如中国制造网、敦煌网等。

行业生态型的B2B网站其实可以理解为第三方经营的B2B网站的一个特例，也就是定位于粮食行业内企业间电子商务的网站，有时也称为垂直门户或者粮食门户网站。与综合型的B2B网站相比，其特点是专业性强，通常拥有粮食行业资源的背景，更容易集中行业资源，吸引行业生态系统内多数成员的参与，同时也容易引起国际采购商和大宗买主的关注。如中国粮食贸易网，集成了网上采购、拍卖、网上交易等一系列功能，收取年度会员费。

我国目前B2B盈利模式的主要方式有佣金、会员费、广告费、竞价排名和增值服务（如企业认证、独立域名、提供行业数据分析报告、搜索引擎优化等）。

需要说明的是，政府作为企业的用户，需要通过网站进行采购，在一般情况下，可以笼统地将政府采购作为一般的企业用户看待。不过，政府是一个特殊的用户，即只有购买而没有出售商品的行为。因此，严格地讲，企业间电子商务涉及企业与企业之间的电子商务和企业与政府之间电子商务两种形式，有时也将企业与政府之间电子商务单独作为一种模式，称为B2G。

（3）C2C网站。C2C网站是指直接为客户间提供电子商务交易活动的平台，卖家可以在网站上登出其欲出售的商品信息，买家可以从中选择并购买自己需要的物品。各种拍卖网站就属于此类，最著名的是eBay网站。另外，一些二手货交易网站也应属于此类。

（4）其他模式的企业网站。在第一章第三节中提到的电子商务的创新商业模式的各种网站平台，是电子商务创业者创建的新型电子商务活动平台，是典型电子商务模式细分市场的结果，以信息中介服务为主要业务。

2. 政府网站

政府网站是电子政务工程的主要建设内容，是我国各级政府机关履行职能、面向社会提供服务的官方网站，是政府机关实现政务信息公开、服务企业和社会公众、互动交流的重要渠道。

政府网站分为中央政府门户网站和地方政府（特别是地级市政府）门户网站，在具体功能、体系结构及业务流程等方面存在着很大的不同。就具体功能来说，中央政府门户网站主要是向全社会甚至是世界宣传和展示中国政府形象，让人们能够对中央政府的基本情况有个切实的理解和认识；向公众提供全面、系统、权威、详实的法律、法规、部门规章以及规范性政府文件及其准确的解读和分析等，让社会有法可依；作为中央门户，向人们提供接入所有中央政府机构和省级地方政府的平台和通道；根据特定内容，向公众提供专门的服务。而地方政府门户网站的主要功能是直接面向本地社会公众，处理与人们密切相关的那些事务，为提高政府行政效率、改善地方经济社会发展环境搭建虚拟平台。

在网站的结构设计上，政府网站大多表现规范紧凑；风格上突出正气、可信、踏实。具体表现在拥有友好的网站界面、清晰的导航、完善的帮助、完善的信息内容和强大的服务功能，以及网站的安全性和实效性。主要信息内容类别包括两大方面：①政府信息，如国家大政方针、政策法规等，其特点是"权威、公正、可信"；②用户向导，如在线服务（项目申报）。所有信息内容的组织都有严格的审批制度，避免不良信息内容的入侵。在技术细节上以符合用户导向为指导思想，大多制作方便的下拉菜单和业务流程图页面，加强细节设计，树立政府服务公众的形象。为保证安全信息内容的发布，在后台信息内容管理上下功夫，设计多层次的权限管理。

3. 个人网站

个人网站是指个人或团体因某种兴趣、拥有某种专业技术、提供某种服务或把自己的作品、商品展示销售而制作的具有独立空间域名的网站。一般个人网站是以个人信息为中心，不一定是个人创建的，不包括个人性质的公司，组织或机构的代表。有些个人网站由于内容和设计的创意较好，运营顺利，很快聚集众多访问者，逐渐成为个人创业的平台，并获得创新投资支持而成长为电子商务型企业。

个人网站是根据个人的兴趣爱好或专业特长，在法律允许的范围内，自由创造设计的。其特点是随心所欲、充分展示自我。层次结构比较简单，主题定位单一，内容专一、独到；色彩的运用和页面的布局突出个性化。由于网站所占空间的限制，大多采用虚拟主机方式。因此，在功能上以专门服务为主，如信息发布、论坛、博客等。技术上采用布局引导页和锚链接等方式，以弥补功能上的不足。

二、搜索引擎

互联网上的网站与网页数量飞速增长，网页信息资源呈10亿量级发展，满足网民快速准确地获取需要的信息内容，是搜索引擎产生和发展的主要原因。

搜索引擎(Search Engines)是在WWW环境中能够响应用户提交的搜索请求，返回相应的查询结果信息的技术和系统，是互联网上可以查询网站或网页信息的工具。包括信息搜集（搜索）、信息整理（索引）和用户查询（检索）三部分功能，如图2-2所示。

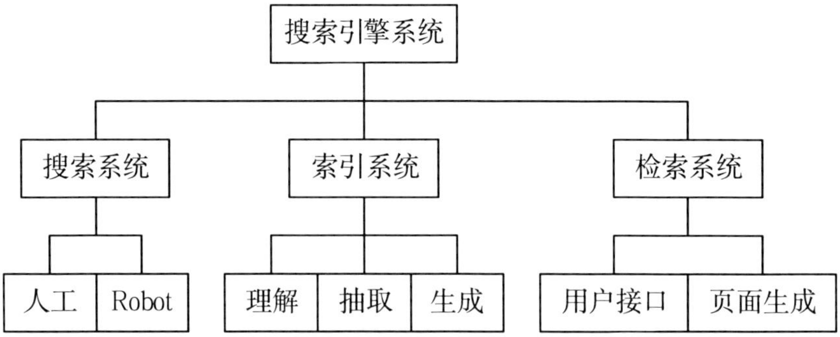

图2-2 搜索引擎系统分析简图

搜索引擎的服务方式主要分为两种:目录服务和关键字检索服务。目录服务是由分类专家将网络信息按照主题分成若干个大类,用户可以根据分类清晰地找到自己所需要的内容。关键字检索服务可以查找包含一个或多个特定关键字或词组的WWW站点。搜索引擎是继网站之后互联网的第二大核心技术,涉及信息检索、人工智能、计算机网络、分布式处理、数据库、数据挖掘、数字图书馆、自然语言处理等多领域的理论和技术,具有综合性和挑战性。

按照搜索引擎平台诞生顺序和其工作原理可将目前流行的搜索引擎平台进行分类:分类目录、全文搜索引擎、元搜索引擎、集成搜索引擎、垂直搜索引擎、综合搜索及其他搜索。

1. 分类目录

1994年4月,斯坦福(Stanford)大学的两名博士生——David Filo和美籍华人杨致远共同创办了超级目录索引Yahoo,并成功地使搜索引擎的概念深入人心。

目录式搜索引擎是一种网站级搜索引擎,由分类专家将网络信息按照主题分成若干个大类,每个大类再分为若干个小类,依次细分,一般的搜索引擎分类体系有五六层,有的甚至十几层。先由程序自动搜集信息,然后由编辑员查看信息,人工形成信息摘要,提供目录浏览服务和直接检索服务。由于目录式搜索引擎的信息分类和信息搜集有人的参与,因此其搜索的准确度是相当高的,缺点是需要人工介入、维护量大、信息量少、信息更新不够及时。Yahoo就是这类搜索引擎的代表,而最为典型的目录搜索平台应属DMOZ目录平台。DMOZ网站是一个著名的开放式分类目录(Open Directory Project)平台,其所有的编辑人员是世界各地的志愿者,共同维护与建设全球目录社区。

2. 全文搜索引擎

1994年4月20日布莱恩·平克顿在华盛顿大学期间创建了WebCrawler,这是互联网上第一家提供全文搜索的搜索引擎。先后于1995年6月1日和1997年4月1日转售给American Online和Excite。

全文搜索引擎是目前广泛应用的主流搜索引擎,其工作原理是计算机索引程序通过扫描文章中的每一个词,对每一个词建立一个索引,指明该词在文章中出现的次数和位置,当用户查询时,检索程序就根据事先建立的索引进行查找,并将查找的结果反馈给用户的检索方式。

全文搜索引擎的自动信息搜集功能分两种。一种是定期搜索,即每隔一段时间(如Google一般是28天),利用“蜘蛛”程序(即专门用于检索信息的Robot程序,像蜘蛛一样在网络间爬来爬去)对一定IP地址范围内的互联网网站进行检索,一旦发现新的网站,程序会自动提取网站的信息和网址加入自己的数据库。另一种是提交网站搜索,即网站拥有者主动向搜索引擎提交网址,等待“蜘蛛”程序扫描提交的网站并将有关信息存入数据库,以备用户查询。

当用户以关键词查找信息时,搜索引擎会在数据库中进行搜寻,如果找到与用户要求内容相符的网站,便采用特殊的算法,如根据网页中关键词的匹配程度、出现的位置、频次、链接质量等,计算出各网页的相关度及排名等级,然后根据关联度高低,按顺序将这些网页链接返回给用户。这种搜索引擎的优点是搜全率比较高、信息量大、更新及时、毋需人工干预,缺点是返回信息过多,信息之间的关联性并不一定符合用户期望,用户必须从结果中进行筛选。Google、百度就是这类搜索引擎的代表。

3. 元搜索引擎

元搜索引擎是一种起检索中介作用的搜索引擎。本身没有存放网页信息的数据库,通过调用、控制和优化其他多个独立搜索引擎的搜索结果并以统一的格式在同一界面集中显示的搜索引擎平台。这类搜索引擎由于不对查询结果进行集成处理,因此查准率很大程度上依赖于所提交的搜索引擎的查准率。从用户的角度来看,利用元搜索引擎的优点在于可以同时获得多个源搜索引擎的结果。但由于多元搜索引擎在信息来源和技术方面都存在一定的限制,因此搜索结果实际上并不理想,没有受到用户的广泛认可。比较著名的元搜索引擎有InfoSpace、Dogpile、Vivisimo等,Dogpile是最老、最受欢迎的元搜索引擎之一,其在搜索结果排列方面,直接按来源排列搜索结果。Vivisimo是按自定的规则将结果重新排列组合。第一个元搜索引擎,是美国华盛顿大学硕士生开发的Metacrawler。

4. 集成搜索引擎

集成搜索引擎是在一个浏览界面上同时链接了多个搜索引擎,用户检索时可以选择其中的部分或者全部搜索引擎,一次输入关键词,可以获得多个搜索引擎的检索结果,为用户获得尽可能多的搜索结果提供方便。与多元搜索引擎一样,集成搜索引擎同样没有自己的索引数据库,甚至不能对搜索结果进行筛选和重新排序。比较典型的案例:5566精彩网址大全中的集成搜索。

集成搜索引擎为网络营销人员提出了一个努力的方向,即应当让自己的网站在尽可能多的搜索引擎中都获得好的表现,尤其不要遗漏重要的搜索引擎。

5. 垂直搜索引擎

垂直搜索引擎为2006年后逐步兴起的一类搜索引擎。不同于通用的网页搜索引擎,垂直搜索专注于特定的搜索领域和搜索需求(如机票搜索、旅游搜索、生活搜索、小说搜索、视频搜索等),在其特定的搜索领域有更好的用户体验。相比通用搜索动辄数千台检索服务器,垂直搜索需要的硬件成本低、用户需求特定、查询的方式多样。这类搜索引擎比较有特色的案例,如汉典-字典搜索。

市场需求的多元化也导致了搜索引擎的行业化和细分化,垂直搜索是相对通用搜索引擎的信息量大、查询不准确、深度不够等提出来的新的搜索引擎服务模式,通过针对某一特定领域、某一特定人群或某一特定需求提供的有一定价值的信息和相关服务,是搜索引擎的细分和延伸,是对某类网页资源和结构化资源的深度整合,并为用户提供符合专业用户操作行为的信息服务方式。其特点就是“专、精、深”,且具有行业色彩,相比较通用搜索引擎的海量信息无序化,垂直搜索引擎则显得更加专注、具体和深入。因此,特定行业的用户更加青睐垂直搜索引擎,是垂直搜索引擎的长期、稳定的群体。

6. 综合搜索及其他搜索

综合搜索初步定义为个性化"元搜索",同时将信息聚合在一起实现网络工具化、个性化的发展需求。Web 2.0的兴起,社会化搜索引擎的实现成为可能,社会化搜索引擎主要由元搜索引擎和用户知识库组成。其中用户知识库主要通过用户在使用过程中创建和丰富。

综合搜索可以同时访问多个搜索引擎,获取最好的搜索结果并自动分类。同时,通过聚合、管理、分享、迁移等用户对搜索的评价形成的微内容,组合成各种个性化的丰富应用,完善用户知识库。这样系统中用户知识库基本通过用户的日常使用来维护,在一定程度上降低用户对信息进行判断和选择的难度,并提高搜索结果的准确度。

中国搜索(www.chinaso.com)是由中国搜索信息科技股份有限公司创办运营的综合搜索引擎平台,2014年3月21日正式开通。首批推出新闻、报刊、网页、图片、视频、地图、网址导航七大类综合搜索服务,以及国情、社科、理论、法规、时政、地方、国际、军事、体育、财经、房产、汽车、家居、购物、食品、智慧城市等16个垂直搜索频道和"中国新闻"等移动客户端产品和服务。

其他搜索如音乐搜索、视频搜索、图片搜索、新闻搜索、购物搜索、软件搜索、ftp搜索、知识搜索、地图搜索、文档搜索、英文搜索等,多以主流搜索平台的搜索功能模块的形式出现。

三、电子邮件

1. 电子邮件及其系统构成

电子邮件(E-mail)是通过不同平台将一方输入的文字、图片或声音等信息通过服务器传送到另一方的终端机上的若干信息集合,接收或发送电子邮件的地址即为电子邮箱。通常分为个人邮箱和企业邮箱,个人邮箱的供应对象是个人用户,分为个人免费电子邮箱和个人收费电子邮箱两种。免费邮箱:一般指不用支付任何费用就可以使用的电子邮箱产品。收费邮箱:用户需要为使用电子邮箱产品和服务支付一定的费用。

在因特网提供的信息服务中,电子邮件是互联网上最早和最常用的服务方式。根据第24次中国互联网络发展状况统计报告的数据:截至2009年6月,网民数3.38亿,我国网民中电子邮件使用率为55.4%,一般而言,网民学历越高,电子邮件使用率越高。据艾瑞咨询《2011—2012年中国个人电子邮箱用户行为研究报告》数据显示:2011年收发电子邮件在中国网民经常使用的网络应用中排名第二,用户占比达到77.9%。同时,个人邮箱用户中五年以上网龄用户占比82.7%。2011年接受调查的个人邮箱用户中的93.8%通过PC端使用个人邮箱,经常使用免费邮箱的用户占到用户总数的90.7%。

电子邮件系统主要由三个部件构成:邮件服务器、电子邮箱和电子邮件应用程序。其中邮件服务器是电子邮件系统的核心,主要功能接收用户送来的邮件,并根据目的地址将其传送到对方的邮件服务器,同时,接收从其他邮件服务器发来的邮件,并根据接收地址将其分发到用户邮箱中。电子邮箱是邮件服务器为每个合法用户开辟的一个存储用户邮件的空间,其主要功能是为用户存储接收的电子邮件。邮箱是私人的,拥有账号和密码属性,合法用户才能阅读邮箱中的邮件。电子邮件应用程序就是邮件系统的客户端软件,用于创建和发送邮件接收、阅读和管理邮件。附加的功能如通讯簿管理、收件箱助理及账号管理。常见的电子邮件客户端应用程序有Foxmail、Microsoft Outlook、Microsoft Outlook Express。电子邮件系统工作过程如图2-3所示。

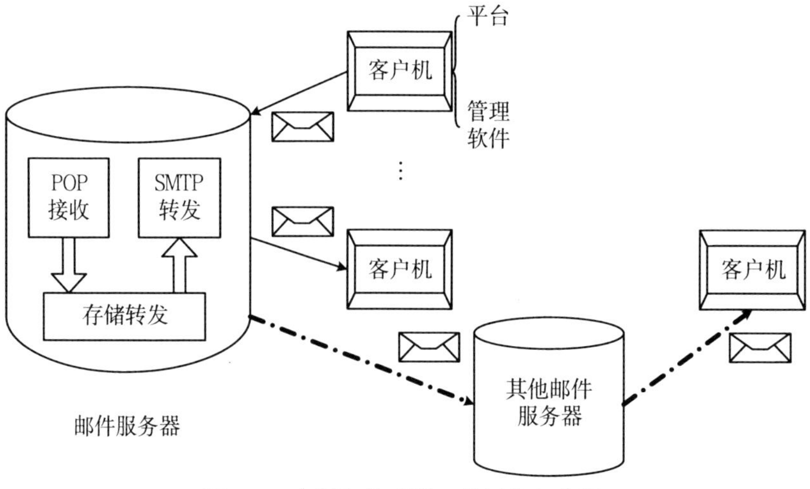

图2-3　电子邮件系统工作过程示意图

邮件地址的一般形式:username@domain-name,其中domain-name是邮件服务

器的域名,如163.com;username是服务器上的用户邮箱名。邮件服务器域名在整个电子邮件系统中是唯一的,用户邮箱名在这台邮件服务器上也是唯一的。

邮件页面的完整构成:

发件人地址+收件人地址+邮件的主题+邮件的内容(包括附件)

电子邮件不仅是个人交流工具,也是企业与客户进行商务沟通的重要工具,是有效的网络营销信息传递工具之一。

2. 垃圾邮件

1994年4月12日,美国亚利桑那州从事移民签证咨询服务的律师夫妇将"绿卡抽奖"的广告信投放在电子邮件早期形式"新闻组",当时引起了轩然大波,其"邮件炸弹"致使邮件服务器处于瘫痪状态。这一事件,不仅诱发了人们对网络营销的初步认识,也引发了垃圾邮件问题。垃圾邮件的出现破坏了和谐的网络文明,浪费互联网资源和网民的时间,引起社会各界的高度关注。

垃圾邮件:根据中华人民共和国通信行业标准YD/T 1311—2004《防范互联网垃圾电子邮件技术要求》,垃圾邮件是指收件人事先没有提出要求或者同意接收的广告、电子刊物、各种宣传性的电子邮件以及隐藏发件人身份、地址或者含有虚假的信息源、发件人、路由等信息的电子邮件。

垃圾邮件一般具有批量发送的特征。内容包括赚钱信息、成人广告、商业或个人网站广告、电子杂志、连环信等。垃圾邮件可以分为良性和恶性的,良性垃圾邮件是各种宣传广告等对收件人影响不大的信息邮件。恶性垃圾邮件是指具有破坏性的电子邮件,如电子邮件病毒和电子邮件炸弹。电子邮件病毒是通过电子邮件传播的病毒,一般是夹在邮件的附件中,在用户运行了附件中的病毒程序后,就会使电脑染毒。需要说明的是,电子邮件本身不会产生病毒,只是病毒的寄生场所。电子邮件炸弹是通过设置一台机器不断地大量向同一地址发送电子邮件,攻击者能够耗尽接受者网络的宽带。由于这种攻击方式简单易用,也有很多发匿名邮件的工具,因此只要对方获悉具体电子邮件地址就可以进行攻击。有些垃圾邮件发送组织或是非法信息传播者,为了大面积散布信息,常采用多台机器同时巨量发送的方式攻击邮件服务器,造成邮件服务器大量带宽损失,并严重干扰邮件服务器进行正常的邮件递送工作。

垃圾邮件对互联网的危害主要有以下几点:

（1）垃圾邮件占用网络带宽。造成邮件服务器拥塞，进而降低整个网络的运行效率。

（2）侵犯收件人的隐私权。侵占收件人信箱空间，耗费收件人的时间、精力和金钱。有的垃圾邮件还盗用他人的电子邮件地址做发信地址，严重损害了他人的信誉。

（3）成为黑客利用的工具。2000年2月，黑客攻击雅虎等五大热门网站，先是侵入并控制了一些高带宽的网站，集中众多服务器的带宽能力，采用电子邮件炸弹袭击目标，造成被攻击网站网路堵塞、系统瘫痪。

（4）严重影响ISP的服务形象。在国际上，频繁转发垃圾邮件的主机会被上级国际因特网服务提供商列入国际垃圾邮件数据库，从而导致该主机不能访问国外许多网络。而且收到垃圾邮件的用户会因为ISP没有建立完善的垃圾邮件过滤机制，而转向其他ISP。一项调查表明：ISP每争取一个用户要花费75美元，但是每年因垃圾邮件要失去7.2%的用户。

（5）欺诈和色情等内容的垃圾邮件，已经对现实社会造成了危害。

根据不完全统计，在高效的反垃圾环境下仍然有80%的用户每周需要耗费10分钟左右的时间处理垃圾邮件，而对于中国多数企业邮件应用仍处于低效率反垃圾环境的情况下，这个比例更是呈现数十倍的增长。对于企业邮件服务商而言，垃圾邮件的恶意投送，还会大量占用网络资源，使得邮件服务器85%的系统资源用于处理垃圾邮件的识别，不仅资源浪费极其严重，甚至可能导致网络阻塞瘫痪，影响企业正常业务邮件的沟通。

2002年11月1日，由中国互联网协会、262网络集团和新浪网共同发起，中国互联网协会反垃圾邮件协调小组成立，国内20多家邮件服务商首批参加了反垃圾邮件协调小组。2005年12月9日正式成立反垃圾邮件工作委员会，开展针对垃圾邮件的调查，对于了解我国垃圾邮件的综合状况，有效地制定反垃圾邮件措施和评估反垃圾邮件工作成果起到了积极作用。

中国互联网协会在《中国互联网协会反垃圾邮件规范》中是这样定义垃圾邮件的：

“本规范所称垃圾邮件，包括下述属性的电子邮件：

（一）收件人事先没有提出要求或者同意接收的广告、电子刊物、各种形式的宣传品等宣传性的电子邮件；

（二）收件人无法拒收的电子邮件；

（三）隐藏发件人身份、地址、标题等信息的电子邮件；

（四）含有虚假的信息源、发件人、路由等信息的电子邮件。”

四、博客与RSS

1. 博客

博客(Blog)就是网络日志，其基本形式是通过网页来提供一些内容给其他人阅读。博客作为名词时，通常指在网络上发表博客文章的人或者文章内容；博客作为动词时，则指写博客文章。博客是网络信息发布与传递的工具，是由服务商提供软件平台，用户产生信息的个性化定制信息工具。不仅用于发布个人的网络日志，也可以转载别人的作品，但必须注明内容的来源。一般博客都是免费的，包括博客平台提供的空间和博文，且内容可以载有大量的关键词。一个典型的博客结合了文字、图像、其他博客或网站的链接及其他与主题相关的媒体，能够让读者以互动的方式留下意见。

博客是社会媒体网络的一部分，已经成为互联网应用的热点。根据2015年1月中国互联网络发展状况统计报告数据，截至2014年12月，我国博客用户规模为1.09亿，较2013年底增加2126万，增长率为24.2%。网民中的使用率为16.8%，比2013年底增长了2.6%。

博客服务平台主要有两种形式：门户网站的博客空间和专门的博客平台。截至2013年，博客服务商家风起云涌，已有数十家大型博客站点，如新浪博客、搜狐博客、中国博客网、腾讯博客、博客中国等。

2. 博客分类

(1) 按博客功能分类。按博客功能可以分成：基本博客、微型博客。其中基本博客是Blog中最简单的形式。单个的作者对于特定的话题提供相关的资源，发表简短的评论，话题可以涉及人类的所有领域。微型博客(也称微博)是目前全球最受欢迎的博客形式，博客作者不需要撰写很复杂的文章，只需写140字以内的心情文字即可，如新浪微博、网易微博、搜狐微博、腾讯微博等。

(2) 按博客用户分类。按博客用户可以分成:个人博客、家庭博客、协作式博客和企业博客。个人博客可以是名人博客、一般博客、热门博客、原创博客。家庭博客的成员主要由亲属或朋友构成的一种生活圈、一个家庭或一群项目小组的成员组成的一个家庭团体式的博客模式。协作式博客是通过共同讨论使得参与者在某些方法或问题上达成一致,通常把协作式的博客定义为允许任何人参与、发表言论、讨论问题的博客日志。企业博客是企业利用博客进行营销的一种手段,根据开设者与受众的属性可以进一步分成:对内博客、对外博客。通过博客促进企业内部学习、绩效、变革等交流,就是对内的博客,内部博客可以只对企业员工开放,开设者可以是企业,可以是企业员工,负责人显然应该是战略HRD(战略人力资源开发),受众是企业员工。对外博客是企业或企业员工对互联网用户开放的博客,是帮助企业更好的宣扬自己的企业文化(企业对外部),让产品的相关细节更为清晰(员工对外部)。对外博客的建设一般细分到各个部门,其职责通常专属于营销部门,有时也开设CEO博客、产品博客、"领袖"博客等。

3. RSS

RSS(Really Simple Syndication,简易信息聚合,也叫聚合内容)是站点用来和其他站点之间共享内容的一种简易方式,是一种描述和同步网站内容格式的信息传播技术平台。一个RSS文件就是一段规范的XML数据,文件一般以rss、xml或者rdf作为后缀,是目前使用最广泛的XML应用。通常被用于新闻和其他按顺序排列的网站,如Blog。一段项目的介绍可能包含新闻的全部介绍,或是额外的内容或者简短的介绍。这些项目通常都能链接到全部的内容。网络用户可以在客户端借助于支持RSS的新闻聚合工具软件(RSS阅读器),在不打开网站内容页面的情况下阅读支持RSS输出的网站内容。网站或博客通过页面上"RSS订阅"按钮,提供RSS输出。

RSS阅读器是一种软件或是说一个程序,这种软件可以自由读取RSS和Atom两种规范格式的文档,且读取RSS和Atom文档的软件有多个版本,由不同的人或公司开发,有着不同的名字。目前流行的有RSSReader、Feeddemon、SharpReader等。这些软件能够实现大致相同的功能,其实质都是为了方便地读取RSS和Atom文档。

使用RSS获取信息的步骤:①安装一个RSS阅读器;②选择有价值的RSS

信息源(网站或博客);③启动RSS订阅程序,将信息源添加到自己的RSS阅读器或者在线RSS;④接收并获取定制的RSS信息;⑤取消定制的RSS信息。

RSS阅读器分为在线阅读器和离线阅读器。在线阅读器优点:不受机器限制,只要联网通过浏览器就可以使用;速度比较快,阅读内容可以实时同步,不需要安装软件;可以分析用户阅读习惯。还可以获取一定的统计,相应增值服务比较多,强大的搜索比较方便。离线阅读器优点:可以将文章下载到本地,可以离线阅读;不受浏览器限制,方便操作管理。RSS除了在PC上使用以外,还可以通过手机的RSS阅读软件订阅一些电子媒体、Blog、新闻等,专门在手机上使用的RSS阅读器是手机RSS阅读器。

五、电子书

1. 电子书及其构成要素

电子书(E-book)是指将文字、图片、声音、影像等信息内容数字化的出版物,以及植入或下载数字化信息内容的集存储介质和显示终端于一体的手持阅读器。电子书是利用计算机技术将一定的文字、图片、声音、影像等信息,通过数码方式记录在以光、电、磁为介质的设备中,借助于特定的设备来读取、复制、传输。

电子书的构成要素:

(1) E-book的内容,主要是以特殊的格式制作而成,可在有线或无线网络上传播的图书或期刊杂志。

(2) 电子书的阅读器,是一种采用LCD、电子纸为显示屏幕的新式数字阅读器,可以阅读网上绝大部分格式的电子书,如PDF、CHM、TXT等,提供类似纸张阅读感受的电子阅读产品,如亚马逊推出电子书阅读器kindle、翰林电子书等。

(3) 电子书的阅读软件,如AcrobatReader、微软的MicrosoftReader、百度阅读器等。例如,百度阅读器是百度公司推出的一款集本地文档管理与阅读以及在线文档查阅与管理于一身的多功能客户端阅读软件,支持epub、pdf、txt、doc、ppt等格式。

与传统图书相比,电子书籍具有传播面广、传播速度快、更新速度快和阅读成本低、占用空间小、携带方便等优点。除此之外,电子书还具有以下特点:信息完整并可长期保存、可以离线阅读、便于继续传播。

2. 电子书的文件格式

常见的电子书格式：exe、txt、pdf、pdg、caj、hlp、chm等文件格式。其中某些格式要用特定的软件才能打开和阅读，如pdf格式要用Adobe Acrobat Reader阅读、caj格式要用caj中国期刊网的专用全文格式阅读器等。可以直接运行的有exe格式和chm格式。

（1）exe文件格式。也称为可执行文件格式，是目前比较流行的一种电子读物文件格式。优点：制作这种格式的工具最多，阅读方便、制作简单且制作出来的电子读物相当精美、无需专门的阅读器。缺点：无法直接获取其中的文字图像资料，文件都不支持Flash和Java及常见的音频视频文件，需要IE浏览器支持等。制作软件：eBook Workshop(e书工厂)、友益文书等。友益文书软件是一款集资料管理、电子图书制作、翻页电子书制作、多媒体课件管理等于一体的多功能软件，用于管理html网页、word文档、excel文档、幻灯片、pdf、chm、exe、txt、rtf、gif、jpg、png、ico、tif、bmp、flash动画等格式的文件；支持背景音乐播放，集成pdf阅读功能，能生成具有全文搜索、目录搜索、收藏夹等功能chm格式文件；能生成便携设备如ipad、手机等阅读的文件；对所管理的资料可直接生成可执行文件。

（2）caj文件格式。caj为中国学术期刊全文数据库英文缩写(China Academic Journals)，是中国学术期刊全文数据库中文件的一种格式，使用caj全文浏览器来阅读，如CajViewer7.2阅读器。caj全文浏览器是中国期刊网的专用全文格式阅读器，支持中国期刊网的caj、nh、kdh和pdf格式文件，可以在线阅读中国期刊网的原文，也可以阅读下载到本地硬盘的中国期刊网全文。

（3）pdf文件格式。pdf是Adobe公司开发的电子读物文件格式，是目前使用最普及的电子书格式，可以真实地反映出原文档中的格式、字体、版式和图片，并能确保文档打印出来的效果不失真。优点：这种格式的电子读物美观、便于浏览、安全性很高。缺点：只适合浏览静态的电子图书。使用Acrobat X Pro软件内置的pdf转换器，可以将纸质文档、电子表单Excel、电子邮件、网站、照片、Flash等各种内容扫描或转换为pdf文档。

（4）pdg文件格式。pdg文件格式的电子书是用超星数字图书馆技术制作的数字图书，必须使用超星阅览器(Superstar Reader)阅读。打开超星阅览器，点击“资源”，就可以看到按照不同科目划分的图书分类，分类下是每本具体书籍。

（5）ceb文件格式。ceb即Chinese eBook，是完全高保真的中文电子书的格式。由北京方正阿帕比技术有限公司开发的电子图书阅读工具—方正Apabi Reader使用的格式。该格式能够保留原文件的字符、字体、版式和色彩等所有信息，包括图片、数字公式、化学公式、表格、棋牌以及乐谱等，同时，对文字图像能进行压缩，文件的数据量小。

（6）txt格式。txt格式的电子书是被手机普遍支持的一种文字格式电子书，这种格式的电子书容量大，所占空间小，得到了广大爱看电子书和手机用户的支持。

（7）chm和hlp文件格式。这两种文件格式本来是Windows系统帮助文件的标准格式，由于这两种格式能够支持图片的插入，并且能通过制作目录、索引等功能来方便读者阅读，所以这两种格式渐渐演变为网络上常见的电子书格式。在Windows系统中就可以直接打开阅读。

3. 电子书发行网站

一般的小说门户网站都提供类似“作家专区”或“作者申请”等栏目，注册后等待审核，即可上传电子书资源。如百度阅读版块提供的“加入作者计划”。除此之外，还有一些专门的发行网站，如“希网网络”是以订杂志、办杂志为核心业务的服务平台；“书包网”专门的“上传小说”栏目，主要上传txt文件格式的电子书资源；“e书家”是专门的chm和pdf电子书资源分享平台，既提供“上传资源”，也提供下载电子书籍。

六、即时通信

即时通信（Instant Messaging，IM）是一个终端服务，允许两人或多人使用网络即时地传递文字信息、档案、语音与视频交流。

IM最早是三个以色列青年在1996年开发出来的，取名叫ICQ。1998年当ICQ注册用户数达到1200万时，被AOL看中，以2.87亿美元的天价买走。目前ICQ有1亿多用户，主要市场在美洲和欧洲，已成为世界上最大的即时通信系统。

即时通信的工作原理：用户分别安装客户端软件，利用软件提供的交互界面，实时在线发送、接收、存储信息。软件系统一般具有呼叫中心系统、用户管理系统、简单邮局系统等功能。

即时通信按使用用途分为两种：一种是以企业内部办公为主，建立员工交流平台,减少运营成本,促进企业办公效率;另一种是以即时通信为基础,整合相关应用。企业通信软件被各类企业广泛使用,如Active Messenger(80用户免费)、网络飞鸽(100用户免费)、叮当旺业通、腾讯EC营销即时通等。网站即时通信是在社区、论坛和普通网页中加入即时聊天功能,用户进入网站后可以通过右下角的聊天窗口跟同时访问网站的用户进行即时交流,从而提高了网站用户的活跃度、访问时间、用户黏度。把即时通信功能整合到网站上是未来的一种趋势,这是一个新兴的产业,已逐渐引起各方关注。

根据装载的对象又可分为手机即时通信和PC即时通信,手机即时通信代表是短信,如微信、百度hi、新浪UC、阿里旺旺、网易泡泡、移动飞信、企业飞信等应用形式。个人级应用的IM代表有百度Hi、腾讯QQ、飞信Fetion、微信、易信、来往、新浪UC、网易CC、网易泡泡、Skype、MSN、Lync、FastMsg、蚁傲、Active Messenger、阿里旺旺等。

七、其他工具

1. 网络实名/通用网址

所谓网络实名就是一种最快捷、最方便的网络访问标准。使用它时,用户只需输入中英文、拼音及缩写甚至是几个相关的字符就可以直达目标。3721是国内网络实名的发起者和倡导者。与美国推行网络实名的Real Names公司相比,3721在技术上采用模糊概念,只需要输入实名或简称、拼音、英文、数字,记不清楚或是拼错都没关系,3721可通过智能推测帮助用户到达所需网页。

网络实名是第三代中文上网方式,企业将公司、品牌、产品等名字注册为网络实名后,用户就无需记忆复杂的网址,直接在地址栏输入中文,即可简单方便地直达企业网站。

通用网址是一种新兴的网络名称访问技术,通过建立通用网址与网站的地址URL的对应关系,实现浏览器访问的一种便捷方式。通用网址是CNNIC推出的服务,与网络实名一样,互联网用户无论是通过下载客户端软件,还是通过ISP服务商,甚至直接通过浏览器,都可以访问企业网站。

网络实名/通用网址都是通过安装在用户电脑中的插件和后端的引擎服务器共同完成的,其工作过程:

①当用户在浏览器地址栏中输入中英文名字并按下回车键时，浏览器会通知中文上网插件；

②中文上网插件如果判断出用户输入的是一个中英文关键词，而不是域名或网址时，就将这个关键词发送给后端的引擎服务器；

③引擎服务器在自己的数据库中查找到关键词对应的网址URL，将此网址URL返回给浏览器；

④浏览器接收到引擎服务器返回的网址URL，即可访问到对应的网站或网页。

2. 网站在线客服

网站在线客服是一种网页版即时通信软件的统称。相比于其他即时通讯软件(如QQ、MSN等)，能实现和网站的无缝结合，为网站提供和访客对话的平台。网站访客无需安装任何软件，即可通过网页进行对话。在线客服系统共有特点是：网站的所有者想要使用在线客服系统，必须先向在线客服系统申请一个账户，生成网页标签(即代码)，然后把这段代码嵌入到网站网页当中，用申请的账户登录在线客服系统就可以使用。

在企业网站访客方便及时和企业进行即时沟通方面，网站在线客服系统与即时通信软件相比具有良好的体验度：①无需安装软件及更新；②无需添加用户审核；③能为企业网站提供访客轨迹跟踪、流量统计分析、客户关系管理等功能。

在线客服是网络营销的基础，对企业主要作用表现在以下几个方面。

(1) 增加营销渠道。改变传统电话、邮件、QQ等客户营销方式，为企业打造主动式营销方式。

(2) 增加销售机会。通过在线为顾客分析和解决复杂的问题来增强顾客的忠诚度，进一步提高销售机会和销售量。

(3) 降低运营成本。每个在线客服人员可通过无限地增加即时的在线服务人数，降低了传统客户服务中通过电话交流所产生的成本。

(4) 巩固客户关系。通过与网民在线人性化的交互效果和顾客的地址资源来判断稳步增长的客户源。

(5) 无缝沟通。直接在客户浏览的网站或网页上弹出即时交流窗口，降低客户的沟通门槛，提高成交概率。同时系统自动提供访客来访时间和地理位置的统计信息,企业可以根据这些数据调整销售人力安排、销售区域策略等,为进行市场决策提供了有力的依据。

(6) 知识储备。客服可以通过交流平台的知识库进行学习;当面对访客的提问时,也可以通过知识库调阅相关资料,快速解答访客问题。

(7) 精准营销。客服人员可以从系统中清楚地了解客户的访问页面和问题,并做好充足的准备。

(8) 快捷回复。将常用的对话内容和网站地址进行分类整理,轻松地对不同的访客快速应答,体现专业,节省效率。

(9) 实时监管。管理人员能够实时地对客服人员的工作进行监控,并查看访客对客服的满意度评价。

有些在线视频客户系统还能够提供多视频点播轮播功能,如不间断播放企业宣传片和产品解说片等各类企业视频,打造企业自己的网络视频广告窗口、电视购物窗口;利用手机快传真正做到随拍随传;扫二维码随时视频点播等功能。

3. 社区与社交网

社区是指包括BBS/论坛、讨论组、聊天室等形式在内的网上交流空间,同一主题的网络社区集中了具有共同兴趣的访问者,由于有众多用户的参与,不仅具备交流的功能,实际上也成为一种营销场所。

论坛又名BBS,全称为Bulletin Board System(电子公告板)或者Bulletin Board Service(公告板服务),是Internet上的一种电子信息服务系统。用户在BBS站点上可以获得各种信息服务,发布信息,进行讨论、聊天等。论坛提供按主题分设版块的功能,版面的设立依据是大多数用户的要求和喜好,用户可以阅读别人关于某个主题的看法,也可以将自己的想法贴到论坛中。有些论坛也提供邮件功能,如果需要私下交流,也可以将想说的话直接发到某个人的电子信箱中。贴吧是一个开放式的论坛,不用注册可以回贴发贴,也很容易申请吧主或版主,建立自己的论坛。

社交网络是基于SNS理念构建的网络平台,用户可以通过建立个人资料页面来认识具有相似爱好或背景的人,同时与已认识的人保持联系,交流彼此的信息和观点。SNS,全称Social Networking Services,即社会性网络服务,专指旨在帮助人们建立社会性网络的互联网应用服务。国内最大的实名制社交网就人人网,国外比较典型的综合性社交网是Facebook。

社交网络的核心价值就是人与人之间的关系。真实的朋友关系使用户之间相互信任、共同分享信息、相互影响消费决策。与以往的网络口碑营销相比，社交网络所承载的社交关系的真实性使营销信息变得更具说服力。

社区网与社交网的本质区别在于：社区的重心是话题（内容），SNS的重心是关系（人）。

【课后思考题】

1. 网络营销的定义及其内涵有哪些？
2. 搜索引擎平台的种类有哪些？
3. 电子邮件系统主要的部件有哪些？
4. 在门户网站建立自己的博客。

【本章参考文献】

[1]冯英健.网络营销基础与实践（第3版）[M].北京:清华大学出版社,2007.
[2]杨艳.电子商务网站建设基础与实践[M].北京:北京大学出版社,2008.
[3]李秀,安颖莲等,.计算机文化基础（第4版）[M].北京:清华大学出版社,2003.
[4][美]Corey Periman.网络营销实训[M].侯德杰译.北京:人民邮电出版社,2010.

第三章　网络市场调研

学习目的:

理解网络市场调研的内容、步骤;掌握设计网络市场调研的方案,并熟练运用;掌握运用网络调研方法设计调查问卷,并使用网上平台发放调查问卷。

市场调研在企业的经营活动中有着重要的作用,是营销链中的重要环节,其调研结果是企业经营决策的依据。随着互联网的广泛应用,各种基于网络的调研方法不断出现,形成独具特色的网络市场调研,对企业准确快速地把握市场,制定经营与竞争策略起到重要作用。

第一节　网络市场调研概述

一、网络市场调研的概念和特点

1. 网络调研的定义

正确的市场营销决策是现代企业在市场竞争中取胜的关键,而决策的前提是科学的市场预测,科学的市场预测的基础是市场调研。市场调研是指运用科学的方法,系统地搜集、记录、整理和分析市场信息资料,以了解市场发展变化的现状和趋势,为决策部门制定更加有效的营销战略、策略提供基础性的数据和资料的信息管理过程。市场调研是市场调查与市场研究的简称,也称作市场调查、营销调研、市场研究等。市场调研可以提高对营销因素的可控能力、对市场机会的分辨能力、对市场趋势的预见能力和对市场风险的防范能力。

网络市场调研(简称网络调研)是运用互联网络和信息技术,以科学的方法,系统地、有目的地收集、整理、分析和调研所有与市场有关的信息的过程。特别是调研有关消费者的需求、购买动机和购买行为等方面的信息,从而把握市场现状和发展趋势,有针对性地制定营销策略,取得良好的营销效益和更高的投资回报率。

2. 网络调研的特点

基于互联网的高效、开放、双向传播等优势,网络调研与传统市场调研相比,具有以下特点。

（1）即时性。网络调研的主要方式是发放、回收、汇总、统计和分析网络调查问卷，问卷在网络上是以数字化的形式存储、传播。网络调查问卷的发放、填答、提交皆不受时空限制、即时快捷。回收问卷的同时就可以利用统计分析软件对调查的结果进行即时统计；网络调研的过程可以即时跟踪，任何网民都可以参加投票和查看结果，应答者提交后系统自动回复。

（2）交互性。互联网与传统媒体最大的不同就是具有交互性或互动性。网页和浏览者之间的信息传递是双向的，在网上调查时，被访问者可以就问卷相关的问题提出自己的看法和建议，及时调整问卷的相关内容，纠正因问卷设计不合理而导致的调查结论的偏差。网上调查者可以就被访者的建议在线及时反馈，提高了问卷的有效性。

（3）经济性。互联网信息跨时空传播，参与者不受地域和时间的限制，节省了传统印刷和邮寄问卷的调研费用；网络调研过程中信息采集和录入工作，由参与者在终端上自愿填写完成，由网站系统自动接收完成，有效地降低采样的成本；网上调研的信息处理、统计与分析均由调研软件系统自动完成，只需根据需要人工输入问题，无需处理费用，极大地降低了调研数据的统计计算费用。

（4）客观性。网民是在完全自愿的情况下参与调查，对调查的内容往往有一定的兴趣，因此回答问题时更加大胆、坦诚，调查结果可能比传统调查更为客观和真实。网络虚拟性的特点可使被访者在填答问卷时的心理防御机制降至最低，从而保证填答内容的真实性。

3. 网络调研存在的问题

（1）主动性与被动性的矛盾。网络调研是在虚拟网络下的真实活动，在线调查表是由调研者主动发布的，却只能被动地等待样本数据。调查对象的来源不确定，样本数据的准确性难以把握，在没有任何压力下，回答问题带有一定的随意性，甚至有恶意填写和重复填写的情况发生，在数据处理中难以进行数据清洗和过滤，直接影响了样本数据的准确性。

（2）网络调研的实用性危机。与面对面试用体验访谈效果不同，网上调研过程无法多视角展示企业产品，调查对象对企业产品的专业认识程度不同，造成调研数据样本的实用性危机。在调研的可控时限内，不少被调查者会出于各种原因而拒绝参加网上调研活动。高居不下的拒访率,将造成样本的流失,影响调研结果的可靠性;参与调研者由于认知程度的差异,同样的问题也可能产生相左的意见。

(3) 网络调研技术有待完善。我国网络调研仍处于发展阶段,现有的网络调研专用技术的欠缺导致调研流程不畅。尽管网络调研的专门研究单位和专门软件迅猛发展,但仍有不尽如人意的地方。加之,能熟练地运用网络技术、调研实践经验丰富的专业网络人员还相当缺乏,给网络调研技术的实际运用带来很大难度。

二、网络市场调研的内容

网络市场调研的内容与传统市场调研的内容一致,即市场状况与环境调研、消费者需求调研、产品调研、网络广告调研和社情民意调研等。

1. 市场状况

市场状况调研包括市场需求、市场供应、市场营销因素和市场竞争情况等调研。

(1) 市场需求调研。市场需求调研主要包括市场需求量、需求结构、需求影响因素和需求潜力等方面的调查。市场需求量调研内容包括产品的范围、市场需求总量、确定的消费者群体、时间周期(长期、中期、短期)、营销环境(各类影响因素)和购买需求等。

市场需求结构是指消费品需求结构和生产资料需求结构。消费品是社会最终产品,不需要经过生产企业再生产和加工,便可供人们直接消费。消费品市场又称为最终消费者市场或生活资料市场,是指个人或家庭为满足生活需求而购买或租用商品的市场,是市场体系的基础。在整个市场结构中,消费者市场的发展,直接或间接地影响着工业品市场的发展及整个社会经济的发展。消费结构是在一定的社会经济条件下,人们(包括各种不同类型的消费者和社会集团)在消费过程中所消费的各种不同类型的消费资料(包括劳务)的比例关系。消费需求结构反映着社会生产力的发展水平。以吃、穿两项为主要内容的低层次的消费需求结构,就是生产力水平低下的反映。随着生产力的不断发展,消费需求结构逐渐由低层次向较高层次过渡,享受资料、发展资料在需求结构中占的比例逐渐增大。

生产资料是指劳动者进行生产时所需要使用的资源或工具。一般可包括土地、厂房、机器设备、工具、原料等。列宁曾指出:“生产消费(生产资料的消费)归根到底总是同个人消费联系着,总是以个人消费为转移的”。因为个人或家庭需要洗衣机,才促使洗衣机制造商对钢材、电机、设备等生产资料产生需求。可见,生产资料市场的需求,最终取决于生活资料市场的需求,生产资料市场的需求以生活资料市场的需求为基础。生活资料市场需求的增减变化,往往会导致生产资料市场需求的相应变化,甚至剧烈的变化。构成生产资料市场的消费者群主要是生产企业等法人团体,不像生活资料市场是以个人或家庭购买的形式出现。其购买的目的不同于生活资料市场用于个人或家庭消费,而是用购买的商品或劳务生产出其他商品或劳务,以实现购买团体的营销目标。如自行车制造商购买钢材、设备等生产资料就是出于生产自行车的需要。

市场需求影响因素包括:①企业可控因素(如生产、定价、分销、促销等营销因素),其调查主要针对产品功效、产品价格、营销方式、促销力度的影响力的强弱和方向;②企业不可控因素(企业所面临的外部环境)。

市场潜力调查是指产品在目标市场上的销售前景调查,其目的是通过调查查明直接影响产品在目标市场上销售的各种因素,明确地分析在目标市场上组织销售的可行性及其发展前景,以便更好地选择产品的目标市场。一般而言,影响产品的市场潜力的因素主要有如下几点:市场所在地的政策、法规;市场容量、消费方式和消费需求增长情况;影响需求的各种因素,以及市场竞争等。

(2)市场供应调研。市场供应调研主要包括供应能力调查、市场货源调查、供应范围调查。其中供应能力调查包括企业商品供应能力调查(包括商品的供应规模、供应速度、供应结构状况是否满足市场的需求)、企业资金供应能力调查(包括资金来源、资金构成、资金分配和使用状况等)、企业设备供应能力调查(包括设备条件、技术条件和更新状况等)、企业员工工作能力调查(包括现有员工的数量、构成、素质,以及为今后企业发展储备的人才状况等)。市场货源和供应范围调查主要指同(类)街区同类型产品的供给量和在市场上的销售量、市场供应物及附属设备选择、服务优缺点的调查。

(3)市场营销因素调研。市场营销因素调研主要包括竞争对手状况、品牌及企业形象、商品实体和包装、价格和销售渠道等调研。

竞争对手状况调研主要针对竞争对手的数量及实力，包括对方的价格策略、销售渠道、促销方式以及产品质量、性能等情况调研。

品牌及企业形象调研包括品牌或企业的知名度、品牌或企业的美誉度、对品牌或企业的认知程度及认知途径、品牌或企业的基本形象和具体形象、评价品牌或企业的指标及指标的相对重要性，以及对品牌或企业的名称、标志或商标的联想和印象、品牌的管理和品牌的忠诚度等内容。

商品实体调研主要包括商品性能调研，商品的规格、型号、样式、颜色和口味等方面的调研，商品制作材料调研。商品包装调研包括消费品包装、工业品包装、运输包装等调研。

从宏观角度看，价格调研主要包括对市场商品的价格水平、市场零售物价指数和居民消费价格指数等方面内容的调研。从微观角度看，价格调研主要包括：消费者对产品价值的认知调研；目标市场的不同层次消费者群体对产品的需求程度调研；同类竞争产品的定价水平及销售量情况调研；现有定价能否使企业营利及在同类企业中的地位调研；消费者对价格变化的理解或反应调研等。

销售渠道调研主要是对商品在流通过程中所经过的流通环节或中间层次进行调查。如企业现有的销售渠道是否满足销售商品的需要；中间商的销售额、资金状况、储存能力、消费者对中间商的反应、遵守合同的声誉等；中间商对发货速度、数量要求、对推销员、营业员进行技术培训的要求等。

（4）市场竞争情况调研。市场竞争情况调研主要包括竞争者调查、竞争者市场占有率调查、竞争者营销目标调查和竞争者营销策略调查等。市场竞争情况调查的前提是识别竞争者，竞争者一般是指那些与本企业提供的产品或服务相似，并且所服务的目标顾客也相似的其他企业。企业的竞争对手可分为几个层次：①把同一行业以相似的价格向相同的顾客提供相同的产品的企业视为品牌竞争者（即狭义的竞争者，品牌几乎是区别产品的唯一因素）；②把同一行业生产不同档次、型号、品种产品的企业视为行业竞争者；③把为满足相同需求而提供不同产品的企业视为一般竞争者；④把为争取同一笔资金而提供不同产品的企业视为广义竞争者。

竞争者调查是指企业通过某种分析方法识别出竞争对手，并对其目标、资源、市场力量和当前战略等要素进行评价。其目的是为了准确判断竞争对手的战略定位和发展方向，并在此基础上预测竞争对手未来的战略，准确评价竞争对手对本组织的战略行为的反应，估计竞争对手在实现可持续竞争优势方面的能力。竞争者调查内容包括市场进入、投资收购、市场动态、人力资源、营销体系、生产研发、专利情报、仓储物流等调查。

市场占有率亦即市场份额，是指一个企业的销售量(或销售额)在市场同类产品中所占的比重。市场份额是企业的产品在市场上所占的份额，也就是企业对市场的控制能力。企业市场份额的不断扩大，可以使企业获得某种形式的垄断，这种垄断既能带来垄断利润又能保持一定的竞争优势。

竞争者营销目标主要指竞争者的经营理念、竞争者的组织机构、竞争者的财务目标和竞争者的控制系统等。

2. 市场环境调研

市场环境调研主要包括经济环境、政治环境、社会文化环境、科学技术环境、人口和自然地理环境等宏观环境调研。市场环境调研有助于企业更好地认识环境，通过企业营销努力来适应社会环境及变化，达到企业营销目标。

经济环境是指市场的购买力水平，各种产品的产、供、销经济结构等环境，如国民生产总值、国民收入、人均国民收入、产业结构、产业增长、物价水平、储蓄、信贷、进出口贸易、外汇、基础设施、能源等。

政治环境是指国家的方针、政策和法律法规对市场的影响，如专利法、商标法、企业法、公司法、合同法、广告法等。

社会文化环境是指各地、各民族的传统文化，如思想意识、道德规范、社会习俗、宗教信仰、文化修养、价值观、审美观等。

科学技术环境主要是指科学技术的发展给企业的生产和销售所带来的影响，如新技术、新工艺、新原料、新发明以及新产品的开发、推广和应用的现状、发展速度和前景等。

人口因素涉及人口总量、地理分布、年龄结构、性别构成、家庭结构、社会结构、民族结构、人口素质等诸多方面，人口数量直接决定市场规模和潜在容量，人口的性别、年龄、民族、婚姻状况、职业、居住分布等也对市场格局产生着深刻影响，从而影响着企业的营销活动。

自然地理环境主要包括气候、季节、自然资源、地理位置等，这些因素不仅影响着人们的消费模式,还会对经济、社会发展、民族性格产生复杂的影响。

3. 消费者需求调研

消费者需求调研主要是了解消费者的购买动机,包括理智动机、感情动机和偏爱动机,即消费心理和消费行为调研。消费心理是指在消费中的意愿或观念;消费者购买行为是指人们为了满足个人、家庭的生活需要或者企业为了满足生产的需要,购买爱好的产品或服务时所表现出来的各种行为,及发生的购买商品的决策过程。

消费者购买行为是复杂的,其购买行为的产生是受到其内在因素和外在因素的相互促进交互影响的。内在因素,诸如生理性购买动机:生存性购买动机、享受性购买动机、成长性购买动机等;心理性购买动机:感情型购买动机、理智型购买动机、惠顾型购买动机等。外在因素一般指:①文化背景因素,影响消费者产生社会赞许倾向型人格、默认倾向型人格、避免反应倾向型人格等;②家庭背景因素,影响消费者的购买习惯与特点;③不同年龄、不同相关团体消费者购买动机与购买习惯及其相互影响的情况和各自占本地市场的比例;④消费者爱好的变化以及因其消费心理变化的各种因素的作用程度与方向;⑤国家政策、地区习惯、外来文化等因素。

4. 产品调研

产品调研主要包括产品要素调查和价格调查。其中,产品要素调查是调查与产品有关的各种因素,具体包括如下。

(1) 产品概念调查:调查消费者对产品的理解程度、需求程度、满意程度,以及激发的购买欲望等。

(2) 产品实体调查:包括产品功能调查、产品款式调查、产品质量调查和产品原材料调查等。

(3) 产品包装调查:调查消费者是否喜欢企业产品包装及其原因、评价、希望等。

(4) 产品寿命周期调查 :包括产品销售量、销售增长率、市场普及率、消费者购买意向、竞争者产品开发销售情况、可替代产品开发销售情况。

(5) 产品品牌调查:调查企业产品品牌在消费者心目中的印象和地位,以及对消费者的吸引程度，还要调查企业产品品牌在市场中的竞争力等。

5. 网络广告调研

网络广告具体内容在第七章详细介绍。在电子商务环境中，由于生产者与消费者之间中间环节的减少，广告的作用更加突出。与传统广告相比，网络广告使信息的获取和反馈更为及时、准确。不仅省去了传统广告信息传递所需要的大量时间，而且形式多样，可以同时传递文字、声音、图像，具有很强的交互性，能准确地统计网络广告浏览的人数。

网络广告调研主要是对网络广告用户媒介习惯、网民关注与点击广告的网站情况、电视广告与网络媒体广告收入、网络广告用户态度偏好、吸引网民注意广告的因素、网民对网络广告反感的原因等调研分析。

6. 社情民意调研

民意调查又称为舆论调查，是了解社会公众舆论倾向的一种调查方式。通过科学的调查与统计方法，民意调查收集到的信息可以如实地反应出一定范围内的民众对某个或某些社会问题的态度倾向。

民意调查自20世纪初在美国产生以来，在全球获得了迅速的发展，在政治、经济以及社会管理等领域发挥着重要作用。利用网络调研的即时性和经济性的特点，可以对特定目标群体的生活形态进行连续性追踪研究。

第二节　网络调研的策略和方法

一、网络调研的策略

网络市场调研的目的是收集网上的购物者和潜在顾客的信息。充分利用网络调研的优势，实时开放地与消费者进行沟通，了解市场和消费者需求，制定有效的营销策略，更好地服务于顾客。网站是企业与消费者双向交互的平台，是企业进行网络调研的主要界面，只有识别和吸引更多的消费者访问企业站点，并乐于接受企业的调研询问，善意而又真实地发回反馈信息，才能实现网络调研的目的。网络市场调研的策略主要包括识别并吸引企业站点的访问者、进行企业网站的营销调研。

1. 识别并吸引企业站点的访问者

网络调研没有空间和地域的范围,调研人员无法预期企业站点的访问者,无法确定调研对象样本,即使是网上购买企业产品的消费者,调研人员也无法真正掌握其身份、职业、性别、年龄等。因此,网络调研的关键之一就是如何识别访问者,并吸引其在企业站点上进行双向交流。

(1) 利用电子邮件或来客登记簿获得市场信息。互联网是企业和消费者之间的桥梁,电子邮件和留言簿(guestbook或来客登记簿)是企业与消费者交流的重要工具与手段。电子邮件可以附有HTML表单,访问者可在表单界面上点击相关主题并且填写附有其电子邮件地址的有关信息,然后发回企业。留言簿是允许访客匿名留言并发回企业的表单,与传统来客登记簿人工记录来客单位、事由、访问部门、登记时间和离开时间等具有相同的功能。通过电子邮件和来客登记簿,不仅所有访客均可以了解企业的情况,而且市场营销调研人员可获得相关的市场信息。如确定访问者的邮编后,就可以分析访问者所在的国家、地区、省市等地域分布范围;对访问者回复的信息进行分类统计,就可以进一步对市场进行细分,而市场细分是企业制定营销策略的重要依据之一。

(2) 给予访问者奖品或者免费商品获得真实信息。通过告知访问者参与调研后调研人员将邮寄奖品或免费商品,能够比较准确地获得访问者的姓名、地址和电子邮件地址,可以有效消除访问者担心信息泄密的心理障碍,提高调研人员的工作效率。

(3) 吸引访问者注册获得个人信息。网站上发布有价值的信息内容是有效吸引访问者的方法。访问者为了获取有用信息,积极进行注册登录。注册信息可以设计为包括注册者年龄、职位、学历、收入和所在单位性质等信息。

(4) 向访问者承诺物质奖励。互联网上有些站点承诺给访问者购买打折或直接给予奖金,但需要访问者填写一份包括个人习惯、兴趣、假期、特长、收入等内容的调查问卷。

2. 企业网站的营销调研

在企业网站上实施网络调研一般采取以下策略:

(1) 科学地设计调研问卷。成功的调查问卷应具备两个功能:一是能将所调查的问题明确地传达给访问者;二是设法取得对方的合作,使访问者能给以真实、准确的回复。但在实际的调研中,被调查者的情况差异很大,还有调研人员的专业水平和技术水平的不同均会影响调研的结果。

因此,调查问卷的设计应遵循一定的原则:①目的性原则。即询问的问题与调查主题密切相关,重点突出。②可接受性原则。即被调查者回复哪一项,是否回复有自己的自由,故问卷设计要容易让被调查者所接受。无论在西方或是东方国家,对涉及有关个人问题时,如个人收入、家庭生活中比较敏感的问题等,访问者一般不愿意或拒绝回复。因此,关于个人隐私的问题不应出现在调查问卷中,以免引起访问者的反感。③简明性原则。即询问内容要简明扼要,使访问者易读、易懂,而且回复内容也简短省时。因此,调查问卷的设计应多采用二项选择法、顺位法、对比法等技巧,对调查问卷中问题答案的选项应给访问者提供相应的信息,以方便访问者回答。调查问卷应保证合理长度,一般性调查应尽量使问题控制在20道以内,10分钟答完为宜。应在每个问题后设置两个按钮(YES、NO),让访问者直观地表达他们的观点。④匹配性原则。即要使访问者回复的问题便于检查、数据处理、统计和分析,以提高市场调研工作的效率。

(2)调整调查问卷内容组合以吸引访问者。与传统的市场调研问卷相比,网络调研的最大优势是可以极方便地随时调整、修改调查问卷上的内容,可以实现不同调研内容的组合,如产品的性能、款式、价格以及网络订购的程序、如何付款、如何配送产品等。因为不同时期、不同产品,访问者对其不同因素的兴趣不同,营销调研人员应通过不同因素组合的测试,分析判断何种因素组合对访问者是最重要、最关键的。哪些因素对访问者来说是最关心和最敏感的,进而调整调查问卷的内容,使调研主页对访问者更具吸引力。

(3)监控在线服务。网站的访问者能利用互联网上的一些软件来跟踪在线服务。调研人员可通过监控在线服务了解访问者主要浏览哪类企业、哪类产品的主页,挑选和购买何种产品等基本情况。通过对这些数据进行研究分析,可对顾客的地域分布、产品偏好、购买时间,以及行业内产品竞争态势作出初步的判断。

(4)有针对性地跟踪目标顾客。市场调研人员在互联网上或通过其他途径获得了顾客或潜在顾客的电子邮件网址,可直接使用电子邮件向他们发出有关产品和服务的询问,请求他们反馈回复;也可在调查表单中设置让顾客自由发表意见和建议的版块,请他们发表对企业、产品、服务等各方面的见解和期望。通过这些信息，调研人员可以把握产品的市场潮流以及消费者的消费心理、消费爱好、消费倾向的变化，根据这些变化来调整企业的产品结构和市场营销策略。

（5）以网页内容的差别化赢得访问者。如果企业市场调研人员跟踪到访问者浏览过其他企业的站点，或阅读过有关杂志的产品广告主页，则应及时发送适当的信息给目标访问者，以使其充分注意到本企业站点的主页，对产品作进一步的比较和选择。例如，如果访问者刚浏览过同行业竞争企业的站点，则市场调研人员应及时做出差别化宣传，在企业站点的主页上着重描述本企业产品的特殊优势和服务特色，通过经营上的特色和差别化优势吸引访问者，使其尽可能在本企业站点上实现网上购买行为。

（6）传统市场调研和电子邮件相结合。企业市场调研人员也可以在各种传播媒体上，如报纸、电视或有关杂志上刊登相关的调查问卷，并公告企业的电子邮箱和网址，让消费者通过电子邮件回答所要调研的问题，以此收集市场信息。采用这种方法，调研的范围比较广，同时可以减少企业市场调研中相应的人力和物力的消耗。

（7）通过产品的网上竞卖掌握市场信息。对于企业推出的新产品，可以通过网上竞卖，以及与著名门户网站、搜索引擎平台进行主题推广等活动，了解消费者的倾向和心理，掌握市场趋势，从而制定相应的市场营销策略。

二、网络调研的方法

网络市场调研方法分为网络直接市场调研和网络间接市场调研。网络直接市场调研是指利用互联网技术，通过网上问卷等形式调查网络消费者行为及其意向的一种市场调研类型。分类是认识事物的重要方法，根据不同的思路，可以将网上直接调研方法分为若干种类型。网络间接市场调研主要是利用互联网收集与企业营销相关的市场、竞争者、消费者以及宏观环境等方面的信息。网络间接调研的方法，一般通过搜索引擎搜索有关站点的网址，然后访问所想查找信息的网站或网页。

1. 网络直接市场调研方法分类

（1）按调研的思路不同分类，可以分为网上问卷调研法和网上论坛调研法。网上问卷法是将问卷在网上发布，被调研的对象通过Internet完成问卷调研。在实际操作中有两种网上问卷调研途径:一是通过网站发布和回收问卷。将问卷放置在WWW站点上,等待访问者访问时填写问卷,如CNNIC每半年进行一次的“中国互联网络发展状况调研”就是采用这种方式。这种方式优点是采取自愿性填写,缺点是无法核实问卷填写者真实情况。为达到一定问卷数量,站点还必须进行适当宣传,以吸引大量访问者。二是通过电子邮件发送和回收问卷。通过E-mail方式将问卷发送给被调研者,被调研者完成后结果通过E-mail返回。这种方式优点是可以有选择地控制被调研者,缺点是容易导致被调查者反感。用这种方式时首先应争取被访问者的同意,并向被访问者发送小礼物。网上论坛调研指通过BBS和新闻组对企业的产品进行网上调研。尽管问卷调研方法有比较客观直接的优点,但也存在不能对某些问题进行深入调研和分析原因的缺点。为了弥补网上问卷调研的不足,许多企业设立BBS以供访问者对企业产品进行讨论,或者与某些专题的新闻组进行讨论,以便深入调研,获取更多有关资料。及时跟踪和参与新闻组、公告栏,有助于企业获取一些问卷调研无法发现的问题。因为问卷调研是从企业角度出发考虑问题,而新闻组和公告栏是用户自发的感受、体会,其传达的信息也往往是比较客观的,网上论坛调研的缺点是信息不够规范,需要专业人员进行整理和挖掘。

(2) 按组织调研样本的行为不同分类,可以分为主动网上调研法和被动网上调研法。主动调研法,即调研者主动组织调研样本,完成统计调研的方法。被动调研法,即调研者被动地等待调研样本造访,完成统计调研的方法,被动调研法的出现是统计调研的一种新情况。

(3) 按采用的调研技术的不同分类,可以分为站点法、电子邮件法、随机IP法和视频会议法等调研方法类型。其中站点法是将调研问卷的HTML文件附加在一个或几个网络站点上,由浏览这些站点的网上用户回答调研问题的调研方法。站点法属于被动调研法,是网上调研的基本方法。电子邮件法是通过给被调研者发送电子邮件的形式将调研问卷发送给一些特定的用户,由用户填写后以电子邮件的形式再反馈给调研者的调研方法。电子邮件法属于主动调研法,优点是提高了时效性。随机IP法是以产生一批随机IP地址作为抽样样本的调研方法,属于主动调研法,其理论基础是随机抽样。视频会议法是基于Web的计算机辅助访问的调研方法,是将分散在不同地域的被调研者通过互联网视频会议功能虚拟地组织起来,在主持人的引导下讨论调研问题的调研方法。

2. 网络间接调研方法分类

(1) 收集竞争者信息的方法。选择所有的相关关键词,利用搜索引擎进行一系列检索是互联网搜索竞争者信息的首选方法。寻找全球性竞争对手信息的最好方法是在全球8大导航网站中查找Yahoo、altavista、infoseek、excite、hotbot、webcrawler、lycos、planetseareh。收集国内竞争对手的方法,可以利用百度,新浪,搜狐,Google等。由于国内上网的企业还不是很多,通过搜索引擎只能搜索到部分企业,往往还需要配合传统方法收集信息。具体地讲:①访问竞争者的网站。竞争者的网站会披露竞争企业当前及未来的营销策略,应该认真了解竞争者网站风格、内容和主要特色。虽然调研者在网站上可能发现不了什么内幕消息,但浏览竞争者的网站是获得大量信息的好的开端。②收集竞争者网上发布的信息。在互联网上日益增多的信息中,商业信息的增长速度是最快的。调研者在考虑这些信息对企业的时效性时,应该注意其时效性和准确性。③从其他网上媒体获取竞争者的信息。如果企业没有自己收集竞争者信息的资源或技术,就只能外购竞争者的信息了。外购信息优点是外部的咨询人员是客观的,他们具有丰富的专业经验,可以更快地完成报告,定期更新信息。外购的缺点是成本高,包括初始成本和更新信息的成本。④从有关新闻组和BBS中获取竞争者的信息。在网上有许多关于竞争者信息的讨论组,参加其中的任何一个都会得到很大好处。

(2) 收集市场行情信息的方法。企业所收集的市场行情资料主要是指产品价格变动、供求变化方面的信息。收集市场行情信息,首先要了解可能用来收集市场行情信息的站点。这类站点主要有3种:①实时行情信息网,如股票和期货市场;②专业产品商情信息网;③综合类信息网。一般来讲,不同商情信息网侧重点不同,最好是能同时访问若干家相关但不完全相同的站点,以求找出最新的最全面的市场行情。

(3) 收集消费者信息方法。通过互联网了解消费者的偏好,可以通过网上调研的方法来实现。了解消费者的偏好也就是收集消费者的个性特征,为企业细分市场和寻找市场机会奠定基础。①利用Cookie技术收集消费者信息。Cookie是收集消费者信息的优秀工具,将通过Cookie与电子问卷调研等手段收集的信息结合在一起,调研者就可以了解用户上网特征,包括用户人口统计数据、消费心理数据及统计数据。收集这些重要的消费者信息可以帮助调研者实施更有效的一对一营销。②通过二手资料获取消费者信息。互联网可以让调研者迅速收集到遍布全球的二手消费者信息。有许多组织机构提供内容广泛的消费者信息,调研者可以在互联网上找到各种商业报告、贸易杂志、数据库和政府的人口普查数据。有些服务是免费的,但很多是付费的,一般来讲,购买二手数据比收集一手数据更快更便宜。③利用专业统计软件和网上订单收集消费者信息。有的公司还通过网页统计方法了解消费者对企业站点的感兴趣内容,现在的统计软件可以如实记录下每个访问页面的IP地址,找到该网页等信息。目前许多公司为了方便消费者,在公司网站架设BBS,允许消费者对公司的产品进行评述和提意见。有的公司允许消费者直接通过网络下订单,提出自己的个性化需要,公司因此可以获取消费者直接的第一手资料。

(4)收集环境信息的方法。环境信息是指与企业营销战略有关的宏观环境变量的总和。宏观环境主要是指直接或间接影响企业的生存与发展的社会、技术、经济和政治因素。环境信息调研应该看成是对主要的环境变量信息进行收集、评价,并把其与企业的日常决策和长期战略计划结合在一起的过程。在当今全球一体化趋势下,任何地方发生的事情或出现的问题都可以对企业实现其短期和长期目标的能力产生影响。

三、网络调研的步骤

1. 选取适合的搜索引擎

在网络上进行市场调研之前要选择方便适用的搜索引擎。搜索引擎能阅读、分析并且储存从该搜索网站数据库中、网页上获得的信息,这些信息可以借助于一系列的关键词和其他参数识别。利用搜索引擎,可以进入有关的主题搜索。每个搜索引擎都有相对的优势。选择哪个搜索引擎,要根据市场调研的对象和内容而定,那些主要的搜索引擎一般通过键入关键词就可以找到企业和企业的信息。

2. 确定合适的调研对象

调研对象不能只针对产品最终用户,还应考虑产品的购买者和参谋者。例如,某种时尚品牌休闲女装,目标对象应当是年轻女性,但实际的客户市场还应该包括她们的父亲、丈夫、男友甚至工友等角色。这就要求调研时,将调研市场对象进行角色细分,使调研结果更有针对性、客观性。

3. 调查调研对象

调研对象主要有企业产品的消费者、企业竞争者、企业合作者和行业内的中立者。其中企业产品的消费者通过网上购物的方式来访问商务网站。营销人员可以通过某些软件在商务网站上跟踪消费者,了解他们对产品的看法及对企业的建议。通过搜集并分析企业竞争者的信息,营销人员可以准确地了解公司的优势和劣势,并及时调整网络营销策略。企业要调研企业合作者和行业内的中立者的原因是,企业合作者和行业内的中立者能站在第三方比较客观的立场上,提供一些比较有价值的资料。

4. 选取有用的信息

主要包括信息收集、信息整理、信息分析。其中信息收集是利用互联网进行网络营销调研,不管是第一手资料还是第二手资料,都可以同时在全球进行,收集的方法不复杂,只需要在网上传交或下载即可,这种调研方法与受区域限制的传统调研方法有很大的不同。信息收集后,要对调研所获得的信息进行科学的加工,即对调研所获得的资料进行归类、整理,去粗取精,去伪存真。信息分析是指对经过整理的信息,运用定量、定性的方法进行分析研究,以掌握市场动态,探索解决问题的措施和方法。

5. 撰写网络调研报告

网络调研报告的填写是整个调研活动的最后阶段,是网络营销调研成果的最终体现。网络调研报告的撰写体例与传统市场调研的体例一致,如图3-1所示。

市场调研建议报告是一份先于市场调研设计方案的调研准备性文件,目的是争取得到市场调研决策者的认可与支持。其主要任务有两个:一是阐述调研的必要性,即向市场调研决策者解释说明开展某项市场调研的意义、目标、所能够解决的市场问题,以及市场调研所必要的费用投入;二是阐述该项市场调研的可行性,即向市场调研决策者解释说明该项市场调研的基本途径、资料来源、组织方式、调研的技术与技巧、人员配备、时间安排等。

市场调研建议报告基本结构

扉页 　1.市场调研题目 　2.市场调研需求者 　3.市场调研组织者 　4.建议市场调研完成日期 调研简要 　1.简要说明市场调研主题 　2.简要说明市场调研目标 　3.简要说明市场调研方法 前言:对市场调研项目意义的陈述 基本内容陈述 　1.对市场调研主题的详细陈述 　2.目标的详细陈述 　3.对市场调研基本内容的详细陈述 扉页 　1.市场调研题目 　2.市场调研用户 　3.市场调研组织者 　4.市场调研日期 序言 　1.目录 　2.简介(项目背景,人员配备) 市场调研结论摘要 　1.调研主题简要陈述 　2.调研结论简要陈述 　3.调研方法简要陈述 　4.提出建议简要陈述	市场调研途径 　1.对市场调研对象的详细陈述 　2.对市场调研方法的详细陈述 市场调研组织 　1.人员 　2.设备 市场调研时间安排 　1.调研设计 　2.调研组织 　3.资料整理与分析 　4.提出调研结论,并撰写调研报告 市场调研预算说明 附录: 　1.以往调研成果 　2.现有二手资料 报告正文 　1.详细背景介绍 　2.调研主题详细说明 　3.调研方法的详细说明 　4.调研主题的详细论述过程 　5.调研图表解释 得出结论 　1.市场调研结论1 　2.市场调研结论2 提出建议 　1.市场营销建议1 　2.市场营销建议2 附录:种类附录资料

图3-1　市场调研报告的编写格式

第三节　网络问卷调查专题实训

问卷调查是以书面提出问题的方式搜集资料的一种调研方法。调研者将所要收集的信息内容以问题的形式编制成表格,以邮寄方式、当面作答或者追踪访问方式填答,从而了解被调查者对某一现象或问题的看法和意见,亦称问题表格法。网络问卷调查是利用互联网互动交互的优势,将调研问题设计成网页表单的形式发布于各种投放平台界面,通过网络邀请浏览者参与回答问卷以获取市场信息的一种调查方式,属于在线调查的一种。

一、网络调查问卷的结构

1. 问卷的基本要求

完善的问卷调查表应能从形式和内容两个方面同时取胜。从形式上看,要求版面整齐、美观、便于阅读和作答,具体的版式设计、版面风格与版面要求,应与依托的平台协调。从内容上看,一份好的问卷调查表至少应该满足以下几方面的要求:

(1) 问题具体、表述清楚、重点突出、整体结构好。

(2) 确保问卷能完成调查任务与目的。

(3) 调查问卷应该明确正确的方向,把握正确的导向,注意对调查者可能造成的影响。

(4) 便于统计整理。

2. 问卷的基本结构

问卷的基本结构一般包括四个部分,即说明信、调查内容、编码和结束语。其中调查内容是问卷的核心部分,是每一份问卷都必不可少的内容,而其他部分则根据设计者需要取舍。

(1) 说明信。说明信是调查者向被调查者写的简短信,主要说明调查的目的、意义、选择方法及填答说明等,一般放在问卷的开头。

(2) 调查内容。问卷的调查内容主要包括各类问题,问题的回答方式及其指导语,这是调查问卷的主体,也是问卷设计的主要内容。

问卷中的问答题,从形式上看,可分为开放式、封闭式和混合型三大类。开放式问答题只提问题,不给具体答案,要求被调查者根据自己的实际情况自由作答。封闭式问答题则既提问题,又给出若干答案,被调查者只需在选中的答案中打“√”即可。混合型问答题,又称半封闭型问答题,是在采用封闭型问答题的同时,最后再附上一项开放式问题。

指导语,即填答说明,用来指导被调查者填答问题的各种解释和说明。

(3) 编码。编码一般应用于大规模的问卷调查中。因为在大规模问卷调查中,调查资料的统计汇总工作十分繁重,借助于编码技术和计算机,则可大大简化这一工作。

编码是将调查问卷中的调查项目以及备选答案给予统一设计的代码,一般在问卷设计的同时就设计好。常见的编码方法有以下几种:①以答案序号作为编码号。②从问卷编号开始编。③以答案本身的数字编码。这种编码方法常用于填入式问答题。④对于无反应的问答题可采用"0""9"编码。

(4) 结束语。结束语一般放在问卷的最后,用来简短地对被调查者的合作表示感谢,也可征询一下被调查者对问卷设计和问卷调查本身的看法、感受。

二、网络问卷设计的过程

问卷设计的过程一般包括十个步骤,即确定所需信息、确定问卷的类型、确定问题的内容、确定问题的类型、确定问题的措辞、确定问题的顺序、问卷的排版和布局、问卷的测试、问卷的定稿、问卷的评价。

(1) 确定所需信息。确定所需信息是问卷设计的前提工作。调查者必须在问卷设计之前应根据调查目的确定调研的主题,根据主题确定所需要的信息,明确所有用于分析信息的方法,如频率分布、统计检验等,并按这些分析方法所要求的形式来收集资料、把握信息。

(2) 确定问卷的类型。制约问卷选择的因素很多,如研究课题不同、调查项目不同,制约问卷选择的因素也不一样。在确定问卷类型时,先必须综合考虑这些制约因素:调研费用、时效性要求、被调查对象、调查内容等。

(3) 确定问题的内容。确定问题的内容似乎是一个比较简单的问题。然而事实上不然,这其中还涉及个体的差异性问题:也许在你认为容易的问题在他为困难的问题、在你认为熟悉的问题在他为生疏的问题。因此,确定问题的内容,最好与被调查对象联系起来。分析一下被调查者群体,有时比盲目分析问题的内容效果要好。

(4) 确定问题的类型。问题的类型归结起来分为四种:自由问答题、两项选择题、多项选择题和顺位式问答题,其中后三类均可以称为封闭式问题。

自由问答题,也称开放型问答题,只提问题,不给具体答案,要求被调查者根据自身实际情况自由作答。自由问答题主要限于探索性调查,在实际的调查问卷中,这种问题不多。自由问答题的主要优点是被调查者的观点不受限制,便于深入了解被调查者的建设性意见、态度、需求问题等。主要缺点是难于编码和统计。自由问答题一般应用于以下几种场合:作为调查的介绍;某个问题的答案太多或根本无法预料时;由于研究需要,必须在研究报告中原文引用被调查者的原话。

两项选择题是由被调查者在两个固定答案中选择其中一个,适用于"是"与"否"等互相排斥的二择一式问题。两项选择题的特点是简单明了。缺点是所获信息量太小,两种极端的回答类型有时往往难以了解和分析被调查者群体中客观存在的不同态度层次。

多项选择题是从多个备选答案中择一或择几。这是各种调查问卷中采用最多的一种问题类型。多项选择题的优点是便于回答,便于编码和统计,缺点主要是问题提供答案的排列次序可能引起偏见。这种偏见主要表现在三个方面:①对于没有强烈偏好的被调者而言,选择第一个答案的可能性大大高于选择其他答案的可能性。解决问题是打乱排列次序,制作多份调查问卷同时进行调查,但这样做的结果是加大了制作成本。②如果被选答案均为数字,没有明显态度的人往往选择中间的数字而不是偏向两端的数。③对于A、B、C字母编号而言,不知道如何回答的人往往选择A,因为A往往与高质量、好等相关联。解决办法是用其他字母,如L、M、N等进行编号。

顺位式问答题,又称序列式问答题,是在多项选择的基础上,要求被调查者对询问的问题回答,按自己认为的重要程度和喜欢程度顺位排列。

在现实的调查问卷中,往往是几种类型的问题同时存在,单纯采用一种类型问题的问卷并不多见。

(5) 确定问题的措辞。很多人可能不太重视问题的措辞,而把主要精力集中在问卷设计的其他方面,这样做的结果有可能降低问卷的质量。有些人尝试这样的法则:①问题的陈述应尽量简洁。②避免提带有双重或多重含义的问题。③最好不用反义疑问句:避免否定句。④注意避免问题的从众效应和权威效应。

(6) 确定问题的顺序。问卷中的问题应遵循一定的排列次序,问题的排列次序会影响被调查者的兴趣、情绪,进而影响其合作积极性。一般而言,问卷的开头部分应安排比较容易的问题，可以给被调查者一种轻松、愉快的感觉，以便继续答下去。中间部分安排一些核心问题，即调查者需要掌握的资料，这一部分是问卷的核心部分，应该妥善安排。结尾部分可以安排一些背景资料，如职业、年龄、收入等。个人背景资料等问题，虽涉及一些敏感问题，但安排在末尾部分，被调查者比较容易接受。特别要注意问题内容的前言后语要有逻辑顺序，要按逻辑顺序排列。

（7）问卷的排版和布局。问卷的设计工作基本完成之后，便要着手问卷的排版和布局。问卷排版的布局总的要求是整齐、美观、便于阅读、作答和统计。

（8）问卷的测试。问卷的初稿设计工作完毕之后，不要急于投入使用，特别是对于一些大规模的问卷调查，最好的办法是先组织问卷的测试，发现问题，及时修改。

（9）问卷的定稿。当问卷的测试工作完成，确定没有必要再进一步修改后，可以考虑定稿。问卷定稿后就可以选择网络平台或信息传输渠道发放。

（10）问卷的评价。问卷的评价是对问卷的设计质量进行一次总体性评估。对问卷进行评价的方法很多，包括专家评价、上级评价、被调查者评价和自我评价。

专家评价一般侧重于技术性方面，如对问卷设计的整体结构、问题的表述、问卷的版式风格等方面进行评价。

上级评价则侧重于目的性方面、舆论导向方面，侧重于可能对群众造成的影响等方面进行评价。

被调查者评价可以采取两种方式：一种是在调查工作完成以后再组织一些被调查者进行事后性评价；一种方式则是调查工作与评价工作同步进行，即在调查问卷的结束语部分安排几个反馈性题目，如“您觉得这份调查表设计得如何？”

三、网络问卷调查的途径

1. 利用自身网站平台

将设计好问题的问卷放置在企业或公司自身的站点上，等待访问者访问时填写问卷，如CNNIC每半年进行一次的“中国互联网络发展状况调查”就是采用这种方式。这种方式的好处是填写者一般是自愿性的，缺点是无法核对问卷填写者真实情况。为达到一定问卷数量,站点还必须进行适当宣传,以吸引大量访问者。

2. 借助专业调研服务平台

随着互联网的不断发展,科技不断完善,目前中国网民数量不断递增,越来越多的企业重视网络调研,专业的网络调研平台不断涌现。据统计,在2000年,国内市场研究支出中仅有10%用于网络调查,而2003年这一比例约为23.6%,2006年基本为33%。中国市场信息协会调查分会的报告指出,2007年,使用借助互联网和相应软件技术进行调查的市场公司有28家,占了70%,越来越多的公司开始重视网络调查的应用。2009年8月12日,国内首个"在线调查联盟"在京正式成立。来自全国30个省市、自治区,近50家调研机构共同签署了承诺书。这是中国网络调研领域的第一个行业性组织,"在线调研联盟"的成立,预示着我国网络调研行业将步入一个新的阶段。

在百度上输入"网络调研"关键词,在搜索结果的前5页中可以搜到25个专业调研平台,如第一调查网、爱调研、问卷星、调研吧、问卷网、网调地带、中国调研网等。在百度"知心搜索"中,也直接显示相关网站。

3. 通过其他网络信息传播渠道

互联网上信息传播渠道还有门户网站、E-mail、即时消息、社区与博客等,门户网站是企业进行营销宣传的常用平台,由于门户网站的巨大访问量,强烈地吸引企业在其上进行网络调研,但由于费用较高,中小企业很少光顾。

E-mail是互联网的最基础的应用,是一种快速、简便、高效、廉价的足以取代传统信件的通信手段。通过E-mail方式将问卷发送给被调查者,被调查者完成后将结果通过E-mail返回。优点是可以有选择性地控制被调查者,缺点是容易遭到被访问者的反感,有侵犯个人隐私之嫌。因此,用该方式时首先应争取被访问者的同意,或者估计被访问者不会反感,并向被访问者提供一定补偿,如有奖回答或赠送小件东西,以降低被访问者的敌意。即时消息的信息传播仅限于好友之间,发放调查问卷比较顺利,但调查样本的数据不具有普遍意义。社区和博客上发放调查问卷很难收集较多的样本。

四、网络问卷调查专题实训

网络问卷调查专题实训是网络营销课程中入门级实训，在进行实训之前，必须将网络调研相关知识和业务职能进行详细讲解，内容包括网络调研的目的、意义、原则和步骤、网络调研的主要方式、调查表发放的主要途径、调查表设计策略等。同时，应利用多媒体在门户网站(Sina)、专业平台(AskForm)、自身网络资源(E-mail)等网络问卷调查发布平台和渠道上进行模拟演示。实训内容按照体验、体会、分析、制作、发放等五个递进层次设计任务，开放学生自主选择的任务层次，引导学生感受网络市场环境，体会传统市场调研在网络中的应用。

[实训目的]通过递进层次的实训内容，掌握设计调查问卷和网上发放调查问卷的方法；体会自主策划的思想意识，引导创新思路。

[实训内容]

①体验：参与问卷调查

②体会：指出问卷中的目的选项

③分析：指出并纠正问卷设计的不足

④制作：DIY设计调查问卷

⑤发放：选择三种途径的发放平台进行调研并追踪

具体实训内容设计见表3-1。

表3-1　网络问卷调查专题实训内容设计示例

任务层次	实训内容	任务提交
1	阅读网上感兴趣的调查问卷，在线详细填写并提交	问卷标题及平台
2	体会调研目的，找出进行消费者需求、消费心理、消费行为调查的选项	打印调查表、填写分析内容
3	提出你认为该调查问卷的不足之处，补充在问卷上	打印调查表、填写分析内容
4	根据自己所感兴趣的领域、产品、服务等，编写一个拥有个人版权的网上调查问卷	记录发放平台名称
5	选择平台发放调查问卷	跟踪平台发布效果

在实训过程中,应不断引导学生对自主选择的任务进行观察、分析、评价和归纳总结,不断强化对专题实训内容的认识。实训结束时,全面展示完成四个层次任务的学生的成果,激发学生自主学习、自主创新实践的热情。

【课后思考题】

1. 网络调研的内容有哪些?
2. 网络问卷调查的途径有哪些?

【本章参考文献】

[1]于翠华.市场调查与预测[M].北京:电子工业出版社,2009.

[2]程红.网络营销[M].北京:北京大学出版社,2013.

[3]瞿彭志.网络营销(第三版)[M].北京:高等教育出版社,2009.

[4]陈向军.网络营销与策划[M].北京:高等教育出版社,2011.

[5]杨艳.网络营销课程教学中专题实训的设计与应用[J].实验室研究与探索,2011(6).

第四章 基于营销的网站建设策略

学习目的:

理解网站建设的总体思路;掌握网站建设对网络营销的影响要素;熟练掌握基于营销的网站建设策略及其方法,包括网站信息内容有效性策略、网站推广策略和网站优化策略。

企业网站是企业在互联网上进行营销信息传递的信息源,能够实现网络营销的八个职能。网站建设的目的就是为了访问和营销,基于营销的网站建设策略就是如何规划设计网站,使其访问有效、内容有效。

第一节 网站建设概述

网站是互联网上能够提供信息浏览、信息发布、信息交流的平台,是拥有者宣传自己、提升自身品牌声誉的公开界面,是政府、协会、公司、企业、事业单位等重要的宣传窗口和业务平台。建什么样的网站?怎么建?如何推广和运营网站?是网站建设解决的问题。即网站建设涉及网站建设规划(包括定位、运行环境和信息内容)、网站建设技术、网站运营管理(包括测试、维护、推广)等全过程。

一、网站建设规划

网站是企业进行商务电子化运作和网络营销的应用项目,项目的成败直接影响企业进行网络营销、商务电子化运作的效果和积极性,影响企业信息化的进程。因此,在建设前必须进行深入细致的规划。网站的规划设计是指在网站建设前对市场进行分析,确定网站建设的目的和功能定位,并根据需要对网站建设中的技术、内容、费用、测试、维护等进行规划。网站规划对网站建设起到计划和指导作用,对网站的内容和维护起到定位的作用。

网站规划的具体内容包括网站的定位规划、网站的运行环境规划和网站的信息内容规划。通过规划,最终形成网站建设可行性报告和总体规划报告,以此作为指导网站建设的方针,保障网站网络营销效果最大化、成本最低化、进度计划最优化。

1. 网站的定位规划

企业网站是企业整体经营的一部分，是企业拓展市场的一个重要渠道，是企业与客户进行沟通的窗口，其定位应该紧紧围绕企业的整体营销策略，突出企业网络营销的核心内容。

网站的定位规划包括网站的主题定位和功能定位。

（1）网站的主题定位。网站的主题就是网站所要提供信息内容的核心，包括网站的标题和题材。

一般网站题材有新闻、教育、娱乐、计算机技术、旅行、体育、音乐、邮件列表、网上购物、网上求职、分类查询、文学、艺术等。还可以细分相应的子类，如娱乐类可再分为体育/电影/音乐等类别，而音乐类又可以按格式分为MP3、VQF、Ra，按表现形式分古典、现代、摇滚等。各个题材相联系和交叉结合可以产生新的题材，如文学天地（专门某个作家的介绍+作品阅读）、旅游论坛（旅游+讨论）、经典入球播放（足球+影视）等。如何选择网站的题材是网站建设的首要问题。

对于生产型企业的电子商务网站，基本不用参考以上类别的题材，一般采用两种方式:企业信息发布与网上直销。其题材就像传统的企业宣传册在网上的再现，当然表现形式、内容和手法比宣传册丰富得多，并增加了与用户直接沟通的功能。对于流通型电子商务网站，包括B2B、C2C网站，主要以交易为目的，一般采用传统商场、商厦、超市、专卖店等形式，提供购物与商品展示界面，基本上也不需要对题材进行选择。而对于网上自主创业的网站，在题材上的选择除了参考以上题材和自主创意外，一般遵循以下几个原则。

① 题材要小，内容要精。大而全，内容必然肤浅，没有突出的主题，找不到可以突出的特色。一个没有特色、没有主题的网站是很难吸引并留住浏览者的。题材过大，需要更新与维护的内容较多，不可能有那么多的精力去收集整理需要快速更新的信息。如果网站更新时间间隔较长，浏览者不会有更多的耐心浏览旧信息，可能会永久地失去这个潜在用户。

② 适合的就是最好的。选择适合自身企业经营发展需要的新思路作为题材。有许多成功的电子商务网站都在选择题材上下功夫，尤其电子商务服务商提供的服务网站，以个性化服务为突破点，通过对主要题材的创意，获得了极大商机，如猪八戒网、Askform问道等。对于个人网站，以兴趣和爱好、提供分享为出发

点，充满热情地设计制作出优秀的网站。如“邻居的耳朵”网站的主旨是：是以一群在互联网音乐服务界奋斗的音乐青年们的集体博客为题材，一片干净的心灵栖息地，没有广告及盈利，属于来到这里的每个人。

③ 题材要依托确定的目标。已经确定的目标是实现网上产品发布，却突发奇想也搞一个邮箱服务，又搞一个网上电子期刊，或者加一个搜索引擎，这样显得网站能够提供各类服务。其实没有一个浏览者会在一个没有固定专业服务的平台上申请服务，互联网更加彰显了浏览者个性化选择的回归，突出了个人享有专门服务的贵族理念。

题材已经确定后，可以围绕题材给网站起一个名字，即网站名称，或称网站的标题。网站的标题是企业和个人网站的重要的标志，是企业和个人的无形资产，不仅影响浏览者的注意力，也是影响搜索引擎关键词检索的重要因素。

（2）网站的功能定位。网站的功能是为了实现网站的目标而为用户提供服务的基本能力。网站一般有几个主要的功能模块：品牌形象模块、产品／服务展示模块、信息发布模块、顾客服务模块、顾客关系模块、网上调查模块和网上销售模块等，这些模块体现了网站的核心价值，保证了网站能够实现网络营销职能。为此，在进行网站功能定位时，应注意：①网站提供的功能服务应兼顾网站拥有者（如企业）的建设目的和浏览者的实际需要；②网站提供的功能服务应兼顾企业电子商务集成创新的需要；③网站提供的功能服务应保证在一定时间内的相对稳定性；④网站提供的功能服务应能保证网站系统运行的有效性，即可靠性和快速响应性。

2. 网站的运行环境规划概述

任何网站都是建立在具有信息发布功能的网络平台上，网络平台由网络设备、计算机硬件、操作系统等软、硬件系统构成。信息发布平台、网络平台和数据库平台，以及可能提供的服务平台构成了完整的网站运行平台。网站运行平台中各部分平台相关部件或组件的选择、安装和配置是整个网站建设的基础，所构成的整体运行平台的性能直接影响网站的实施与运行性能。

网站运行环境的规划就是在网站定位规划的基础上，对网站的网络平台、信息发布平台、数据库平台、安全平台所涉及的硬件和软件进行选择、配置，使其保证网站的建设要求，实现网站高速、稳定、可靠、安全地运行。主要包括网站运行环境的要求；网站的硬件环境、软件环境包含的内容；网络架构的相关知识；Web服务器的安装与配置；网络数据库系统的建立（这部分只做概述，涉及网站系统环境搭建的内容请参阅网站建设基础与实践书籍）。

网站运行环境的基本要求：

（1）可扩充性。网站的发展不是一成不变的，随着网站拥有者对网站营销的认识的提升，对网络投资的不断加大，网站进行功能性扩展是发展的必然趋势。为避免重复建设带来的投资浪费，在搭建环境时，必须考虑系统与设备的可扩展性能，使运行环境具有可扩充性。从系统硬件角度上讲，系统应具有：①集群能力，利用服务器的集群技术，将系统压力分摊在集群服务器中的各个服务器上去；②并发运算与处理能力，采用多CPU系统，提高系统的处理能力；③动态负载均衡能力，使得服务器的性能和访问压力之间得到匹配。从应用软件功能扩展的要求出发，应用系统应按照结构化设计或面向对象设计的思想，使系统方便增设新的功能模块，即能够符合软件工程中的“完善性维护”和“适应性维护”要求。

（2）并发处理能力。应用服务器要求运行环境具有“支持进程的多线程执行能力”，即并发处理能力。“支持进程的多线程执行能力”是将一个进程分解成多个可以建立的线程并行执行，提高应用程序的运行效率，缩短运行时间。

（3）强大的可管理性。网站的管理包括网站内容管理、网站系统环境管理和客户呼叫中心管理等内容。其中网站内容管理主要指建立后台应用管理平台，对网站发布的信息内容进行权限、类别、编辑等管理。网站系统环境管理包括设备管理、系统管理、日志管理、网络管理、备份管理等。客户呼叫中心管理包括电话、电子邮件、万维网访问等客户请求及会话管理等。强大的可管理性既包括网站内容管理可以提供目录和内容管理工具平台，完成用户访问内容的控制、分层数据组织、目录更新及控制服务；又包括方便的系统集成维护管理，如性能配置、存取控制、系统日志管理等；还包括系统自动完成记录和管理客户的每次人机会话过程。

（4）具有良好的容错性能。系统的可靠性包括硬件可靠性和软件可靠性。硬件的可靠性取决于硬件的负载均衡能力，一般是指服务器的能力，近年来有些路由交换设备也具有此项功能。软件的可靠性是软件质量工程中最重要的方面。软件的不可靠性主要是由软件本身的设计错误和相互干扰造成的，而软件工程中的测试只能发现表现出来的错误，通常必须依靠软件的可靠性工程中经常用的可靠性设计技术来解决，即容错设计和冗余设计。

（5）系统兼容与资源整合。避免重复建设是企业信息化发展的重要前提。企业在进行电子商务建设之前大多进行了部分环节的信息化推进，如ERP、财务系统、仓储管理、或办公自动化系统的建设等，在此基础上引入电子商务模式，可以减少投入，避免浪费。这就要求在网站建设时，首先要对企业的可利用资源进行界定核查，为兼容新系统积极进行升级优化配置；其次弄清接口需求，利用中间件技术实现跨平台接入。充分利用现有资源，在现有资源的基础上，引进必要设备，整合现有系统。同时，还要对企业经过加工处理的信息资源进行整合，提高信息资源开发利用的效率。

3. 网站的信息内容规划

网站信息内容是网站信息源所表现的全部内容，是由网站的结构、风格、文字、图片、图表、动画、音频、视频等信息元素所构成的集合体。网站信息内容规划是在网站定位规划的基础上，在网站运行环境规划的限制下，以用户需求为核心，利用科学方法优化信息资源，对网站的内容、网站的结构、网站的风格进行整体定位，使网站的信息有效、访问有效、设计有效。网站信息内容规划是网站建设中的重要环节，对网站的可视化设计具有指导作用。

（1）网站的结构。网站的结构主要包括网站的栏目设置、网页的布局以及信息内容的位置排放等。每个网站的首页上都设置有网站的栏目，网站的栏目将网站发布的信息内容按照内涵不同划分成不同的部分，就像报纸的不同版面或专栏，可以方便浏览者根据需要进行选择。每个部分称为一个栏目（一级栏目），每个一级栏目可以根据内容所属关系的需要划分为二级、三级、四级栏目等。

网站栏目设置是网站结构的基础，也是网站导航系统的基础，应做到设置合理、层次分明。编写网站建设规划书（或总体设计方案）时，这部分内容的编写，通常列出网站栏目内容结构层次图，并进行栏目的详细说明。网上书店信息内容栏目层次图，如图4-1所示。有时，也有将栏目层次设计成层次表格的形式，见表4-1。

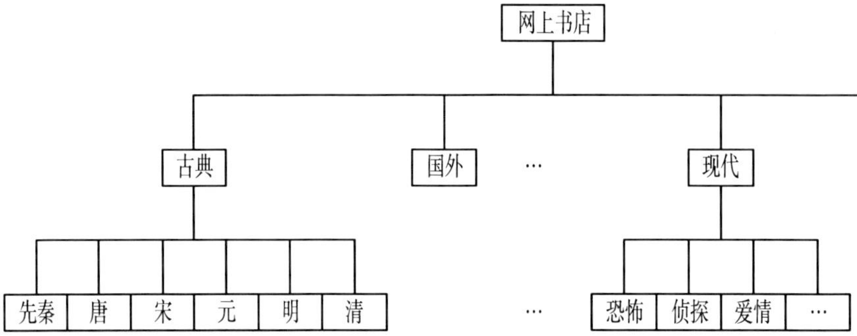

图4-1　信息内容层次结构示意图

表4-1　某政府网站的栏目设置及说明

一级分类	二级栏目	三级栏目	性质	负责部门	服务对象
政务公开	*领导简介		栏目发布	办公室	社会公众
	领导讲话		栏目发布	办公室	社会公众
	*组织机构		栏目发布	人事处	社会公众
	*部门文件		栏目发布	办公室	社会公众
	*政务公告		栏目发布	办公室	社会公众
	*发展规划		栏目发布	规划处	社会公众
	*统计数据		栏目发布	规划处	社会公众
	*重大项目		栏目发布	基建处	社会公众
	精神文明		栏目发布	监察室	社会公众
*交通新闻			栏目发布	办公室	社会公众
*交通概况			栏目发布	办公室	社会公众
*网上办公	业务办理	办事指南	模块	各业务处室	社会公众
		业务申请	模块		高级会员
		业务办理查询	模块		会员
	数据报送	办事指南	模块	各业务处室	社会公众
		网上数据报送	模块		高级会员
		报送结果查询	模块		高级会员
	信息报送	网上信息报送	模块	办公室	高级会员
		报送结果查询	模块		高级会员
	会员通知		模块	办公室	会员
政策法规	分类法规栏目		栏目发布	法规处	社会公众
*专题栏目			栏目发布	各业务处	社会公众
论坛			模块	办公室	会员

续表

一级分类	二级栏目	三级栏目	性质	负责部门	服务对象
便民服务	*局长信箱		邮箱链接	办公室	社会公众
	政务监督		栏目发布	监察室	社会公众
	信访投诉		模块	办公室	会员
	*网上调查		模块	办公室	社会公众

网页的布局是指独立网页中页面元素的分布格局。网页页面元素包括文字、图片、动画、图表、多媒体元素等，这些元素能够在页面上规矩一方，与网页的布局有直接关系。常见到的网页布局形式有“T”型、“口”型、“三”型、对称对比布局和POP布局。

网站栏目设置和布局完成后，就要选择合适的信息内容放在页面相应合适的位置。对于个人网站来说，若不具有强烈的赢利目的，只为展示自我，其网站的信息内容排放一般没有一定的规律。而政府网站具有庄严性，信息内容的排放具有强烈的规则性。电子商务网站是企业网络营销的渠道，是与用户交流与沟通的平台，一般信息内容的排放按照人们视觉浏览的习惯和其他媒体读物（如报纸）排版习惯，按照重要程度从左到右、从上到下。

（2）网站的风格。网站的风格是网站的整体形象给浏览者的综合感受，包括网站的CI（Corporate Image，包括标志、色彩、字体、标语）、版面布局、浏览方式、交互性选择、文字形式、语气、内容价值、图案等要素。其中网站的CI是突出网站风格最重要的因素，直接影响网站风格的确立。

CI是英文Corporate Identity 的缩写，也是Corporate Image的缩写。Corporate，是指一个公司、一个团体、一个企业。在英文中，Identity有许多意义，而与目前的研究内容相接近的则有身份、标识等。因此，CI的基本释义为“企业识别”。所谓企业识别，就是一个企业借助于直观的标识符号和内在的理念等，证明自身性与内在同一性的传播活动，其显著的特点是同一性和差异性。

网站的CI由网站的标志（LOGO）、标准色彩、字体、标语等元素构成。网站的标志与企业商标一样是企业的无形资产，是企业的网上商标，具有合法的知识产权保护。几乎所有的生产型企业都将自己传统领域的商标作为网上商标，充分显示网上网下的一致性或同一性。创意一个好的LOGO，是网站生存和发展的重要内容。

网站的标准色彩是网站CI的组成部分，可以渲染网站的主题思想。网站给人的第一印象来自视觉冲击，确定网站的标准色彩是相当重要的一步。不同的色彩搭配产生不同的效果，并可能影响到访问者的情绪。IBM的深蓝色，肯德基的红色条型，就很贴切、和谐。网站的标准色彩是指能体现网站形象和内涵的色彩，或者说主基调。主要是指网站的标志、标题、主菜单和主色块。文字的链接色彩、图片的主色彩、背景色、边框色彩等。

标准字体是指用于标志、标题、主菜单的特有字体。一般网页默认的字体是宋体。为了体现网站的“与众不同”和特有风格，可以根据需要选择一些特别字体。例如，为了体现专业可以使用粗仿宋体，体现设计精美可以用广告体，体现亲切随意可以用手写体等。

网站的宣传标语是体现网站的精神、网站的目标、企业的经营理念、企业的服务宗旨等，是用一句话、一个词来高度概括的口号。如著名网站的标语，百度一下，你就知道；网易：做有态度的门户网站(网聚人的力量)；新浪：一切由你开始；阿里巴巴：让天下没有难做的生意。

(3) 网站信息内容组织。网站信息内容的组织是应用信息组织和信息构建理论，对网站发布的信息进行界定和收集、分类和筛选、标引和标识等处理，使信息具有人为的、科学的、合理的结构，满足用户能根据特定需要，通过网络检索工具所提供的检索手段，获取所需信息，最终形成一定的网站信息内容逻辑关系结构，并建立相应的文档说明。

网站信息内容的组织是网站信息内容规划建设中重要的环节，关系网站整体建设的成败。网站信息内容组织者要对网站信息内容涉及的业务部门、机构、领域等进行详细的解读，权衡与分析网站拥有者和使用者之间的利益，确定信息内容的界限范围，收集范围内所有信息内容，对收集到的信息进行去粗取精、有效分析筛选，并建立起信息内容之间的关联，形成有效获取信息的通道，实现用户对网站信息的有序化识别和查找。

没有信息内容的网站，没有存在的价值；没有有序信息内容的网站同样是没有价值的。网络信息资源的巨大需求，迫使网站的建设者开始关注网站的信息内容规划，探索网站信息内容的组织。

根据信息组织和信息构建的基本理论方法，网站信息内容组织的方法主要有信息描述、信息分类、知识网络等。

信息描述：根据信息组织和检索的需要，对信息资源的主题内容、形式特征、物质形态等进行分析、选择、记录的活动。网站信息内容描述在应用中，通常具体化为如表4-2所列的形式。

表4-2　网站信息内容描述表

序号	标题	作者	主题	关键词	出版者	日期	资源类型	类别标识	来源	链接关联	备注

信息分类：依据信息或事物的属性或特征进行区分和类聚，并将区分的结果按照一定的次序予以组织的活动。信息分类的表现形式主要有等级列举式、分面组配式，见表4-3。

表4-3　美术作品分类

地区分面	题材分面	时代分面	体裁面
E1 中国 E2 韩国 E3 日本	B1 人物 B2 山水 B3 花鸟	C1 古代 C2 现代 C3 当代	D1 中国画 D2 水彩画 D3 素描画

二、网站建设技术概述

1. 网页设计技术之HTML+CSS

网页是构成网站的基本要素，以文件形式和相互之间的超链接存在于网站中。尽管许多可视化的网页开发工具使得网站开发者可以在不懂HTML代码的情况下设计出漂亮的网页来，但在进行网站的详细设计与交互开发时，尤其是在电子商务网站开发时，有些功能在可视化环境下是无法实现的，必须通过直接编写或改写源代码才能完成。网页源于HTML，是一切Web编程的基础。

HTML语言(Hypertext Markup Language,超文本标记语言)是一种文本类、解释执行的标记语言,是Internet上用于编写网页文件的主要语言。用HTML编写的超文本文件称为HTML文件,文件的扩展名为.html或.htm。HTML语言使用一些约定的“标记”对网页上的各种信息进行描述,当客户端的浏览器获得HTML文件时,浏览器会自动解释这些标记的含义,并按照标记所规定的格式和内容在屏幕上显示出相应的画面,包括文字、图像、动画、声音等。

HTML文件的基本结构:

<html>　<! --HTML文件开始>

<head>　<!--HTML文件的头部开始>

<meta name=keywords content= ″ (网站或网页的)关键词1,关键词2,…,关键词15 ″ >

<meta name=description content= ″ 网站描述 ″ >

<title>网页的标题< / title>

　　<! --HTML文件的头部内容>

< / head>　<! --HTML文件的头部结束>

<body>　<! --HTML文件的主体开始>

主体元素、元素属性及基本内容

…..　<! --HTML文件的主体内容>

< / body>　<! --HTML文件的主体结束>

< / html>　<! --HTML文件结束>

需要强调的是:meta标签是HTML语言HEAD区的一个辅助性标签,位于HTML文档头部的<head>标记和<title>标记之间,提供用户不可见的信息。meta标签通常用来为搜索引擎robots定义页面主题,可以用于鉴别作者,设定页面格式,标注内容提要和关键字,这些信息在为文档建立索引时使用。

HTML页面用CSS布局。层叠样式表(Cascading Style Sheets,CSS样式表)是由W3C(Word Wide Web Consortium)组织批准的一种对网页文档内容进行精确格式化控制的技术。通过定义规则的方式,实现了对网页中的布局、文字、图像、颜色、背景和其他图文效果更加精确的控制。

2. 网站开发技术介绍

Web应用程序是由多个静态和动态网页组成的。这些网页存储在Web服务器上与访问者交互，与其他Web页面交互，并与Web服务器上访问的各种资源交互，来完成一个特定的功能。静态页面就是常规的HTML页面，当Web服务器接到用户请求时，直接将该页面发送到用户的浏览器，其内容不会发生更改。动态页面的内容只在用户向Web服务器请求该页时才能确定，每次生成的内容可能不相同。动态页面是与静态页面相对应的概念，Web应用程序是以大量运用动态页面为特征的。利用Web应用程序，用户可以方便地完成信息的采集、保存、快速查询和分析。

动态网页特点：

(1) 动态网页以数据库技术为基础，可以大大降低网站维护的工作量。

(2) 采用动态网页技术的网站可以实现更多的功能，如用户注册、用户登录、在线调查、用户管理、订单管理等。

(3) 动态网页实际上并不是独立存在于服务器上的网页文件，只有当用户请求时服务器才返回一个完整的网页。

(4) 动态网页网址中的"?"对搜索引擎检索存在一定的问题，搜索引擎一般不可能从一个网站的数据库中访问全部网页，或者出于技术方面的考虑，搜索蜘蛛不去抓取网址中"?"后面的内容，因此采用动态网页的网站在进行搜索引擎推广时需要做一定的技术处理才能适应搜索引擎的要求。

网站开发技术主要由Web服务器开发环境(ASP)、脚本语言、网络数据库技术和网络通信技术构成。ASP全名Active Server Pages，是一个Web服务器端的开发环境，利用它可以产生和执行动态的、互动的、高性能的Web服务应用程序。ASP采用脚本语言VBScript(Java Script)作为自己的开发语言。脚本语言(Script languages)是为了缩短传统的编写—编译—链接—运行过程而创建的计算机编程语言，由ASCII码构成，可直接用任何的文本编辑器开发完成(这部分内容与网站设计与开发具体内容有关，请参阅专门书籍)。

三、网站运营管理概述

1. 测试管理

基于Web的系统的测试、确认和验收是一项重要而富有挑战性的工作。基于Web的系统测试不但能够检查和验证Web系统是否按照设计的要求运行,而且还能测试系统在不同用户的浏览器端的显示是否合适。重要的是,能够从最终用户的角度进行安全性和可用性测试,从而保证基于Web系统的正常、稳定、高效的运行。

网站的测试是网站建设过程中重要的环节,是网站发布前必须进行的关键环节,测试工作的质量直接影响网站建设的成败,直接影响网站进行网络营销的效果。网站发布后应用系统的不稳定、链接失误、功能失效等,都会失去浏览者或用户使用的信心,进而对企业产生失望的情绪,甚至影响企业的整体声誉。网站建设是一项系统工程,需要经过规划设计、系统集成设计、页面设计、Web应用开发、系统集成与测试等诸环节,其顺利完成需要网站建设项目团队的协同工作。协同就会涉及许多的接口,对接口的衔接和整体的运转要经过局部测试和整体测试之后,才能将网站发布。只有经过详细测试的网站,才能保证发布时尽量减少有损企业形象的各种情况的发生,如页面不完整、画面缺失、链接不正确、对于不同浏览器出现不同画面等。这些现象都是对用户不友好的,严重损害企业形象,是企业进行网络营销过程中需重点解决的问题。

2. 维护管理

网站的管理是一个长期的、规范的、有层次的过程,是网站建设的最后一项任务。网站的维护管理通常包括网站文件管理、网站内容管理、网站综合管理和网站安全管理。

(1)网站文件管理。网站文件管理是指对构成网站资源的文件的应用层面进行的文件管理,以及支持企业与客户之间数据信息往来的文件传输系统和电子邮件系统的管理,包括网站文件的组织、网站的数据备份、恢复与删除和文件的上传与下载等内容。其中,网站的文件组织管理是指网站站点文件的目录结构的设置及文件的存储。

网站的数据备份、恢复与删除是保证网站信息数据完整、清晰、整洁的必要手段。网站的数据删除是基于网站在维护更新过程中会产生一些旧文件，称作垃圾文件，这种垃圾文件一旦积累过多，势必影响网管人员的管理，因此定期进行网站数据删除、垃圾文件处理是必要的。网站文件的上传和下载是网站管理的经常性工作，网站管理过程中除了完成网站日常内容的更新工作，还有更重要的客户信息收集的工作，如接受订单、发送产品说明书等。相互发送与接收的文件格式类型多样，并且需要进行远程数据传输。

（2）网站内容管理。网站内容管理是是网站管理的核心，是网站有序和有效运作的基本手段，是基于业务应用层次的管理，即面向具体业务而进行的对输入和输出信息流的内容管理，包括信息发布管理、企业在线支持管理、在线购物管理和客户信息管理等。

① 信息发布管理主要包括产品信息管理和网站新闻管理两部分。产品信息管理包括新产品分类登录、旧产品的数据指标更新与删改，以及图片的设计制作与发送。网站新闻管理是网站上需要经常变动的信息内容部分，包括在线新闻发布、动态新闻更新、过期新闻内容组织与存储、新闻检索的监理等工作。通常网站建设过程中常需要设计开发网站的信息发布管理模块，也称作信息发布后台，为网站管理人员提供维护的便利。

② 企业在线支持管理是面向企业电子商务运作的管理，包括在线帮助管理、论坛管理、留言板管理、网上调查管理、在线技术支持管理等。有效的企业在线管理可以帮助企业及时收集用户信息提高服务质量，进行企业营销宣传，提升企业的信誉，如在论坛上发表关于新产品使用的帖子、优惠打折信息等。

③ 在线购物管理是实现在线交易的电子商务网站必备的管理工作，从客户方来看，客户往往需要将订货意向、要求及客户本身信息及时发送给企业，并希望及时得到企业的反馈。在线购物管理就是客户与企业的桥梁和渠道，主要包括系统账号管理、购物车管理、订单管理等。系统账号管理要求具有安全权限功能，切实保障客户的实际利益；购物车管理设置购物信息的查询与删改功能，方便客户在线管理购买过程和网管人员对购买过程的实时跟踪；订单管理是网上销售管理必不可少的部分，能够为企业提供网上全部交易所产生的订单进行跟踪管理，网管人员通过对订单合同的分析，跟踪市场需求，及时响应客户要求，及时调整供货，同时为企业决策提供信息支持。

④ 客户信息管理是企业电子商务网站的重要内容，客户是企业生存和发展的基础资源，网上网下都要对客户信息进行管理，拥有强大的客户资源是企业追求的目标。电子商务网站的客户信息管理包括客户基本信息管理和客户反馈信息管理，其中客户基本信息管理包括客户注册管理、客户自然信息的分析管理、客户的信用管理，以及客户的消费倾向预测管理等。客户反馈信息管理主要用于网上收集客户反馈信息，进行信息分类存档、查询、解答与分析。

(3) 网站综合管理。网站综合管理是指网站系统环境的管理和网站信息发布制度管理。

① 网站系统环境的管理包括系统日志管理、服务器及网络环境监测管理。主要包括访问请求总数、成功请求与失败请求数、传输总字节数、不同的服务进程序数等内容；服务器运行状况、负载均衡情况，以及网络通信瓶颈与空闲状况监测等。网站系统环境的管理通常由操作系统和专门的系统管理软件来实现。

② 网站信息发布制度管理是指在网站的更新与维护过程中，为保证信息内容安全，从制度和技术上控制非法入侵与信息窃取的手段。电子商务网站和电子政务网站必须进行网站信息发布制度管理。建立网站日常管理规范、职责，可以从制度上规范网管人员的职业操守。而建立具有各级权限的网站维护与更新系统，可以从技术手段上有效地控制危害网站声誉的信息，保证网管人员的利益。网管工作是网站运行的重要内容，有效、有序、安全的管理是网站长期生存和发展的保障。

③ 网站安全管理。网站的安全管理主要指网站的防病毒管理和防黑客入侵管理。电子商务网站不以信息内容为赢利点，因此不对想要大量下载信息内容的浏览者加以限制，这是与其他网站在安全管理上的不同点。防病毒管理与防黑客管理一般采用防火墙技术、入侵检测技术和加密技术，在管理上一般采用系统购买硬件设备所附带的管理软件进行管理。在防范措施与方法上采用定期备份系统、分配用户不同权限、设置代理服务器、根据管理级别要求选择具有监测功能的安全设备等。

3. 推广管理

网站的推广在商务网站的整个运行过程中占据很重要的地位，是网站建设中的重要内容，贯穿于整个的网站建设和运行过程中。在网站的规划建设和设计与制作过程中,就为网站的推广作了积极的准备工作。如网站定位规划中的标题选择;网站信息内容规划中为搜索引擎优化设置的标识和标引;在网站的设计和开发建设中为网站推广而进行的Meta标签的设计,以及合作资源或友情链接的设置等。许多人认为,网站规划与设计制作完成,网站的建设工作就结束了,这种想法和做法导致网站没有生存和发展的价值,必然走向投资泡沫。网站设计完成后其建设工作远没有结束,让网站发挥真正作用的工作刚刚开始。没有浏览者和用户的商业网站没有运行的价值,也没有生命力。要想吸引浏览者和更多的潜在用户,就要对网站进行大力推广。推广网站的目的是提高网站的知名度并吸引固定的用户群,让尽可能多的浏览者或潜在用户了解并访问网站,通过网站获得有关产品和公司、企业的信息,为最终形成购买决策提供支持。

第二节 网站建设对网络营销的影响

网站建设对网络营销的影响主要表现在两个方面:一方面是对用户获取信息即对网站可信度产生的影响;另一方面是对网络营销方法的影响。

一、网站建设对用户获取信息的影响

1. 用户获取信息的途径分析

网络环境下用户获取信息的途径主要有搜索引擎、电子邮件、即时消息、口碑相传(朋友介绍)、广告、相关链接等。据《第33次中国互联网络发展状况调查统计报告》,截至2013年12月,我国网民规模达6.18亿,手机网民规模达5亿,搜索引擎用户规模达4.90亿。网站建设对用户获取信息途径的影响主要表现在对搜索引擎的影响。

据CNNIC《2013年中国搜索引擎市场研究报告》显示,当前网民电脑端(相对于手机端)搜索行为主要在浏览器上进行,而桌面工具和其他工具仅作为补充。浏览器进入搜索引擎包括多个渠道:①通过浏览器直接进入搜索引擎进行搜索,其中又包括浏览器首页默认为搜索引擎、将搜索引擎添加至浏览器首页常用网站、在浏览器地址栏里直接输入网址、从浏览器的收藏夹里打开搜索引擎等;②借助浏览器的搜索入口进行搜索,如在地址栏、搜索框里直接输入搜索关键字等;③

借助浏览器的导航网站或其他网站进入。网民搜索路径图，如图4-2所示。

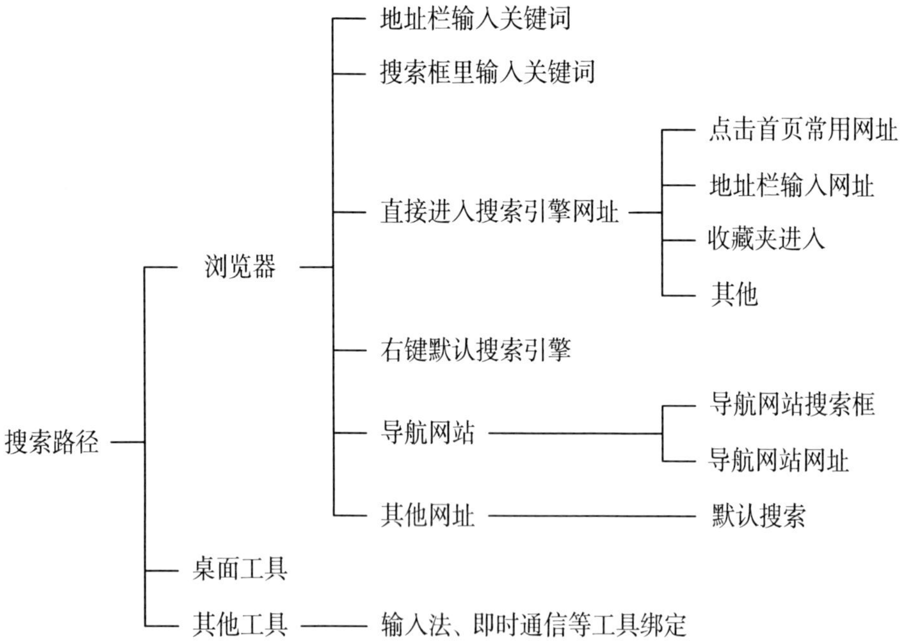

图4-2　网民搜索路径图

2. 用户获取信息的行为分析

（1）知名度和首选。据CNNIC《2013年中国搜索引擎市场研究报告》显示，搜索引擎在搜索网民中的知名度，百度以99.1%位居第一，谷歌搜索以86.8%的比例位居第二；搜狗搜索（77.3%）、360搜索（74.5%）、SOSO搜索（63.9%）、雅虎搜索（62.8%）分别位列三至六位；其他品牌都在43%以下，与前六位品牌差距较大。

搜索网民中，有86.7%的人把百度当成首选搜索引擎，8.8%的人把360搜索当成首选搜索引擎，搜狗搜索则为2.0%，其他品牌被当成首选搜索引擎的比例均在2%以下。首选率：被搜索网民列为最常用搜索引擎的次数占总体搜索引擎网民数的比例。决定网民首选搜索引擎的因素有五类，分别为习惯因素、搜索体验因素、工具导流因素、品牌及情感因素、网民知识及其他因素。

习惯因素：一旦使用某个搜索引擎久了，如果使用过程中没有特别的负面因素，就会一直使用下去。

搜索体验因素：指网民使用搜索引擎的总体体验，包括：搜索结果匹配度高，能找到所需信息；搜索操作便捷，符合人体工学习惯；搜索速度快以及搜索安全性高、无广告等。

工具导流因素：指借助浏览器、导航、输入法以及即时通信等工具内置搜索引擎的导流来获取搜索流量。工具导流减少了网民从搜索需求到搜索行为过程中的环节，因此受到部分网民的热爱。但通过工具导流带来的搜索流量常常是用户无意识的行为，此类方法对企业品牌建设作用相对较小。

品牌及情感因素：包括知名度、企业品牌形象、民族情感等因素。这些因素都可能影响网民对首选搜索引擎的选择。

网民知识及其他因素：包括网民知识多寡、使用搜索引擎频率等因素。如果网民网络知识匮乏、使用搜索引擎次数较少，则搜索引擎忠诚度较低。

根据以上几类细分因素，网民选择如下：首选，习惯因素是网民首选某搜索引擎的最重要因素，选择比例达到了84.0%；其次为搜索体验因素，其中又以搜索结果匹配度高（55.0%）、体验好（54.5%）、速度快（51.9%）为最主要因素；工具导流因素也很重要，其中浏览器导流（45.7%）、导航网站导流（42.5%）、电脑预装（41.9%）等作用最为明显，选择比例都在41%以上；品牌因素中，企业可信度高（44.3%）和知名度高（41.2%）尤其重要；此外，还有30%左右的网民很少使用搜索引擎或者只使用某一个搜索引擎，品牌选择随意性较大。

（2）搜索用户的使用习惯。我国网民搜索引擎用户的使用习惯主要有：①选择两个或两个以上的搜索引擎平台。我国网民平均使用搜索引擎数量为2.7个。近70%搜索网民使用2个及以上搜索引擎，使用一个的网民仅占32.3%。②搜索用户关键词使用习惯。搜索引擎用户中，95%以上的用户都能够自述进行搜索时首先输入的关键词类型，只有4.2%的人群不固定地输入关键词。其中输入“主要一个关键词”的搜索用户占比最高，达38.1%。用户在使用搜索引擎查找某不知名的商品时，34.8%的用户会选择输入产品的类别，选择率远高于其他类型关键词的使用率。③网民查看搜索结果的习惯。当用户在第一次搜索不能得到理想结果后，会做出不同的反应。有60.5%的用户会在搜索不到理想结果后采用“更换关键词”的方法重新搜索，有46.6%的用户会用“增加或者减少关键词”的方法重新搜索;这两个方法是用户选择率最高的。另外有40.0%的用户会选择更换搜索引擎,30.4%的用户会选择从结果中再次搜索,还有26.1%的用户表示放弃继续搜索。进一步研究表明:不同城市、不同网龄、不同首选搜索引擎的用户,在第一次搜索失败后的行为选择有明显差异。

3. 用户获取网站的信息内容分析

用户都具有个人的、组织的和社会的多方面特征,而每一特征都能够激发相应的信息需求,随着信息获取环境的变化,用户对信息的需求也发生了较大变化。网站的信息内容对用户的影响最为直接,是网络营销取得成效的关键,无论网站推广多成功,如果用户通过各种途径了解到一个企业网站可能有对自己有价值的信息和服务,但来到网站之后发现,网站内容没有价值,或者功能难以应用,用户都会对网站失去兴趣,结果不仅所有的网站推广活动最终没有效果,还可能对企业和产品产生负面影响。

综上所述,网站建设对用户获取信息的影响主要表现在:①网站能否被搜索引擎收录;②网站或网页内容的关键词和描述能否被搜索引擎正确采集;③网站信息内容是否有效。

二、网站建设对网站推广方法的影响

1. 网站建设与网站推广的关系

网站建设是为了提升企业或公司的品牌形象,实现网络营销。把真实现有的实体搬移到虚拟的网络世界,让全球的用户都能看见。许多同类企业都在互联网上拥有自己的网站,如何让更多的用户访问自己的网站,这就是网站推广的目的。

网站推广就是以互联网为主要手段进行的,为达到一定营销目的的推广活动。即把网站通过各种免费、收费渠道展示给消费者的一种操作方法。常见的免费网站推广包括:优化网站内容或提升网站在搜索引擎的排名,在论坛、微博等平台发布信息,在其他热门平台发布网站外部链接等;付费推广主要是易推传媒推广、百度推广、搜搜推广、买广告之类等方式。

(1) 网站建设规划与网站推广。广义上讲,企业从开始申请域名、租用空间、建立网站开始就算是介入了网络推广活动。企业要在进行网站建设之前,应将网站建设规划与网络营销推广进行有机结合,充分挖掘网站的市场价值,确定网站推广中需要的主题内容和关键词,能够实现搜索引擎检索信息的相关性。

(2) 网站制作与网站推广。网站制作时要充分考虑让网站符合搜索引擎的搜索规则,让企业网站的排名在同行中脱颖而出。

(3) 网站运营管理与网站推广。网站推广是网站运营管理的组成部分,是网站生命周期中最为主要的阶段任务。网站存在的价值与网站的访问量息息相关,网站推广是网站运营管理的组成部分,是网络营销的职能之一。

2. 网页标题和Meta标签对搜索引擎的影响

网页标题和Meta标签在网页HTML代码中均处于Head标签之间,Meta标签是HTML语言head区的一个辅助性标签,提供用户不可见的信息。Meta标签通常用来为搜索引擎robots定义页面主题,也可以用于鉴别作者,设定页面格式,标注网页内容提要和关键字;这些信息为搜索引擎收集网页文档建立索引时使用。

meta标签中网页描述(Description)HTML代码实例:

<meta name="description" content="网页描述">

其中网页描述是对一个网页概况的介绍,这些信息可能会出现在搜索结果中,因此需要根据网页的实际情况来设计,尽量避免与网页内容不相关的“描述”。另外,最好对每个网页有自己相应的描述(至少是同一个栏目的网页有相应的描述),而不是整个网站都采用同样的描述内容,这样有利于搜索引擎对网页的排名,也利于用户根据搜索结果中的信息来判断是否点击进入网站获取进一步的信息。

Meta标签中的关键词(Keywords)HTML代码实例:

<meta name="keywords" content="网页关键词">

其中网页关键词是要列出网页内容的“关键词”,而不是网页的介绍,要根据网页的主题和内容选择合适的关键词,最多可罗列15个,关键词之间以“,”相连,罗列大量关键词对于搜索引擎检索没有太大的意义,对于一些热门的领域(也就是说同类网站数量较多),甚至可能起到副作用。在选择关键词时,除了要考虑与网页核心内容相关之外,还应该考虑用户易于通过搜索引擎检索的,过于生僻的

词汇不太适合做Meta标签中的关键词。

关键词的设计要点:①选择与网页内容最相关的核心关键词;②罗列的关键词应该同样出现在Description内容中;③不同的关键词之间用逗号(英文标点符号)隔开。

3. 动态网页对搜索引擎的影响

动态页面是通过执行asp、php、jsp等程序生成客户端网页代码的网页,是响应用户使用行为时自动生成的网页,通常可以通过网站后台管理系统对网站的内容进行更新管理。动态网页在用户发出请求之前是不存在的,因此给搜索引擎收集网页使用的软件网络爬虫带来了麻烦。

搜索引擎收到用户提交的查询请求后,会搜索数据库,查找相关的地址,并生成一个结果页面。这个页面会整合查询结果及其他信息,如搜索引擎标识和广告、生成的网页是真实的网页,有唯一的URL。但是,如果爬虫访问搜索引擎站点,不会发现该网页、因为该网页是响应查询请求生成的,响应结束后,立即被清除。爬虫数据的使用者必须接受网络爬虫无法找到大量不同类型的动态网页的局限性。

网站既要保证高效率维护,又要保证搜索引擎收录更多页面,许多网站管理者创造性地进行面向搜索引擎的优化,如访问地址的改写,令动态网页看上去是静态网页,以便更多更大量地被搜索引擎收录,从而最大限度地提高网站信息内容被收录的机会。但是,在完全以动态技术开发的网站,要求变换成静态网页提供的同时,还要保留动态网页的内容管理功能,要付出的成本代价也是非常大的。

还有一些网站尝试进行静态化处理技术,先将用户获取资源或数据库数据静态化处理,生成静态页面,所有人都访问这一个静态页面,而静态化处理的页面本身的访问速度要较动态页面快很多倍,因此程序性能会有较大地提升。静态化在页面上的体现为:访问速度加快,用户体验性明显提升;在后台体现为:访问脱离数据库,减轻了数据库访问压力。

静态化虽然可以提升程序的性能,但是并不能提升整体性能,最好以项目本身性能为基础、其他优化方法为辅,最终提升整个应用程序的性能。

第三节　基于营销的网站建设策略

一、网站信息内容有效性策略

1. 网站信息的有效性

网站信息的有效性决定了网站的质量，网站的流量是表现形式。网站信息有效主要是指信息有用和信息有序。

信息有用是指网站发布的信息对用户是有价值的，其内容应新鲜、独特、真实、可信、详细，能够强烈地吸引浏览者、留住浏览者，使潜在客户最终成为企业的忠实客户。信息新鲜是指网站发布的信息不仅能够引起用户的兴趣，还能进行定期更新，体现了网站的维护能力，是增强用户信任度的关键；信息独特是指在最大满足企业信息内容和用户需要信息内容发布的前提下，追求与企业产品和服务相关的独家信息内容，如保健品网站中设置健康小常识、健康饮食等特别的栏目，作为吸引浏览者或用户的亮点，保证浏览者在关心健康的同时，获得网站中产品和服务的浏览印象；信息的真实、可信是企业网站发布的基本要求，对产品和服务进行客观真实地宣传，是企业生存的根本。网站信息的真实性直接影响企业的美誉度，甚至影响企业的网下市场运作及交易，在企业产品差异化越来越小的今天更是如此。只有网站信息内容真实、可信，才能充分体现企业对消费者的服务意识，提升企业的形象。如果网站发布的联系信息、指导性消费信息等夸大其词，或发布无效信息，不仅很快失去互联网上潜在用户，也很快会失去网下实际用户。用户被网站信息吸引后，一方面是如何与商家联系，另一方面是如何进行沟通，了解详细产品信息。如果得不到详细全面的信息内容，用户对企业的信誉、产品的售后服务水平等都会大打折扣，网站成为企业的毁誉渠道。

信息有序是指网站发布的信息对用户是可用的，即网站发布的信息内容、用于启动内容的技术工具、内容本身以及进行内容查询的用户之间是基于相互协调的结构下，有序的信息结构能够揭示信息内容与内容之间的关联关系，以便用户能够在规范的信息组织网络里准确查询到所需的信息，亦即网站有效的信息组织。

2. 网站访问的有效性

网站访问的有效性是指网站系统具有强大的的安全可靠能力和快速响应能力。安全可靠能力除了对网站运行环境的要求外,这里主要是指网站应用系统的容错能力和避免访问者受到来自网站的各种噪声的滋扰而具有的防护能力。这些噪声的滋扰一般包括页面重定向、弹出窗口、无关内容页面、添加收藏等访问方式。同时也包括安全的信息内容,网站坚决杜绝各种不健康的、非法的、猎奇的传言、虚假宣传等信息。尽管我国所有网站在发布前必须到政府指定的ICP进行注册,并接受ICP的监管。还有许多网站提高自己网站的访问量,不惜败坏企业的名声,发布一些垃圾信息。即便一时获利,但并没有获得真正的营销价值。

网站快速响应浏览者或用户请求,可以有效地抓住或留下浏览者。在运行环境规划中已经确定了设备和通信线路的前提下,提高系统响应速度的方法,主要有减少网页容量和简化网站层次结构。减少网页的容量即减少网页文件的字节数,亦即网页设计的代码尽量少。网页由文字、图片、多媒体动画、视频和音频等元素构成,网站正是利用这些元素为浏览者多视角展示产品和服务。多媒体技术日新月异,创造丰富多彩的画面也确实能够吸引浏览者的目光,但为此付出的是浏览者等待下载的时间便不合适。为了保证浏览者能够忍受页面下载速度,最主要的方法就是尽量使页面简单。网页下载时间尽量控制在10秒以内,文件最大不超过50K。网页中必须使用的图片应在保证图片质量的前提下尽量压缩图片,使用.gif和.jpg的格式,尽量少用或不用Flash或视频。同时,简化网站栏目层次结构,也是保证浏览者经历最短的路径便能快速查找到所需信息的重要方法。层次越浅,路径越短,浏览者越容易找到所需信息内容。

3. 网站功能的有效性

网站的功能是网站能够实现网络营销职能的保证。功能的有效性是在网站功能定位的基础上,强调网站功能的可用性和易用性。

(1) 网站功能的可用性包括功能的正常运行和链接有效。网站的功能能够顺利完成处理任务。链接有效性一般指:①确信每个链接有效,不要出现死链接;②链接的文字应具有描述性,具体告诉用户链接的内容;③没有链接的地方不要使用任何下划线来突出内容,尽量使用默认连接的方式设置链接,如下划线和蓝色;④使用图片链接应运用ALT属性描述链接的内容。

（2）易用性(Usability)指的是使用者能够使用某样工具来达到某个特定目标的容易程度。网站功能的易用性主要体现在功能处理流程简便，如：① 用户注册和退出方便，不需要用户过多输入个人信息资料内容，就能完成交易用户的注册和退出；② 交易环节简短，有数据表明，60%的交易用户止步于繁琐复杂的交易流程环节，使用不方便是对用户体验的极大伤害，影响顾客转化；③ 网站应为方便用户访问、顾客转化提供必要的交互功能。尤其当利益攸关的点击如支付、提交等行为发生前，对下一步操作动作有清晰的说明，如给出确认提示、信息预览等明确步骤。

4. 网站UI设计的有效性

UI即用户界面（User Interface）。UI设计就是研究产品的界面具有最优的可用性，通过优化后的界面，用户能更方便地完成任务，获得良好的感觉。一般指软件的人机交互、操作逻辑、界面美观的整体设计。软件界面设计就像工业产品中的工业造型设计一样，是产品的重要卖点。一个友好美观的界面会给人带来舒适的视觉享受，拉近人与电脑的距离，为商家创造卖点。界面设计不是单纯的美术绘画，而是需要定位使用者、使用环境、使用方式，并且为最终用户而设计，是纯粹的科学性的艺术设计。检验一个界面的标准既不是某个项目开发组领导的意见也不是项目成员投票的结果，而是最终用户的感受。

聪明的企业意识到网页设计远比创建条理清晰的代码和鲜明的图形重要得多。一个网站在满足战略目标的同时，还应该满足用户需求。如果没有一个“有凝聚力的、统一的用户体验”来支持，即使最好的内容和最精密的技术也不能平衡这些目标。网站外观设计形成用户对企业的第一印象，在塑造企业形象方面中有举足轻重的作用。网站UI设计的有效性是在用户研究的基础上，以用户体验为标准，实现交互设计有效和界面风格有效。

（1）用户研究包含两个方面：一是可用性研究，研究如何提高产品的可用性，使得网站界面的设计更容易被人接受、使用和记忆；二是通过可用性的研究，发掘用户的潜在需求，为技术创新提供另外一条思路和方法。用户研究是站在人文学科的角度来研究产品，研究用户的需要，站在用户的角度介入到产品的开发和设计中。对于设计师来说就是研究如何使自己的网站页面更受浏览者的欢迎。用户研究通过对于用户的使用环境、浏览习惯等研究，在网站用户界面设计的前期能够把用户对于网站功能的期望、对设计和外观方面的要求融入到网站的开发与设计过程中去。

(2) 交互设计是指人与机之间的交互工程,在过去交互设计也由程序员来做,其实程序员擅长编码,而不善于与最终用户交互。在使用网站的过程中最能给浏览者留下深刻印象的一定是网站的视觉因素,也就是所谈论的网站界面。很多的网站虽然功能比较齐全,但是交互方面设计很粗糙,繁琐难用,使用困难,很难保证浏览者找到需求信息,难以吸引再次造访。

(3) 网站界面设计包括界面布局设计和界面视觉设计,界面布局设计是对页面的空间进行分割的设计,包括对导航、按钮、图片、文字等内容的位置进行设计。这部分需注重艺术性和交互体验、信息浏览体验的结合,以艺术平面设计手段为辅,以交互和信息体验为主,通过布局艺术突出重要内容、信息浏览信息便捷,表单操作友好。

布局的艺术性主要表现在运用美学构图中的形式美规律,如对称、平衡、黄金分割、对比、多样统一等,结合光影、色彩、影调等辅助手段,对网页设计元素及内容进行合理布局,使网页形式富有节奏感并且图文并茂。

界面视觉设计对用户体验的要求是综合运用色彩、图片、按钮、线条、边框、文字等设计元素把网页要传达的信息通过艺术的形式展示出来,形成网站的特定风格。这一阶段应注重艺术性和可用性的结合,注意品牌一致性、图形的可学习性和各种元素的艺术性处理。

网站UI设计的有效性策略:

① 交互设计应能够帮助用户使用网站及其功能。网站UI设计应提供向导式界面,帮助用户有效地完成操作流程。

② 应符合用户的使用习惯,提供购买推荐和建议。

③ 网站应减少用户的等待感,优化信息处理的状态,满足用户需求的高效化要求。

④ 网站界面元素提供的功能不同应能区分重点,相同或相近功能的元素应在风格上保持一致;不同功能或栏目应通过视觉层次感的设计,让用户明确网站内容上的层次关系;网页的设计必须适应人们视觉流向的心理和生理的特点,由此确定各种视觉构成元素之间的关系和秩序。

⑤ 网站界面的清晰度是网站UI设计的首要任务。用户能够清晰地识别页面才能有效使用,清晰的界面能够吸引用户不断地重复使用。

⑥ 让界面处在用户的掌控之中。人们更希望能够掌控自己和周围的环境,应保证界面处在用户的掌控之中,让用户自己决定系统状态,稍加引导会实现营销目标。

⑦ 交互过程的每个界面应能够自然过渡。让用户直接进入交互的每个环节,顺利完成需要的功能。

⑧ 界面简洁有效保护和尊重用户的注意力。网页上的动感设计能够有效吸引用户注意力,但切记过多的动感、色彩、修饰等会干扰用户阅读网站信息,毕竟文字信息内容是营销的重点。

⑨ 网页色彩不宜过多,最好采用相近色系或调整同一颜色的不同明度。也有一些个性化的设计,采用对比色,突出主题色调。色彩鲜艳可以吸引浏览者眼球,但要强调内容。

⑩ 出错提醒。允许使用者犯错误,及时提醒误操作的结果,提供完成正确使用的方法。

二、网站的推广策略

网站推广就是通过各种合法手段把网站的信息推广到网站的目标受众,具体包括网上推广和网下推广。网站推广的目的是让尽可能多的潜在用户访问并了解网站,以便利用网站实现网络营销。

1. 网站推广的具体内容

(1) 网站规划阶段确定网站推广的总体目标。网站推广的总体目标是网站推广后网站能够实现的网络营销效果,也是网站发布的真正价值,在一定程度上反映了网站建设目的,如在发布后实现每天独立访问用户数量、与竞争者相比的相对排名、在主要搜索引擎的表现、网站被链接的数量、注册用户数量等。

(2) 针对阶段目标制定相应的网站推广计划。网站建设完成后,针对企业整体经营策略和阶段性营销策略,以及网站的在不同发展阶段的运营状况,确定网站推广的阶段目标,制定相应的网站推广计划,保证网站推广工作的有序实施。网站推广计划的主要内容包括:分析所能利用的资源情况,确定方法,选择相应的网络资源服务商，进行相应的优化设计，实施进度和质量保证。制定网站推广计划有助于在网站推广工作中有的放矢，并且有步骤有目的地开展工作，避免重要的遗漏。

网站推广可以利用的资源分为网上资源和网下资源两种。网上资源主要指互联网上网络服务商、信息服务商，以及行业供求平台和合作伙伴提供的资源，如搜索引擎服务、电子邮箱服务、邮件列表服务、广告服务、合作资源、供求信息发布服务等，这些资源的特点都是能够提供信息收集、信息发布和信息交流。网站的拥有者根据对可以利用资源的工作原理的分析，确定方法和选择相应的网络资源服务商。网下资源是指传统的信息传播媒体资源，如报刊杂志、影视媒体、电台广播、户外广告、专门的发布会或论坛（实现口碑相传的重要方法）等。

（3）选取合适的网站推广方法。网站的推广主要依靠具体的推广方法来实现。由于网络资源服务商提供的服务资源较多，相应可供选择的网站推广方法也较多。网站的拥有者要根据企业的投资情况和网站的需要情况，合理选择和运用适合企业的网站推广方法。互联网上常见的网站推广方法包括搜索引擎营销、资源合作、信息发布、网络广告和病毒性营销方法等。利用网下资源的传统的网站推广方法：印刷品或宣传册、传媒广告、冠名大型活动（体育赛会、文艺演出、各种大奖赛、捐赠活动等）、网站开通信息发布会等。

在网站发布运营的不同阶段所采取的网站推广方法，每种方法还可以具体细分，如搜索引擎营销可具体分为搜索引擎收录、搜索引擎优化、关键词广告、竞价排名、品牌专区等。有些网站推广方法可能长期有效，有些则仅适用于某个阶段，或者临时性采用，各种网站推广方法常常整合应用。

（4）选择相应的网络推广服务商。互联网上可以提供搜索引擎服务、电子邮箱服务、邮件列表服务、广告服务、及时消息服务和供求信息发布等服务的网络推广服务商有许多，如何针对确定的方法选择相应的网络推广服务商，是网站拥有者进行网站推广必须面对并解决的问题。

选择网络推广服务商一般主要考虑的因素有：①服务商的信誉；②服务商的服务产品；③服务商的资费标准；④服务商的服务质量（包括技术能力、策划水平、效果等）；⑤评估推广价值的手段。

（5）及时进行网站推广评价分析。网站推广不能盲目进行，需要进行网站推广后的效果跟踪和控制，以便及时改进网站的推广方法，保证网站推广在每个阶段取得成功。在网站推广评价方法中，最为重要的一项指标就是网站的访问量，访问量的变化情况基本上反映了网站推广的成效。因此，网站访问统计分析是网站推广成功的关键。

2. 网站推广的主要方法

搜索引擎推广、网络广告、病毒性营销等方法将在以下各章网络营销策略中详细介绍，这里重点介绍主要资源合作和信息发布的推广方法，网下推广方式一般结合企业整体和阶段性的营销思路，在企业网站推广总体目标的实现上，起到了重要作用。在合适的时间和场合，向合适的人宣传网址，实现网站推广的大众化传播。

(1) 资源合作的推广方法。资源合作推广方法即通过网站交换链接、交换广告、内容合作、用户资源合作等方式，在具有类似目标网站之间实现互相推广的方法。其中最常用的资源合作方式为网站链接策略，利用合作伙伴之间网站访问量的资源互为推广。

企业进行网站推广时，采用的最为简单有效的方法之一就是进行网站的资源合作。企业网站的资源一般指一定的访问量、注册用户信息、有价值的内容和功能、网络广告空间等，利用网站的资源与合作伙伴开展合作(互惠互利)，实现资源共享，共同扩大收益的目的。在这些资源合作形式中，交换链接是网站推广最简单有效的方式之一。交换链接或称互惠链接，是具有一定互补优势的网站之间的简单合作形式，即分别在自己的网站上放置对方网站的LOGO或网站名称并设置对方网站的超级链接，使用户可以从合作网站中发现自己的网站，达到互相推广的目的。

建立交换链接需要注意的问题：

① 链接数量和质量。技术型搜索引擎(或称全文搜索引擎)把一个网站被其他相关网站链接的数量作为评估网站级别的因素之一，这个因素称为“链接广度”。准确的定义为：与高质量、内容相关的网站链接的数量。包括三个层次的含义：链接数量、链接网站内容的相关性、外部链接网站的质量。合作者的质量(访问量、相关度等)是评价互换链接的重要参数。

② 回访友情链接伙伴的网站。交换链接具有一定的相对稳定性，但为保证链

接质量，应经常回访友情链接合作者的网站，查看对方的网站是否正常运行，自己的网站是否被取消或出现错误链接，或者，因为对方网页改版、URL指向转移等原因，是否会将自己的网址链接错误。一般交换链接通常放在网站的首页上，错误的或者无效的链接对自己网站的质量有较大的负面影响。很多网站都不同程度地存在无效链接问题，即使网站内部链接都没有问题，也很难保证链接到外部的也同样没有问题。因为链接网站也许经过改版、关闭等原因，原来的路径已经不再有效，而对于访问者来说，所有的问题都是网站的问题。因此，每隔一定周期对网站链接进行系统性的检查是很必要的。

③ 不要链接无关的网站。为追求搜索引擎排名，一些不相干的网站会主动要求交换链接，切记无关的链接对自己的网站没有正面效果；相反，大量无关的或者低水平网站的链接，将降低那些高质量网站对你的信任，同时，访问者也会将你的网站视为素质低下或者不够专业，严重影响网站的声誉。

(2) 信息发布的推广方法。信息发布就是将有关的网站推广信息发布在其他潜在用户可能访问的网站上，利用用户在这些网站获取信息的机会实现网站推广的目的。一般适宜进行信息发布的网站有门户网站、在线黄页、分类广告、论坛、博客网站、供求信息平台、行业网站等。这些平台版块或目录分类比较清楚，访问量较大，检索目录定位在某个行业领域，汇集众多会员，跻身于此可以为企业吸引一些目标客户，如化工贸易中心、出口交易中心、农副产品贸易中心等。在这些平台上发布企业相关信息时，要特别注意建立企业网站的直接链接。信息发布是免费网站推广的常用方法之一，尤其在互联网发展早期，网上信息量相对较少时，往往通过信息发布的方式即可取得满意的效果，不过随着网上信息量爆炸式的增长，这种依靠免费信息发布的方式所能发挥的作用日益降低。同时，由于更多更加有效的网站推广方法的出现，信息发布在网站推广的常用方法中的重要程度也有明显的下降，因此依靠大量发送免费信息的方式已经没有太大价值，不过一些针对性、专业性的信息仍然可以引起人们极大的关注，尤其当这些信息发布在相关性比较高的专业平台。

三、网站的优化策略

网站建设的有效性策略将重点放在网站建设规划阶段，面向用户体验的网站信息内容的有效规划，网站推广策略关注的是网站运营阶段网站有效的推广方法，网站的优化策略较为全面地涵盖了对网站建设规划的优化和对已发布网站的诊断改版的优化策略。

网站优化是对网站进行程序、域名注册查询、内容、功能、风格、目标关键词等多方面的优化调整，使网站对用户获取信息有效、对网络环境推广有效、对运营维护有效。网站的运营管理工作伴随网站系统生命周期中最重要的成长发展全过程，网站优化的目的就是为网站系统稳定地响应用户需求，最大化满足网站推广与维护的要求。即通过合理设计网站的结构、合理组织网站的资源，使网站更容易被搜索引擎收录，提高用户体验（UE）和转化率，进而创造营销价值。

狭义的网站优化，即搜索引擎优化（SEO），是一种利用搜索引擎的搜索规则来提高目的网站在有关搜索引擎内的排名的方式。SEO网站优化可以提高网站在搜索引擎的排名以及影响品牌知名度、流量水平和投资回报率。

广义的网站优化所考虑的因素不仅是搜索引擎优化，还包括充分满足用户的需求特征、清晰的网站导航、完善的在线帮助等，在此基础上使得网站功能和信息发挥最好的效果。

一般而言，网站优化包括三层含义：面向用户体验的优化、面向网络环境的优化和面向网站运营维护的优化。

1. 面向用户体验的优化

面向用户体验的优化就是实现用户获取信息的有效性，专注于网站信息内容要素的优化。用户已经通过各种渠道来到网站，如何满足用户需要，享受体验，吸引用户再次造访，进而转化为网站的忠实用户是核心任务。

面向用户体验优化的任务既包括搜索引擎优化，还包括网站内部基本要素优化。搜索引擎优化可以实现网站适于收录、排名靠前、描述内容对用户有吸引力、关键词选取合适等，是用户进入网站的前提条件。网站内部基本要素的优化是实现网络营销绩效的重要保证，搜索引擎优化将放在第五章第三节中详细阐述，这里主要说明网站内部基本要素的优化策略。

（1）网站信息内容的原创性和有效性。搜索引擎已经成为网站用户导入的主要来源，搜索引擎收录与排名引起网站管理者（站长）极大的关注，尤其是企业网站的拥有者。主流搜索引擎平台在收录和排名上都拥有自主知识产权的算法规则，不管搜索引擎算法怎么变，其排名的核心因素都是内容和外链。

内容的可读性一般指可以适当地增加内容的字数，也可以在内容中适当地添加一些图片来缓解用户阅读时的疲劳感，只有全方面提升内容的质量，增加用户体验，才能算得上是高质量的内容。

（2）网站结构的合理性。网站的结构包括网站的栏目设置、网页的布局以及信息内容的排放等，其结构的合理性主要包括以下几个方面：

① 用户浏览网页的习惯一般都是从左到右、从上到下的方式，因此，设置栏目时应考虑用户的思维逻辑，栏目排列和层次之间要有逻辑上的联系。

② 用户体验是带着极大的目的性，栏目设置要充分考虑用户的需求，通过调研分析把握用户需求比例，将大部分用户需求的内容放在栏目位置的前面。

③ 网站栏目的前后是有权重差异的，排在前面的栏目权重较高，因此，网站栏目设置时应考虑行业的关键词竞争力，选出不同竞争力的关键词到相应的栏目位置，达到理想的关键词排名。

④ 页面布局关系到搜索引擎抓取内容的路径和文章关键部位的排版。搜索引擎进入网站索引文章一般都是从左至右的索引，相对于右边的内容来说，左边区域的权重相对高，因此，在布局的时候左边区域应放一些相对关键性的东西。好的布局是首页链接到频道（或分类），分类链接到内页，内页再链接向首页，这样的布局能够让搜索软件在网站畅通无阻，所有页面均能爬到，有利于收录。

⑤ 导航优化。网站拥有许多页面，清晰的网站导航能够引领搜索引擎顺利地找到所有的网站页面，合理的网站导航能够把网站的权重传递给最重要的页面。面包屑导航的作用是告诉访问者目前在网站中的位置以及如何返回。

（3）强调内容的独特性。对网站独特的内容采用加粗或以标题标签<h#>的形式突出显示。无论是首页、分类、文章内页，是否已经做了h标签至关重要。h标签的内容是搜索引擎作为关键词分析的一般做法，h标签分为h1~h6，重要性依此类推。h1标签在一个页面只能出现一次，把最重要的关键词放上去，h2以下则可以不去限制数量。

（4）界面设计清晰简洁。用户对一个界面的首次体验是非常重要的，应该能够为用户提供方向和指导，以此来帮助用户快速适应设计，并保证用户不受任何干扰的情况下完成任务。完美的设计应使用户专注于完成自己的目标而忽略了自己面对的界面，用户顺利达成自己的目标后，满意地退出界面。

（5）网站运行速度优化。良好的加载速度势必会提升用户体验，根据调查显示，部分用户在访问某个网站时，如果该网站超过3秒还没有打开，那么用户索性就会点击右上角的关闭。因为，经常上网的用户会认为一个正规的网站打开速度一定会很快，网站打开速度过慢会影响用户在浏览网站时的心情，增加用户的时间成本，降低网站的用户体验。网站速度上的优化措施最直接的办法就是减少网页的字节数，尽量少用或不用表格嵌套，多采用CSS样式文件进行格式化网页，并将CSS与Java Script外部化；尽量少使用或压缩使用视频、Flash影片和大的图片；尽量使用系统默认文字，减少文字的修饰。

（6）网站链接优化。网站的链接包括内部链接、友情链接和外部链接。

① 友情链接对网站的关键词排名还是有较高的价值。通常交换友情链接的是网站的首页，网站的内页也可以交换友情链接，只是为保证自身网站要比对方的网站权重高，应交换比自身权重低一些的网站的友情链接。

② 内部链接是指同一网站域名下的内容页面之间互相链接，也称站内链接。网站的内部链接优化不仅对搜索引擎顺利抓取网站的搜索页面有利，还能让用户快捷找到用户最需要的内容，降低用户的时间成本。网站首页、频道页、分类页、栏目页等都是列表页，其内容应由链接的锚文本构成的，有助于搜索引擎抓取，获得好排名。文章之间应该互相链接，尽量多地把本站的文章调到其他地方，每篇文章中如果出现了关键字都链接到首页。

③ 外部链接也称反向链接，是其他网站指向自己网站的链接。外部链接在很大程度上反映了网站的流行度，是搜索引擎排名的一个重要因素，与网站的PR值有密切的关系，外部链接越多，PR值越高，网站的排名也会越靠前。但切记外部链接的网站其内容的相关度和质量也是搜索引擎考核的要素。

（7）网页代码优化。代码优化对于网站的站内优化有很大的影响，如网站的h标签以及网站的Title和Mate标签等，都是网站代码优化中一定要做的优化措施。为网站设置优化的标题会有助于关键词排名，为每个网页设计一个合适的标题，并且在标题中也一定要出现网站设定的主关键词。同时，在描述信息中适当地出现网站的关键词会有利于网站的关键词排名。

（8）网站路径优化。网站的路径主要表现在页面搜索路径和URL地址路径两个方面,其中页面搜索路径一般指栏目层次。用户需要获取的信息一般在文章页(内页),网站的内页的路径深,不容易被搜索引擎收录,路径浅的页面相对容易一些。因此,应尽量减少网站栏目层次,缩短用户获取文章页面信息的路径。

URL地址是每个网页的网址,搜索引擎通过网址达到每个页面,然后进行内容抓取。网址是搜索引擎和网页内容之间的桥梁,好的URL应该遵循:①使用简单的目录结构、简短的网址;②同一个网页只对应一个URL;③URL应具有一定的解释意义,如包含某个关键词的拼音或英文;④URL采用HTML(纯静态)的形式,即网站的目录\子目录\文件。

(9) 网站内部图片的优化。图片在一个网站起到的作用很大,与文字配合在一起,能够给用户带来好的阅读感和视觉感。搜索引擎蜘蛛软件无法读取图片信息,但是能读懂ALT属性,用设置相关的ALT属性,增加搜索引擎的友好度。

(10) 避免网站过多的重复内容。网站重复内容是要被搜索引擎降低权重的,同样的文章不要出现在多个不同网页中,太多的重复内容是搜索引擎不喜爱的。轻者剔除重复内容,重者导致网站被降权,甚至直接将网站放入黑名单。

总之,网站的内部优化相比网站的外部优化更重要,想要做好网站的整体优化首先要做好的就是网站的内部优化,提升网站的质量,增加网站的用户体验,让搜索引擎发现网站内容具有独特性,网站的内容对用户来说是有价值的,才会获取更好的排名。

2. 面向网络环境的优化

面向网络环境的优化主要包括两方面:对搜索引擎友好和对合作伙伴网站友好。对搜索引擎友好就是便于搜索引擎收录网站及其网页信息、搜索引擎摘要信息与用户检索关键词的相关性、被收录网页在检索结果中有好的排名优势。对合作伙伴网站友好就是设计合理的网站链接、内容资源交换、广告交换等。

没有收录,就不会有排名。提高网站整体收录的比例,是面向环境优化的首要任务。搜索引擎收录的方法主要有网站内部优化适于搜索引擎收录、主动登录主流搜索引擎平台提交网站和其他网站推广方法。

网站内部优化适于搜索引擎收录的方法就是上述面向用户体验的优化的内容。登录主流搜索引擎平台提交网站就是利用搜索引擎平台提供登录网站接口,如百度提供的:产品大全\站长与开发者服务栏目\搜索开放平台,在用户输入框提交网站资源,更多收录方法的详细内容在第五章中介绍。其他网站推广方法中,如营销博文、电子书、文字广告等被搜索引擎抓取页面时,也能够顺着文章中链接文字抓取到相应的网页,实现网站收录。

而搜索引擎摘要信息与用户检索关键词的相关性、被收录网页在检索结果中有好的排名优势等方法主要是搜索引擎优化的内容,将在第五章中详细学习。网站内容交换策略即交换链接是网站推广的重要方法,并能有效提高网站在搜索引擎的排名。具体方法见上述网站的推广策略。

3. 面向网站运营维护的优化

网站运营是指一切为了提升网站服务于用户的效率,而从事与网站后期运作、经营有关的工作;范畴通常包括网站测试、网站维护和网站推广。网站运营效果直接关系企业整个网络营销的成败,甚至影响企业自身的可持续发展。网站维护是网站运营管理的重要内容,网站的日常维护管理包括网站文件管理、网站内容管理、网站综合管理和网站安全管理。面向网站运营维护优化是在网站日常维护管理的基础上,为实现网络营销目标的网站用户体验效果监测优化、网站内容更新优化、网站诊断分析优化。

(1) 网站用户体验效果监测优化。网站建设应在保证网站正常功能的前提下,为了解用户需求,提供收集用户登录与反馈的界面或表单,提供访问统计、跟踪用户访问路径、自动生成数据分析报告等功能模块,以方便网站运行时,实时跟踪用户体验,包括访问路径、流量、交易进程、交易结果、交易评价等,形成网站用户体验诊断分析基础数据。

(2) 网站内容更新优化。网站内容更新包括:网页信息的日常更新和针对网站关键词的原创内容编辑。

网页信息的日常更新包括产品信息维护、新产品信息发布、新闻添加、合作资源更新等,工作量和工作流程有相对的稳定性。经常发布更新企业信息内容,是从搜索引擎营销的角度来考虑的,内容的不断更新,会使搜索引擎更加重视网站,更新站点收录的页面。同时,也会吸引用户再次访问网站。为提高日常更新效率,应建设相应的网站自动后台维护管理系统,系统除具有自动提交、编辑信息内容等一般功能外,还应具有定期维护和清理数据库中一些不必要的冗余功能。

针对网站关键词的原创内容主要是为了配合网站优化，进行内部优化，从而让网站在搜索引擎有一个好的排名表现。如果说网页信息的日常更新业务职责是网站采编，那针对网站关键词的原创内容的业务应该属于网络营销策划，同时还要发布于各种营销手段借助的工具上，如论坛、博客、电子书等。为此，要求企业在完成日常更新的同时，兼顾面向营销的原创内容，同时开辟各种网络资源与网站内容相呼应。

第四节　网站策划专题实训

网站策划专题实训的设计主要围绕网站的主题定位规划和信息内容规划的方法和策略，不涉及技术实现。由于任务综合性强、工作量大，实训以项目小组或团队方式为宜。

[实训目的]通过网站定位、网站信息内容规划的实训内容，掌握网站域名申请、网站内容层次划分、内容分类等方法；体会自主创意，自主策划的思想。

[实训内容]

① 协作：组建团队

② 讨论：创意网站

③ 分析：可行性分析SWOT分析

④ 策划：内容层次图设计

⑤ 设计：演讲PPT

具体实训任务和内容要求，见表4-4。

表4-4　网站策略专题实训内容设计示例

实训任务	内容要求	补充说明	审核评价
作为某企业的营销总监，拟采用网站策略，请按着所在企业的经营性质、类型，完成网站初步策划报告	1.企业背景、营销目标 2.核心业务与受众分析 3.总体规划：结构、内容、功能、服务 4.存在问题	1.画出网站栏目层次图，并对栏目内容进行简要解读 2.由3~4人组成项目团队，具体分工	1.独创性、协同性、适用性、新颖性 （企业创意、品牌策划、布局栏目、核心业务等新颖） 2.形成评价纪录

[实训流程]

①按照自由组合或抽签方式将学生组成项目团队；

②团队共同讨论拟策划的网站；

③团队成员选举负责人，确定成员分工；

④设计演讲展示板，整理策划报告；

⑤正式策划报告演讲；

⑥模拟专家审核与评价；

⑦老师归纳总结；

⑧补充与修正策划报告。

实训以学生为主体，围绕教学的主题，以合作的学习方式，由学生进行合作互助、探索研究。通过学生能动性、主动性的发挥，利用合作性人际交往，促进学生认知、情感和社会性的全面发展，培养发展学生的创新精神和实践能力。实训中要注意确定团队成员的不同分工和地位，明确各自在实训中的职能。

【课后思考题】

1. 网站定位规划的内容。
2. 网站信息内容的具体含义。
3. 基于营销的网站建设策略有哪些。
4. 网站功能层次图与内容层次图的区别。
5. 网站推广的基本思想。
6. Mate标签的设计。

【本章参考文献】

[1]冯英健.网络营销基础与实践（第3版）[M].北京:清华大学出版社,2007.

[2]杨艳.电子商务网站建设基础与实践[M].北京:北京大学出版社,2008.

[3][美]JesseJamesGarrett.用户体验的要素:以用户为中心的Web设计[M].北京:机械工业出版社,2008.

[4][美]Corey Periman.网络营销实训[M].侯德杰译.北京:人民邮电出版社,2010.

第五章　搜索引擎营销策略

学习目的:

了解搜索引擎营销的历程和发展;熟悉搜索引擎营销的基本原理、掌握搜索引擎营销模式及流程;熟练掌握搜索引擎策略,特别是搜索引擎优化方法。通过创设实训,使学生掌握搜索引擎营销诊断分析与解决问题的方法。

搜索引擎通过软件Spider抓取网页或人工录入网址的方式,从各种网络资源中收集浏览和检索所需要的信息,将这些信息进行过滤、有序化处理,生成候选信息页面,为用户查询信息和企业网站推广提供有效服务。搜索引擎营销是基于搜索引擎工作原理和用户获取信息意图的网络营销重要策略,是直接获得互联网上网站访问量的重要方法,可以有针对性地为企业带来潜在用户,提升企业的品牌价值和产品的认知度。

第一节　搜索引擎营销基础

一、搜索引擎技术的发展

20世纪90年代初互联网应用的普及,网站与网页数量飞速增长,如何在互联网上快速有效地获取信息引起了互联网技术开发者们的关注。

1990年初,当时万维网还未出现,为了查询散布在各个分散的主机中的文件,曾有过Archie、Gopher等搜索工具。1994年1月,第一个既可搜索又可浏览的分类目录EINet Galaxy上线,支持Gopher和Telnet搜索。

1994年4月,斯坦福大学的两名博士生,美籍华人Jerry Yang(杨致远)和David Filo共同创办了Yahoo。随着访问量和收录链接数的增长,Yahoo目录开始支持简单的数据库搜索,即早期的目录导航系统。

1994年4月20日,互联网上第一个支持搜索文件全部文字的全文搜索引擎WebCrawler正式亮相。之前,用户只能通过URL和摘要搜索,摘要一般来自人工评论或程序自动取正文的前100个字(后来WebCrawler陆续被AOL和Excite收购,现在和Excite一样改用元搜索引擎Dogpile)。

1994年7月20日，Lycos推出了基于Robot的数据挖掘技术，支持搜索结果相关性排序，并第一个开始在搜索结果中使用了网页自动摘要。Lycos最大的优势还是搜索引擎的数据量：1994年8月达394000个文件；1995年1月达1.5万；1996年11月超过60万（注：1999年4月，Lycos停止自己的Spider，改由Fast提供搜索引擎服务。）

Robot（机器人）一词对编程者有特殊的意义。Computer Robot是指某个能以人类无法达到的速度不断重复执行某项任务的自动程序。由于专门用于检索信息的Robot程序像蜘蛛一样在网络间爬来爬去，因此，搜索引擎的Robot程序被称为Spider程序。世界上第一个Spider程序，是麻省理工大学的Matthew Gray设计的World Wide Web Wanderer，曾用于追踪互联网发展规模。

Infoseek是另一个重要的搜索引擎，虽然公司声称1994年1月已创立，但直到1994年年底搜索引擎才与公众见面。起初，Infoseek只是一个不起眼的搜索引擎，沿袭Yahoo和Lycos的概念。1995年12月与Netscape签署战略性协议，成为一个强势搜索引擎：当用户点击Netscape浏览器上的搜索按钮时，弹出Infoseek的搜索服务，而此前由Yahoo提供该服务。（注：Infoseek后来曾以相关性闻名，2001年2月，Infoseek停止了自己的搜索引擎，开始改用Overture的搜索结果。）

1995年，一种新的搜索引擎工具出现了——元搜索引擎，第一个元搜索引擎是华盛顿大学的学生开发的Metacrawler。用户只需提交一次搜索请求，由元搜索引擎负责转换处理后提交给多个预先选定的独立搜索引擎，并将从各独立搜索引擎返回的所有查询结果，集中起来处理后再返回给用户。

1995年12月AltaVista诞生，其最突出的优势是其搜索速度，而Alta Vista的另一些新功能，则永远改变了搜索引擎的定义。AltaVista是第一个支持自然语言搜索的搜索引擎，且第一个实现高级搜索语法的搜索引擎（如AND、OR、NOT等）。用户可以用AltaVista搜索Newsgroups（新闻组）的内容并从互联网上获得文章，还可以搜索图片名称中的文字、搜索Titles、搜索Java applets、搜索ActiveX Objects。AltaVista声称是第一个支持用户自己向网页索引库提交或删除URL的搜索引擎，并能在24小时内上线。AltaVista最有趣的新功能之一，是搜索有链接指向某个URL的所有网站（现称作反向链接）。

1996年5月20日，Inktomi公司成立，创建的HotBot声称每天能抓取索引1千万页以上,也大量运用Cookie储存用户的个人搜索喜好设置(Hotbot曾是随后几年最受欢迎的搜索引擎之一,后被Lycos收购)。

1997年8月,Northernlight公司正式推出搜索引擎,第一个支持对搜索结果进行简单的自动分类,也是当时拥有最大数据库的搜索引擎之一。

1998年10月,Google诞生,是目前最流行的搜索引擎之一。1999年2月,Google完成了从Alpha版到Beta版的蜕变。Google在PageRank(网页评级机制)、动态摘要、网页快照、多文档格式支持、地图、词典和寻人等集成搜索、多语言支持、用户界面等功能上的革新,在一定意义上改变了搜索引擎的定义。2000年数据库升级后,凭借被Yahoo选作搜索引擎的契机跻身著名搜索引擎。

1999年5月,Fast公司发布了自己的搜索引擎AllTheWeb,其网页搜索可利用ODP自动分类,支持Flash和PDF搜索,支持多语言搜索,还提供新闻、图像、视频、MP3和FTP搜索,拥有极其强大的高级搜索功能。

2001年春由Apostolos Gerasoulis教授带领华裔Tao Yang教授等人于新泽西Piscataway创立Teoma,2001年9月被提问式搜索引擎Ask Jeeves收购,2002年4月再次发布。Teoma的数据库目前仍偏小,但有两个出彩的功能:支持类似自动分类的Refine;同时提供专业链接目录的Resources。

Wisenut由韩裔Yeogirl Yun创立。2001年春季发布Beta版,2001年9月5日发布正式版,2002年4月被分类目录提供商LookSmart收购。

在中文搜索引擎领域,1996年8月成立的搜狐公司是最早作网络信息分类导航的网站,曾一度有"出门找地图,上网找搜狐"的美誉。由于其人工分类提交的局限性,随着网络信息的暴增,逐渐被基于Robot自动抓取智能分类的新一代信息技术取代。

中国台湾地区中正大学吴升教授所领导的GAIS实验室1998年1月创立了Openfind中文搜索引擎,是最早开发的中文智能搜索引擎,鼎盛时期同时为三大著名门户新浪、奇摩、雅虎提供中文搜索引擎,但2000年后市场逐渐被Baidu和Google瓜分。

北大天网是教育网最流行的搜索引擎,由北大计算机系网络与分布式系统研究室开发,于1997年10月29日正式在CERNET上提供服务,2000年初成立天网搜索引擎新课题组,由国家973重点基础研究发展规划项目基金资助开发,收录网页约6000万,利用教育网优势,有强大的ftp搜索功能。

2000年1月,超链分析专利发明人、前Infoseek资深工程师李彦宏与好友徐勇(加州伯克利分校博士)在北京中关村创立了百度(Baidu)公司。2001年10月22日正式发布百度搜索引擎。Baidu搜索引擎的其他特色包括网页快照、网页预览/预览全部网页、相关搜索词、错别字纠正提示、新闻搜索、Flash搜索、信息快递搜索。2002年3月闪电计划(Blitzen Project)开始后,技术升级明显加快。2002年至2003年,竞价排名迅速成为百度主要收入来源,2004年百度80%收入来自竞价排名。

2002年开始很多公司受搜索市场前景和Google神话的吸引,积极进入搜索引擎市场,如中搜、3721等。中搜是由慧聪国际主持开发的,2003年年底慧聪搜索改名为中国搜索,推出第三代智能搜索引擎。

2003年11月,Yahoo全资收购3721公司。2005年8月,阿里巴巴和Yahoo达成战略合作,全资收购雅虎中国,并更名为阿里巴巴雅虎。

二、搜索引擎基本工作原理

搜索引擎是用户信息查询和企业网站推广的平台,其基本工作包括三个过程:首先在互联网中发现、搜集网页信息;其次对信息进行提取和组织建立索引库;再由检索器根据用户输入的查询关键字,在索引库中快速检出文档,进行文档与查询的相关度评价,对将要输出的结果进行排序,并将查询结果返回给用户。

1. 抓取网页

每个独立的搜索引擎都有自己的网页抓取程序(Spider),如Googlebot、Baiduspider等。Spider在爬取网页的时候,主要采用的策略有:①广度优先:最简单的方式,将某个页面中的链接依次加入待爬取队列。②最佳优先搜索策略:按照一定的网页分析算法,预测候选URL与目标网页的相似度,或与主题的相关性,并选取评价最好的一个或几个URL进行抓取。该策略缺点是只访问经过网页分析算法预测为"有用"的网页,如局部PageRank。一个页面的PageRank是由所有链向它的页面("链入页面")的重要性经过递归算法得到的。一个有较多链入的页面会有较高的等级,相反如果一个页面没有任何链入页面,就没有等级。这种方式根据一定时期内的局部PageRank值,决定下一步爬取目标。③在线页面重要程度计算(Online Page Important Calculation,OPIC)策略:2003年,Abiteboul设计了一种基于OPIC算法的抓取战略。在OPIC中,每一个页面都有一个相等的初始权值,并把这些权值平均分给所指向的页面,OPIC的程序首先抓取前沿中获取权值最大的页面。这种算法与Pagerank估算相似,但速度更快,并且可以一步完成。④大站优先:思想很简单,以网站为单位衡量页面重要性。对于待抓取的URL队列中的网页,根据所述网站归类,如果哪个网站等待下载的页面最多,则优先下载这些链接。鉴于大型网站往往是名站,其网页质量一般较高,所以这个思路有一定依据。

搜索软件Spider顺着网页中的超链接,连续地抓取网页。被抓取的网页以文本形式下载,送回服务器,称为网页快照。由于互联网中超链接的应用很普遍,理论上,从一定范围的网页出发,就能搜集到绝大多数的网页。

2. 处理网页

搜索引擎抓到网页后,还要做大量的预处理工作,才能提供检索服务。通过对过滤后文字内容的分析,来判断网页的核心内容。其中,最重要的处理就是提取关键词,建立索引库和索引。其他还包括去除重复网页、分词(中文)、判断网页类型、分析超链接、计算网页的重要度/丰富度等。

搜索引擎程序根据页面信息分析,一般采用权重分值技术,由数百个参数参与计算,过程非常复杂,最后得出基于关键词的网页排名,存入排名数据库,即索引数据库。通常搜索引擎最核心的技术就是外部链接的技术和关键词密度的技术。搜索引擎在查找能够满足用户请求的网页时,主要考虑两方面的因素:一方面是用户发出的查询与网页内容的内容相似性得分,即网页和查询的相关性;另一方面就是通过链接分析方法计算获得的得分,即网页的重要性。链接分析就是通过网络的链接结构去获取网页重要性的一类方法。

3. 提供检索服务

用户输入关键词进行检索,搜索引擎从索引数据库中找到匹配该关键词的网页;为了用户便于判断,除了网页标题和URL外,还会提供一段来自网页的摘要以及其他信息。例如,当用户搜索"百度"时,就打开"百度"小索引数据库,然后按分值排列,做成HTML展示到用户面前。

一般搜索引擎工作流程图如图5-1所示。

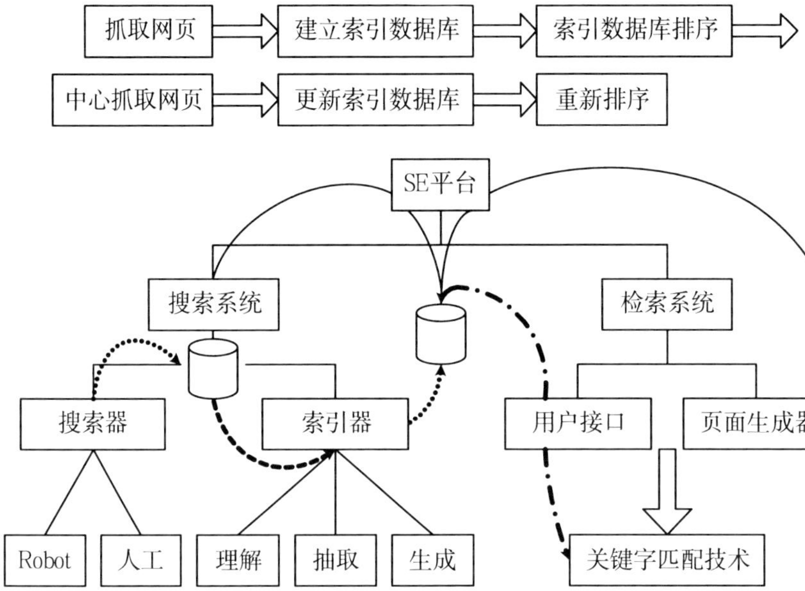

图5-1　一般搜索引擎工作流程图

Google搜索引擎系统工作示意图如图5-2所示。

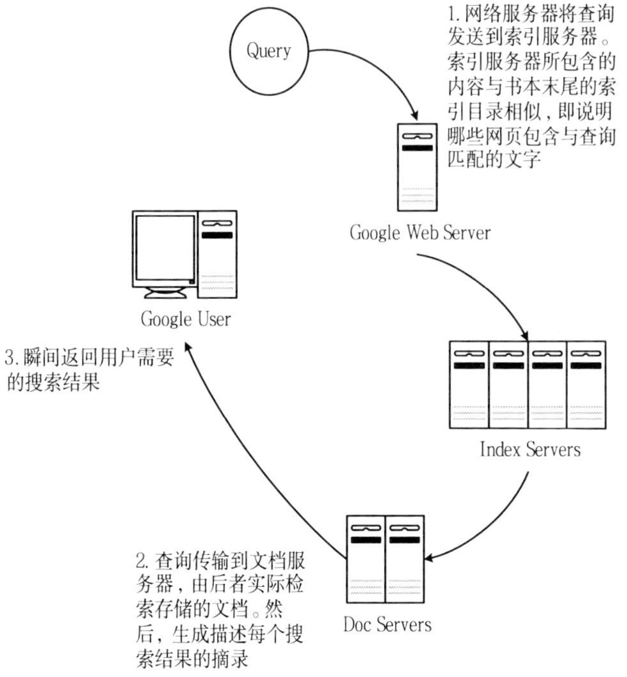

图5-2　Google搜索引擎系统工作示意图

三、搜索引擎对网络营销的作用

搜索引擎自1993年出现之后得到了迅速发展，现已成为网络用户获取信息和企业网站推广的重要手段之一。用户通过网站获取信息的主要方式有两种：如果已经知道或者可以猜测网站的网址，则用户直接通过网址访问；如果不了解网址，则通过搜索引擎查询。用户通过搜索引擎中关键词的查找过滤出自己感兴趣的信息，企业公司则通过锁定不同关键词得到准确有效的目标客户。正是由于搜索引擎这一双向过滤特性，搜索引擎在网络营销中占据极其重要地位，成为一个传递网络营销信息的基本工具。

搜索引擎对网络营销的作用主要表现在以下几点：

(1) 对网站推广的作用。据艾瑞咨询提供的《2014年中国搜索引擎用户行为研究报告》数据显示，2014年中国用户使用网络服务情况中，14项超过50%，其中搜索引擎服务渗透比率为63.2%。搜索引擎已经成为居民生活中常用服务之一，刚性需求特征明显。百度数据显示，百度每天响应超过50亿次搜索需求，是全球最大的中文搜索引擎，占据超过80%的中国搜索市场份额，超过5亿中国网民已经习惯了在有需求时"百度一下！"。搜索引擎为用户发现网站信息并来到网站创造机会，网站推广信息会展现在搜索结果页上，其信息内容吸引网民点击访问网站。

(2) 对产品宣传／促销的作用。通过搜索结果可以直接对具体产品进行针对性的宣传推广，让更多用户发现产品信息，尤其通过购物搜索引擎等方式，可以实现对多种产品的比较，为用户获取购买决策信息提供支持。

(3) 对企业／网站的网络品牌的作用。搜索引擎的网络品牌价值是网络营销职能的组成部分。在搜索引擎搜索结果页面上，网站推广信息中最重要的内容之一就是网络品牌。可以通过免费抓取的页面摘要、付费的搜索推广、品牌专区、关键词广告等方式，宣传企业／网站的网络品牌。如百度的品牌专区就是为品牌量身定制的专属咨询发布平台，位于搜索结果首页的最上方，是为提升网民品牌搜索体验而整合文字、图片、视频等多种展现结果的创新搜索模式，极大地提升了品牌推广效能。

(4) 搜索引擎对网上市场调研的作用。网上市场调研泛指利用互联网手段进行的各种以市场调研为目的的活动，如收集市场信息、了解竞争者情报、调查顾客对产品／服务的满意度等。通过网上市场调研既可以获得第一手资料，也可以获得第二手资料。利用搜索引擎强大的搜索功能可以获得大量的第一手资料。例如，在传统的市场调研中，收集一个行业中主要竞争厂家的途径包括参加行业博览会，向厂家索取资料，收集报刊上相关新闻、广告、财务报告等，这其中有一手资料，也有二手资料。在互联网上，第一手资料可以通过搜索引擎完成，只要企业建立了自己的网站，并在搜索引擎进行登录，就可以找出该企业的网址，然后通过访问目标企业的网站查询相关信息，而有关该企业的新闻报道等通常也可以直接从网上查询到。搜索引擎作为在线市场调查研究的工具，在竞争者和用户行为研究等方面均有重要的作用。

（5）抵御竞争对手。由于同一个关键词在检索结果中被用户发现的机会是有限的，企业可以设计合理的搜索引擎营销策略争取获得较好排名，抵御竞争对手在搜索结果页面的曝光机会。

（6）搜索引擎是网站优化的检测工具。搜索引擎平台通常也提供网站被搜索引擎收录的查询功能，例如在百度检索框输入：site:网址，可以查看该网站在百度收录中的表现。“site：”是SEO最熟悉的高级搜索指令，用来搜索某个域名下的所有文件。“link:”是搜索与被查询网站做了链接的网站，即反向链接数。link命令在Google中现在比较好使。

互联网上有许多提供网站优化检测服务的平台，也称作网站搜索引擎优化检测免费应用平台，可以检测网站被链接数量、网站被搜索引擎收录的网页数和网站的PR值。如123cha、站长工具、中国站长之家等，数据信息来源一般是Alexa网站，其中Alexa排名是指网站的世界排名，主要分为综合排名和分类排名，Alexa提供了包括综合排名、到访量排名、页面访问量排名等多个评价指标信息，大多数人把Alexa作为权威的网站访问量评价来源网站。Alexa每三个月公布一次新的网站综合排名。此排名的依据是用户链接数（Users Reach）和页面浏览数（Page Views）三个月累积的几何平均值。近年来，也出现了一些网站排名查询工具软件，如百度排名批量查询工具、关键词排名批量查询工具等。

第二节　搜索引擎营销原理

一、搜索引擎营销的概念

搜索引擎营销(Search Engine Marketing,SEM)就是根据用户使用搜索引擎的方式,利用用户检索信息的机会尽可能将营销信息传递给目标用户。简单来说,搜索引擎营销就是基于搜索引擎平台的网络营销,利用用户对搜索引擎的依赖和使用习惯,在用户检索信息的时候尽可能将营销信息传递给目标客户。

搜索引擎营销目前仍然是最主要的网站推广手段之一。网站借助搜索引擎平台实现营销信息传播,无论是基于自然搜索结果的搜索引擎推广,还是付费搜索引擎广告,都是用户导向的。用户使用搜索引擎的方式、使用关键词的习惯、查看检索结果的关注点等是搜索引擎营销的关键,而搜索引擎平台提供的服务模式、搜索结果展示方式、排名的基本喜好是搜索引擎营销的指导方针。搜索引擎营销的效果表现为网站访问量的增加,不能直接实现网站实际用户的提升目的,但网站的内容质量却对搜索引擎营销产生直接的影响。

二、搜索引擎营销的产生与发展

从国外的发展情况来看,搜索引擎营销的发展与搜索引擎技术的发展几乎是同步的。

1994年,Yahoo、Lycos等分类目录型搜索引擎的相继诞生,搜索引擎表现出网络营销价值,网站的拥有者开始关心在搜索引擎上能否找到网站,搜索引擎营销的思想开始出现。当时搜索引擎营销的任务就是将网站提交到主要的搜索引擎上。

1995年,自动提交到搜索引擎的软件诞生,网站管理员可以轻松地一次将网站提交到多个搜索引擎,但由于部分网站滥用这种软件,不断提交同一个网站或者同时提交同一网站中大量的网页以求网站总是处于最新位置,或者占领搜索引擎收录网页的主要内容,因此这种软件的问题很快被搜索引擎发现,并且开始拒绝这种自动登录软件提交的信息。

1995—1996年,基于网页HTML代码中标签检索的搜索引擎技术诞生,这种利用标签改善在搜索引擎中排名的技术很快成为搜索引擎营销的重要方法，即搜索引擎优化方法的萌芽，曾在一段时间内非常有效并且非常流行，成为当时搜索引擎营销的“核心技术”。同时也出现了一些利用标签欺骗搜索引擎的做法，迫使搜索引擎的检索技术不断改进。

1997年，搜索引擎优化与排名自动检测软件问世，网络营销人员可以据此检查网站搜索引擎优化设计的水平，进一步制定针对性的搜索引擎营销策略。

1998年，“搜索引擎算法”开始关注网站外部链接，诞生了“网站链接广度”概念。SEO网站优化者也开始制造“网站链接广泛度”，有许多软件服务商开发自动链接软件，促使搜索引擎更新算法。

2000年，出现按点击付费的搜索引擎关键词广告模式，搜索引擎广告诞生。

2001年，搜狐等部分中文分类目录开始收费登录，网站登录每年要交纳数百元到数千元不等的费用，付费搜索引擎营销开始走向主流。

2002年，国内陆陆续续有人涉足SEO这一领域。后半年，在网络广告市场最低潮中，搜索引擎关键词广告市场增长强劲，占2002年网络广告市场的15%，搜索引擎带动整个网络经济复苏。

2003年，出现基于内容定位的搜索引擎广告。

2004年至今，搜索引擎全面引领互联网经济潮流，搜索引擎营销的价值被企业普遍接受，成为网络营销最重要的一种方法。

中国搜索引擎营销市场伴随着经济的发展和我国网络基础设施的不断完善，引起企业的重视。

2001年之前，免费搜索引擎营销阶段，以免费分类目录登录为主要方式。

2001年6月—2003年6月，网络经济环境、搜索技术、收费等原因使搜索引擎营销市场进入调整期。

2003年后期，各种形式的搜索引擎广告快速发展，同时基于自然检索结果的搜索引擎优化开始受到重视。

2004年，搜索引擎广告进入快速增长期，并且营销效果逐步为企业所认可；新的搜索引擎不断出现。

2005年，多家搜索引擎争夺中国网络营销服务市场，垃圾SEO泛滥，严重破坏搜索引擎营销市场秩序，引起主流搜索引擎大规模清理。

2006年至今,搜索引擎营销的发展势不可挡,并且随着多种专业搜索引擎和新型搜索引擎的发展,搜索引擎在网络营销中的作用更为突出,搜索引擎营销的模式也在不断发展演变,除了常规的搜索引擎优化和搜索引擎关键词广告、网页内容定位广告等基本方式之外,专业搜索引擎、本地化搜索引擎推广、无线搜索引擎等也将促进搜索引擎营销方法体系的进一步扩大和完善。

三、百度搜索引擎收录与排名规则概要

1. 百度认为适于抓取或收录的基本观点

根据百度网站站长工具版块提供的对百度搜索引擎友好的建议(《建站指南:百度认为 什么样的网站更有抓取和收录价值》),百度希望收录这样的网站:

(1)网站创造高品质的内容,能为用户提供独特的价值。

百度作为搜索引擎,最终的目的是满足用户的搜索需求,所以要求网站内容首先能满足用户的需求,现今互联网上充斥了大量同质的内容,在同样能满足用户需求的前提下,如果网站提供的内容是独一无二的或者是具有一定独特价值的,那么百度会更希望收录网站。

① 网站能满足一定用户的需求。

② 网站信息丰富,网页文字能清晰、准确地表述要传达的内容。

③ 有一定原创性或独特价值。

相反地,很多网站内容是“一般或低质”的,甚至某些网站利用欺骗手段来获取更好的收录或排名,下面列举一些常见的情况,虽然无法对各种情况一一列举。但请不要抱有侥幸心理,百度有完善的技术支持发现并处理这些行为。

④ 请不要为搜索引擎创造内容

某些网站在设计时不是从用户角度出发考虑的,而是为了从搜索引擎骗取更多的流量角度。比如提交给搜索引擎一种内容而显示给用户另一种。这些行为包括但不仅限于:在网页中加入隐藏文字或隐藏链接;在网页中加入与网页内容不相关的关键词;具有欺骗性跳转或重定向;专门针对搜索引擎制作桥页;针对搜索引擎利用程序生成的内容。

⑤ 请不要创建多个包含大量重复内容的网页、子域或域百度会尽量收录提供不同信息的网页,如果网站包含了大量重复的内容,那么搜索引擎会减少相同内

容的收录,同时认为该网站提供的内容价值偏低。当然如果网站上相同的内容是通过不同形式展现(如论坛的简版页面、打印页),可以使用robots.txt禁止Spider抓取网站不想向用户展现的形式,这也有助于节省带宽。

⑥ 请不要制作欺诈性或安装有病毒、特洛伊木马或其他有害软件的网页。

⑦ 谨慎加入频道共建、内容联盟等不能产生或很少产生原创内容的计划,除非网站能为内容联盟创造原创的内容。

(2) 网站提供的内容得到了用户、站长的认可和支持。

一个网站上的内容如果得到了用户和站长的认可,那么对百度来说也是非常值得收录的。百度会通过分析真实用户的搜索行为、访问行为、网站之间的关系等综合给一个网站认可度的评价。但是值得说明的是,这种认可必须是建立在网站为用户提供了优质内容的基础上,是真实、有效的。下面仅以网站之间的关系为例,来说明百度是如何看待其他站长对网站的认可的:通常网站之间的链接可帮助百度的抓取工具找到网站,并提高网站的认可度。百度将从网页A至网页B的链接解释为网页A向网页B的投票。通过网页投票表决可以体现网页本身的"认可度"更具分量,并且有助于提高其他网页的"认可度"。链接的数量、质量以及相关性都会影响到"认可度"的计算。

但请注意,不是所有的链接都能参与认可度的计算,只有那些自然的链接才是有效的(自然链接是指当其他网站发现的内容具有价值并认为其可能对访问者有所帮助时,在网络的动态生成过程中形成的)。要使其他网站创建与您网站相关的链接,最好的方式是创建可在互联网内赢得人气的独特且相关的内容。您的内容越实用,其他站长越容易发现您的内容对其用户有价值,因而也就越容易链接到您的网站。在做出是否要增加链接的决定之前,应当先考虑:这样做对我网站的访问者是否真的有益?

然而,某些网站站长时常不顾链接质量和链接来源而进行链接交换,并单纯地为了认可度而人为地建立链接关系,这些都会对其网站产生长期影响。

温馨提示:会对网站产生不良影响的链接包括但不仅限于:

① 企图操纵"认可度"计算的链接。

② 指向网络中违禁网站、垃圾站点或恶性链接的链接。

③ 互惠链接或链接交换(如"链接到我,我也会链接到您")过多。

④ 购买或销售用于提升网站“认可度”的链接。

(3) 网站有良好的浏览体验。

一个网站有良好的浏览体验,那么对用户来说是非常有益的,百度也会认为这样的网站是有更好的收录价值的。良好的浏览体验是指:

① 网站具有清晰的层次结构

为用户提供包含指向网站重要部分的链接的站点地图和导航。使用户能够清晰、简单地浏览网站,快速地找到其所要的信息。

② 网站有良好的性能

包括浏览速度和兼容性。网站速度快可以提高用户满意度,还可改善网页的整体质量(尤其对于互联网连接速度慢的用户)。确保网站的内容在不同的浏览器中均能正确显示,防止某些用户不能正常访问。

③ 网站的广告不干扰用户的正常访问

广告是网站的重要收入来源,网站包含广告是非常合理的现象,但是如果广告过多会影响用户的浏览;或者网站有太多不相关的弹窗、飘窗广告都可能会使用户反感。百度的目标是向用户提供相关度最高的搜索结果以及最佳用户体验,如果广告对用户体验造成伤害,那么这样的站点是百度抓取时需要减少的。

④ 合理设置网站的权限

网站的注册访问等权限可以增加网站的注册用户、保证网站的内容质量,但过多的权限设置可能会使新用户失去耐性,给用户带来不好的体验。百度希望减少提供对用户来说信息获取成本太高的网页。

2. 网页质量对百度排名的影响

网页质量是一个网页满足用户需求能力的衡量,是搜索引擎确定结果排序的重要依据。在网页资源内容与用户需求有相关性的基础上,内容是否完整、页面是否美观、对用户是否友好、来源是否权威专业等因素,共同决定着网页质量的高低。

百度搜索综合用户对不同网页的实际感受,制定了一套评判质量标准,基于这个标准,在百度搜索的收录、排序、展现环境进行调整,给高质量网页更多的收录、展现机会,同时对一些影响用户体验、欺骗搜索引擎的恶劣低质网页进行打压。为此,在《百度搜索引擎网页质量白皮书》中介绍了百度搜索引擎对网页质量的判定标准,主要从以下三个维度综合考虑给网站打分。

(1)内容质量。

网页主体内容是网页的价值所在,是满足用户需求的前提基础。百度搜索引擎评价网页内容质量主要看其主体内容的好坏,以及主体内容是否可以让用户满意。不同类型网页的主体内容不同,百度搜索引擎判断不同网页的内容价值时,需要关注的点也有区别,如:

首页:导航链接和推荐内容是否清晰、有效。

文章页:能否提供清晰完整的内容,图文并茂更佳。

商品页:是否提供了完整真实的商品信息和有效的购买入口。

问答页:是否提供了有参考价值的答案。

下载页:是否提供下载入口,是否有权限限制,资源是否有效。

文档页:是否可供用户阅读,是否有权限限制。

搜索结果页:搜索出来的结果是否与标题相关。

(2)浏览体验。

不同质量的网页带给用户的浏览体验会有很大差距,一个优质的网页给用户的浏览体验应该是正向的。用户希望看到干净、易阅读的网页,排版混乱、广告过多会影响用户对网页主体内容的获取。在百度搜索引擎网页质量体系中,用户对网页主体内容的获取成本与浏览体验呈反比,即获取成本越高,浏览体验越低。面对内容质量相近的网页,浏览体验佳者更容易获得更高的排位,而对于浏览体验差的网页,百度搜索引擎会视情况降低其展现的概率甚至拒绝收录。

影响用户浏览体验好坏的因素很多,目前百度搜索引擎主要从内容排版、广告影响两方面对网页进行考量。

内容排版:用户进入网页第一眼看到的就是内容排版,排版决定了用户对网页的第一印象,也决定了用户对内容获取的成本。

广告影响:百度搜索引擎理解网站的生存发展需要资金支持,对网页上放置正当广告持支持态度。网页应该以满足用户需求为主旨,最佳状态即“主体内容与广告一起满足用户需求,内容为主,广告为辅”,而不应让广告成为网页主体。

(3)可访问性。

用户希望快速地从搜索引擎获取到需要的信息,百度搜索引擎尽可能为用户提供能一次性直接获取所有信息的网页结果。百度搜索引擎认为不能直接获取到主体内容的网页对用户是不友好的,会视情况调整其展现概率。

百度搜索引擎会从正常打开、权限限制、有效性三方面判断网页的可访问性,对于可以正常访问的网页,可以参与正常排序;对于有权限限制的网页,再通过其他维度对其进行观察;对于失效网页,会降权其展现机制甚至从数据库中删除。

可正常访问的网页:无权限限制,能直接访问所有主体内容的网页。

有权限限制的网页:此类网页分为打开权限和资源获取权限。打开权限指打开网页都需要登录权限,没有权限完全无法看到具体内容,普通用户无法获取或获取成本很高,百度搜索引擎会降低其展现机率。不包括以登录为主要功能的网页。资源获取权限指获取网页主要内容,如文档、软件、视频等,需要权限或者需要安装插件才能获得完整内容。此时会分三种情况:

① 提供优质、正版内容的网站,由于内容建设成本很高,尽管查看全文或下载时需要权限或安装插件,但属于用户预期之内,百度搜索引擎也不认为权限行为对用户造成伤害,给予与正常可访问页面相同的对待。

② 对于一些非优质、非正版的资源,来自于用户转载甚至机器采集,本身成本较低,内容也不独特,用户获取资源还有权限限制,如需要用户注册登录或者付费查看,百度搜索引擎会根据具体情况决定是否调整其展现。

③ 还有一些视频、下载资源页,也许自身资源质量并不差,但需要安装非常冷门的插件才能正常访问,比如要求安装"xx大片播放器",百度搜索引擎会怀疑其有恶意倾向。

失效网页:往往指死链和主体资源失效的网页。百度搜索引擎认为这部分网页无法提供有价值信息,如果站点中此类网页过多,也会影响百度搜索引擎对其的收录和评级。建议站长对此类网页进行相应设置,并及时登录百度站长平台,使用死链提交工具告知百度搜索引擎。失效网页包括但不仅限于:404、403、503等网页;程序代码报错网页;打开后提示内容被删除,或因内容已不存在跳转到首页的网页;被删除内容的论坛帖子,被删除的视频页面。

2014年初发布的《中国互联网络发展状况统计报告》显示,截至2013年12月,中国网页数据为1500亿,相比2012年同期增长了22.2%。2013年中国单个网站的平均网页数和单个网页的平均字节数均维持增长,显示出中国互联网上的内容更为丰富：平均网站的网页数达到4.69万个，较去年同期增长2.3%。为保证搜索质量、提高用户使用满意度，百度搜索引擎每周都会进行网页质量抽样评估。截至2014年5月，统计数据显示，在百度网页搜索发现的海量网页中，优质网页仅占7.4%，质差网页高到21%，其余普通网页为71.6%。百度网页搜索通过一系列筛选、识别分析、赋权等工作，每天约打击上万质量差网站，涉及网页达百万量级，尽可能减少质量差网页给用户带来的干扰。但还是希望能和广大站长一起努力，将质量差占比降到更低。

百度将质量差、网页差的网页分成低质网页和垃圾两部分，其中低质网页问题主要有广告体验差、内容空短、有权限限制、过期信息、资源低质、低质采集、低质搜索结果页、论坛水帖和排版差等。无任何质量可言的垃圾页面的问题主要有死链、作弊、资源无效、有问无答、回答无价值和内容失效等。

四、搜索引擎营销的主要模式

1. 搜索引擎登录

网站被搜索引擎收录是网站推广的基础。根据搜索引擎的工作原理，网站能够被搜索引擎收录的方式主要有两种：自动被全文搜索引擎抓取网站页面信息（简称自动抓取）和自主登录搜索引擎平台提供的网址收录入口（简称自主登录）。这两种方式统称为搜索引擎登录。自主登录可以有效弥补自动搜索引擎抓取页面的不足，可以创造网站被分类目录式搜索引擎收录的机会。

网站登录分类目录没有提交给自动搜索引擎那么简单，只需要输入一个URL即可。登录分类目录的步骤一般是：查询各种主题分类，找到最适合自己的目录然后开始提交，填写网站的详细信息、公司及联系方式。在选择正确的目录登录时，最好用网站的主关键词搜索一下所有分类网站，研究相关目录下已有的网站，总之选择最切合自己的网站登录。

目前，对于中文网站来说，最重要的分类目录有：开放式目录ODP（如DMOZ、Yahoo!）；门户搜索引擎目录搜狐、网易、新浪。可以分为免费登录和付费登录两种情况。无论是免费还是付费，都须通过手工输入登录，但一般不保证收录。

2. 关键词广告

关键词广告(AdWords)是指显示在搜索结果页面的网站链接广告,一般属于CPC(Cost-Per-Click按点击计费)收费制,即按点击次数收取广告费。简单来说,就是当用户利用某一关键词进行检索,在检索结果页面会出现与该关键词相关的广告内容。由于关键词广告是在特定关键词的检索时,关键词广告才出现在搜索结果页面的显著位置,所以其针对性非常高,称为性价比较高的网络推广方式。

关键词广告的特点:

(1) 关键词广告的形式比较简单。通常是文字广告,其中主要包含广告标题、简介、网址等要素,一般在搜索结果页面中与自然搜索结果分开,如Google、百度等搜索引擎都采取这种模式。

(2) 关键词广告显示方式比较合理。关键词广告信息可以随时出现在检索结果中,也可以随时终止投放关键词广告。根据这一特点,如果一个网站是刚刚建成发布,其他网站推广方法进行推广可能有一定的滞后效应,那么就可以尽快采用关键词广告推广来获得用户的关注。

(3) 关键词广告一般采用CPC的计价模式且费用可以控制。与一般收费收录搜索引擎按年度收取费用相比,关键词广告的定价模式并非固定收费,而是按点击收费,只有用户点击广告才开始计费,对于只是显示而没有点击的情况并不需要付费,因此所有的费用都是"有效的",改变了一般收费搜索引擎一次性付费的弊端。

(4) 关键词广告可以随时查看流量统计。当购买了关键词广告之后,服务商通常会为用户提供一个管理入口,可以实时在线查看广告点击情况以及费用,可以查询的指标一般包括每个关键词已经显示的次数和被点击的次数、点击率、关键词的当前价格、每天的点击次数和费用、累计费用等。如果同时购买多个关键词,还有必要进行比较分析,这样可以逐步积累使用关键词广告的经验。通过进行关键词的合理选择,以及对每次点击价格等进行合理设置,就可以预先估算推广信息可能出现的大致位置,从而避免了一般网络广告的盲目性,对于自然检索结果排名位置的不可预测性也是一个补充。

(5) 关键词广告信息可以方便地进行管理。出现在搜索结果页面的关键词广告信息,包括标题、内容摘要、链接URL等都是用户自行设定的,并且可以方便地进行调整，这与搜索引擎自然检索结果中的信息完全不同。自然检索结果中的网页标题和摘要信息取决于搜索引擎自身的检索规则，用户只能被动适应，如果网页的搜索引擎友好性不太理想，显示的摘要信息对用户没有吸引力，从而无法保证推广效果。

(6) 可引导潜在用户直达任何一个期望的目的网页。由于关键词广告信息是由用户自行设定的，当用户点击推广信息标题链接时，可以引导用户来到任何一个期望的网页。在自然检索结果中，搜索引擎收录的网页和网址是一一对应的，即摘要信息的标题就是网页的标题（或者其中的部分信息），摘要信息也是摘自该网页，而在关键词广告信息中可以根据需要设计更有吸引力的标题和摘要信息，并可以让推广信息链接到期望的目的网页，如重要产品页面等。

关键词广告（也称关键字广告）主要有5种方式：

(1) 公司关键词。网页中凡涉及到公司名称、产品或服务品牌，都以超级链接方式，链接到公司相关的主页或网站。这种形式是网络广告的早期形式，目前很少有人采用。

(2) 公众关键词。将网页中出现的公众感兴趣的关键词链接到公司(产品)相关网站或主页，如“非典”“伊拉克”等，当然更多的主要还是影视明星、体育明星、歌星、社会名流等公众人物。这种形式的关键词广告，目前我国的广告主几乎没有采用过。但如果企业经营与这些关键词相关，并与企业的整体营销活动相结合，公众关键词具有较好的补缺作用。例如，有公司或产品形象代言人的企业，就可以用形象代言人的姓名作为关键词。

(3) 语句广告。以一句能够引起网民注意的话语超级链接到公司相关网站或主页，吸引网民点击进入浏览。语句广告是目前广告主最常用的模式。

(4) 搜索关键词。公司预先向搜索引擎网站购买与企业、产品和服务相关的关键词，在网民使用搜索引擎，用到公司所购买的关键词搜索其所想找的信息时，与公司网站或网页超级链接的相关信息就出现在搜索结果页面突出位置的一种关键词广告形式。

(5) 竞价排名广告。竞价排名广告是企业注册属于自己的“产品关键词”，这些“产品关键词”可以是产品或服务的具体名称，也可以是与产品或服务相关的关键词。当潜在客户通过搜索引擎寻找相应产品信息时，企业网站或网页信息出现在搜索引擎的搜索结果页面或合作网站页面醒目位置的一种广告形式。由于搜索结果的排名或在页面中出现的位置是根据客户出价的多少进行排列,故称为竞价排名广告。这种广告按点击次数收费,企业可以根据实际出价,自由选择竞价广告所在的页面位置。因而企业能够将自己的广告链接更加有的放矢地发布到某一页面,只有对该内容感兴趣的网民才会点击进入,因此广告的针对性很强。百度是国内第一家提供搜索引擎竞价排名的互联网服务商,竞价排名也是目前百度的主要收益模式。例如,当百度检索信息时,在搜索结果页面的部分检索结果后面会出现"推广"字样,其信息就是百度提供的竞价排名广告。

主流搜索引擎关键词广告有Google AdWords广告、Baidu竞价排名广告、Yahoo搜索竞价广告等。

3. 品牌专区

2007年,百度利用最新的信息聚合技术首创搜索营销"品牌专区"模式,帮助用户在对品牌关键词进行搜索时一次性获取更多和更充分的相关信息。品牌专区是在网页搜索结果最上方为品牌量身定制的资讯发布区域,基础样式分为标准样式、高级样式、定制样式,高级玩法有双屏互动样式和炫动浮层样式,可适应品牌不同层次的推广需求。企业官网的资讯信息更直接地展现在网民面前,网民更便捷地了解并获取品牌官方信息。

品牌专区占据搜索结果首页2/3面积,有效抓住网民眼球,信息更加聚焦;图文并茂,有效锁定搜索用户;企业目标用户的注视力被聚焦到专区,有效地将搜索流量引入品牌官网,减少搜索流失,保留用户价值。

品牌专区的各个要素可以很好地增强品牌信任感,树立品牌形象;可以将网民所找的信息,以最短的路径传递到网民面前,减少因信息传播路径增多带来的衰减;能传达多种形式的内容,并整合线上线下,充分放大线下营销的效果。

4. 基于内容定位的搜索引擎广告

基于网页内容定位的网络广告(Content-Targeted Advertising)是搜索引擎营销模式的进一步延伸,广告载体不仅仅是搜索引擎的搜索结果网页,也延伸到这种服务的合作伙伴的网页。Google于2003年3月12日开始正式推出针对网站主的一个互联网广告服务Google AdSense,是将通过关键词检索定位的广告显示在

Google之外的相关网站上，根据网站页面来展示具有相关性的广告内容，各类型网站可以利用其网站页面显示广告并获得收益。Google AdSense本质上是网络会员制联盟的一种形式，Google为加盟网站提供的一种将网站流量转化为收入的网络赚钱模式。即一个网站申请加入Google AdSense，获得批准后将广告代码插入到网页的合适位置上，当用户访问该网页时就会出现与网页内容有一定相关性的"Google提供的广告"。有用户点击广告时，网站主就可以获得一定数量的广告点击佣金收益。Google AdSense自动抓取网页的内容并投放与网站内容相关的广告（可以选择文字广告或图片广告）；系统会选择匹配的最相关的广告，让网站的浏览者发现确实有用。

百度联盟广告在2002年的时候就成立了。2003年的时候正式运营搜索流量，一直到2009年，百度网盟推广才正式上线，且也是从那时候开始正式兴起。百度联盟推广合作业务可以分析网站页面的内容，并将与主题最相关的百度推广投放到网站相应的页面，为推广客户和网站主带来推广内容投放效益的最大化。近年来，百度联盟已推出了搜索推广合作、网盟推广合作和鸿媒体合作等多种业务合作形式。鸿媒体是百度旗下的精准品牌展示广告网络，包括百度联盟与网站、软件、网吧、电信运营商、终端厂商等多类伙伴紧密合作。2014年百度最新推出"百度图+"推广服务，根据网站图片匹配相关推广，并展示在图片上的变现方案，即新增图片上的广告位。

值得关注的是，网页内容定位的网络广告可以做到的并不仅仅是将关键词检索广告增加一种显示方式。由于大大拓展了广告投放的空间，增加了被用户浏览的机会，实际上已经超出了关键词检索的基本形态，更像亚马逊发明的会员制广告模式，让全世界数以百万计的网站都成为内容定位广告的载体。

5. 搜索引擎优化

搜索引擎优化（Search Engine Optimization，SEO）是一种利用搜索引擎的搜索规则来提高目的网站在有关搜索引擎检索结果中的排名的方法。SEO也是一种基于搜索引擎的营销策略，是为了提升网页在搜索引擎自然搜索结果中（非商业性推广结果）的排序位置靠前而做的优化行为。其目的在于，为网站提供生态式的自我营销解决方案，让网站在行业内占据领先地位，从而获得品牌收益。

SEO是网站推广的一种形式，通过优化网站或网页，与搜索引擎更加友好，让网站的排名相对靠前。任何一个拥有自己网站的公司都需要做SEO,其目的就是让选取的关键词在搜索结果中排名靠前。

SEO的任务就是在网站优化的基础上,根据搜索引擎工作原理,确定搜索结果中自然排名相关技术要素;分析与选取适合的关键词,增加链接广度,在检索结果中获得好的排名,实现网站推广。

搜索引擎优化常用术语:

(1)关键词。关键词源于英文"keywords",特指单个媒体在制作使用索引时,所用到的词汇,是图书馆学中的词汇。关键词搜索是网络搜索索引主要方法之一,是希望访问者了解的产品、服务和公司等的具体名称用语。简单地讲,关键词就是用户输入搜索框中的文字,即命令搜索引擎寻找的相关信息。可以是命令搜索引擎寻找的任何相关内容,如人名、网站、新闻、小说、软件、游戏、星座、工作、购物、论文、视频等,也可以是任何中文、英文、数字,或中文英文数字的混合体。既可以输入一个词,也可以输入两个、三个、四个词,甚至可以输入一句话。输入多个关键词搜索,可以获得更精确、更丰富的搜索结果。企业网站关键词的分析与选取,直接影响网站在搜索引擎上的推广效果。

(2)关键词密度。关键词密度是用来度量关键词在网页上出现的总次数与其他文字的比例的,通常用百分比来表示。一般搜索引擎在利用网页抓取程序抓取网页文本并分析内容时,通常将网页中出现较高频次的文字作为该网页的关键词存储在索引数据库中。关键词密度越大,关键词与网页内容的相关度越大。但搜索引擎计算密度的算法与一些网站提供的(或软件服务商提供的软件)在线测密度的算法是不一样的。关键词密度并不是越高越好。一般说来,在大多数的搜索引擎中,关键词密度为2%~8%是一个较为适当的范围。

(3)链接广度。链接广度(Link Popularity)也翻译为"链接流行度"、"链接广泛度"等。在搜索引擎营销中,常用链接广度来度量网站被其他网站链接的数量也叫"链入数量"(也称"入度"),或者通俗地称为"来自外部网站的链接"、"被其他网站链接的数量"。从网站引向其他网站的称作导出链接(也称"出度")。链接广度出现于1998年前后,当时以Google为代表的搜索引擎制定了新的搜索引擎排名算法,不仅关注网站内部的一些要素,也将一个网站被其他网站链接的数量作为一项主要的排名因素。因为搜索引擎认为,网站一般倾向于链接高质量的网站,对一个网站的链接就相当于为该网站投了一票。可见，增加链接广度的重要作用之一就在于可以增加网站在搜索引擎中的排名优势（当然网站链接本身也具有一定的网站推广价值）。基于这种原因，搜索引擎优化工作开始重视网站被链接的数量，甚至出现很多网站制造各种没有意义的网站链接来获得搜索引擎排名优势。其实不然，搜索引擎不仅重视网站被链接的数量，同时也重视链接网站的质量（与网站PR值有一定关系），被大量低质量的网站链接并不能获得排名优势。如果网站为了利用这种排名规则来达到搜索引擎优化的结果而链接许多不相关网站，将被多数主流搜索引擎视为搜索引擎垃圾（spam），认定为“link farming”（贬义的）而受到搜索引擎的惩罚，如降低排名甚至被取消收录资格。

（4）PR值。

PR值全称为PageRank（页面等级，也称佩奇指数），是由Google的创始人Larry Page在斯坦福大学开发的用于网页评级的方法，是表现网页等级的一个标准，是Google排名运算法则（排名公式）的重要组成部分，用来标识网页的等级／重要性。级别从0~10级，10级为满分。PR值越高说明网页越受欢迎（越重要），如一个PR值为1的网站表明这个网站不太具有流行度，而PR值为7~10则表明这个网站非常受欢迎。下面以Google关于网页PR值的算法为例。

$$PR(A) = (1-d) + d(PR(t1) / C(t1) + \cdots + PR(tn) / C(tn))$$

其中，PR(A)为要计算PR值的A页面，d为阻尼因数，阻尼因数就是网站链接到另外一个站点时所获得的实际PR分值，一般为0.85。PR(t1)，…，PR(tn)分别是各个链接到网站的PR值，C(t1)，…，C(tn)分别是各个链接到网站的外部链接数量。

一般情况下，一个PR分值大于等于6的外部链接站点，可显著提升网站PR分值。但如果这个外部链接站点已经有100个其他的外部链接时，那网站能够得到的PR分值就几乎为零了。因为0.85的权值平均分配给其链接的每个外部网站。Google的PageRank系统对那些门户网络目录如DMOZ，Yahoo和LookSmart尤为器重。

网页评级（Sogou Rank）是搜狗衡量网页重要性的指标，不仅考察了网页之间链接关系，同时考察了链接质量、链接之间的相关性等特性，是根据Sogou Rank算法自动计算出来的，值从0~100不等。网页评级越高，其在搜索中越容易被检索到。

(5) 锚定文本。锚定文本是浏览用户点击链接的文本,锚定文本提供了推荐的背景信息。搜索引擎倾向于把含有搜索关键词的锚定文本所推荐的网页排在前面。

(6) 页面收录量。页面收录量是指搜索引擎对网站页面收录的数量,是评定搜索引擎对网站页面认可程度的因素之一。

五、搜索引擎营销的流程及特点

1. 搜索引擎营销的流程

搜索引擎营销归根结底是企业利用SE被用户检索的机会实现信息传递的目的。搜索引擎营销得以实现的基本过程是:企业将信息发布在网站上成为以网页形式存在的信息源;企业的营销人员,通过免费的注册搜索引擎、交换链接或付费的竞价排名、关键词广告等手段,使自己的网站网址被各大搜索引擎收录到各自的索引数据库中;用户利用关键词进行检索(对于分类目录则是逐级目录查询);检索结果中罗列相关的索引信息及其链接;用户对检索结果进行判断,选择有兴趣的信息,并点击进入信息源所在网页。

2. 搜索引擎营销的特点

(1) 企业网站是搜索引擎营销的基础。网站推广最直接的方法就是在搜索引擎平台上登录,在没有建立网站的情况下很少被采用,搜索引擎营销需要以企业网站为基础,企业网站设计的专业性对网络营销的效果又产生直接影响。

(2) 搜索引擎营销引导用户的方式是主动的。主动地将营销信息展示在最有利的位置上,主动地采用更为集中的方式方法宣传推介企业品牌和产品。

(3) 搜索引擎营销信息的传递是被动的。搜索引擎营销可以较好地将营销信息展示到用户面前,却难以强迫或者指使用户的信息检索行为,使用什么搜索引擎、通过搜索引擎检索什么信息完全是由用户自己决定的,在搜索结果中点击哪些网页也可取决于用户的判断。

(4) 搜索引擎营销可以实现精准化营销。搜索引擎营销可以对用户行为进行准确分析并实现高程度定位,因为使用搜索引擎检索信息的行为是由用户主动发生的,搜索引擎广告的接受没有强迫性,消费者有更多的自主选择权力,在关键词定位方面，完全可以实现与用户所检索的关键词高度相关，从而提高营销信息被关注的程度，最终达到网络营销效果的目的。

(5) 搜索引擎营销的效果表现为网站访问量的增加。搜索引擎营销对用户只起到引导作用，其效果直接表现为网站访问量的增加，至于访问量是否可以最终转化为收益，不是搜索引擎营销可以决定的，需要借助其他推广方法完成收益。

(6) 搜索引擎营销需要依赖搜索引擎服务商。搜索引擎营销是依据搜索引擎平台提供的服务及其排序算法规则而进行策划活动，随着搜索引擎的技术发展、服务模式的变化、排序算法的升级等，搜索引擎营销方法也随之进行改变。

(7) 搜索引擎营销市场竞争激烈。搜索引擎是开放性的平台，其营销模式和手段可选余地较大，且营销成本比较低。任何企业，不论企业规模大小，也不论品牌知名度高低，都可以在搜索引擎上推广宣传，并且机会均等。因此，不论是付费竞价，还是免费登录或自然排序的竞争十分激烈。

第三节　搜索引擎营销策略

一、确定搜索用户意图

搜索引擎营销人员和搜索引擎平台有一个共同目标，就是为搜索用户提供与查询词相关的结果。企业借助搜索引擎工具进行营销信息传递的过程中，其有效性是由用户决定的，用户在搜索框输入的关键词，用户选择搜索结果，用户确定点击相关链接。浏览用户输入关键词进行搜索请求时，其需求的目的是不同的。浏览用户的心理过程是无法用理论进行判断的，只有通过考察浏览用户搜索行为的细节，总结用户行为的一般规律，才能理解用户搜索的意图，帮助网络营销者为搜索引擎返回的结果提供正确的信息。因此，制定搜索引擎营销策略的重要前提之一就是理解受众。

1. 用户使用搜索引擎的目的和搜索内容的类别

互联网用户使用搜索引擎主要基于三个目的：借助搜索引擎直接查询某个网站的网址（导航型搜索）、直接进行需求信息搜索（信息型搜索）和为购买商品或支付费用等进行的检索（交易型搜索）。据研究表明，80%以上的搜索是信息型搜索，导航型和交易型的搜索分别为10%。信息型搜索者（Informational Searchers）需要信息来回答他们的问题或者要了解新的主题，使用的搜索请求如“什么是”或者直接输入某个名词。据CNNIC《2009年中国搜索引擎用户行为研究报告》显示，随着互联网域名解析技术的不断发展，人们到达网站、网页的途径越来越便利和简化，而通过搜索引擎查找网站、网址、网点的用户所占比例大幅下降。

根据艾瑞咨询近期发布的《2010—2011年中国搜索引擎用户行为研究报告》的调研数据显示，搜索用户最为关注知识型和娱乐型内容，其中工作／学习资料、电影／视频、mp3音乐和新闻咨询是用户最喜欢搜索的内容。在研究中，艾瑞咨询将用户的搜索内容分为三个类型：知识型、娱乐型、商业型。各类型具体搜索内容及其分布比例见表5-1。

表5-1　搜索内容分类

类　别	名　称	搜索比例
知识型	工作/学习资料	75.4%
	新闻资讯	60.4%
	软件等电脑应用	57.2%
	地图、本地信息	51.8%
	专业文档	39.7%
	网友回答	29.7%
娱乐型	电视/视频	68.8%
	mp3音乐	65.6%
	图片	56.3%
	博客	23.0%
商业型	商品/购物信息	53.3%
	财经/理财信息	29.1%
	企业信息	28.2%

艾瑞咨询分析认为，随着中国网民的整体成熟度不断提高，对于搜索引擎的应用更加熟悉，中国用户对于商业型内容的搜索需求将会得到进一步提升。

2. 用户选择搜索引擎平台和使用搜索词的习惯

据艾瑞《2011—2012年中国搜索引擎用户行为研究报告》显示，2011年，中国用户搜索引擎首选品牌中，百度居首位，用户选择比例达73.5%，远超第二位谷歌（15.4%）。搜索引擎次要品牌选择中，66.8%的用户选择谷歌作为同时使用的搜索引擎品牌。CNNIC《2014年中国搜索引擎市场研究报告》显示，截至2014年6月，我国搜索引擎用户规模达50749万人，较去年同期增长3711万人，增长率为7.9%，网民使用率为80.3%。95.4%的搜索用户通过综合搜索网站搜索信息。除此以外，购物网站中网民搜索的行为也相对集中，渗透率达78.5%。另外，用户在视频网站、知识资讯类网站、微博上进行搜索的比例分别达到75.2%、57.2%和57.1%，过去半年使用过综合搜索引擎（即传统意义上的综合搜索引擎网站，根据输入关键词提供任何类型、任何主题搜索信息的服务网站，如百度、搜狗、谷歌等）的用户中，有97.4%使用过百度搜索；腾讯搜搜／搜狗渗透率为43.6%，位居综合搜索引擎品牌渗透率第二；第三位为谷歌搜索，渗透率为41.7%。

搜索引擎用户使用关键词的特征关系到搜索引擎优化和营销战略的推广，所以，搜索用户关键词的使用习惯始终是搜索引擎营销人员和搜索引擎服务商关注的重要内容。搜索引擎用户中，95%以上的用户都能够自述进行搜索时首先输入的关键词类型，只有4.2%的人群不固定地输入关键词。搜索引擎用户输入关键词类型主要有：输入主要的一个关键词的占38.1%，同时使用几个关键词的占33.3%，输入整句话的占24.5%，其他的占4.2%。搜索引擎用户在使用搜索引擎查找某不知名的商品时，34.8%的用户会选择输入产品的类别，选择率远高于其他类型关键词的使用率。其中22.5%的用户会选择输入商品功能，19.8%的用户输入厂家，11.6%的用户输入熟知的广告词，其他占11.2%。当用户在第一次搜索不能得到理想结果后，会做出不同的反应。当一次搜索得不到理想结果时，平均每个用户会有2.03个不同的应对措施。有60.5%的用户会在搜索不到理想结果后采用“更换关键词”的方法重新搜索，有46.6%的用户会用“增加或者减少关键词”的方法重新搜索；这两个方法是用户选择率最高的。另外有40.0%的用户会选择更换搜索引擎，30.4%的用户会选择从结果中再次搜索，还有26.1%的用户表示放弃继续搜索。

3. 用户对搜索结果的关注点

用户每次搜索时，搜索引擎都会返回成百上千个查询结果，这些结果当中有一部分是质量较高的结果，有一部分是质量很差的查询结果，用户根据结果的快照或摘要进行判断。一般来说，用户会选择他所认为的质量比较高的页面进行点击浏览。用户点击的网页地址相当集中，大部分用户点击都落在前面几页，这表明用户点击搜索结果具有很强的局部性。

2007年4月调查公司enquiro.com做了google.cn及百度搜索结果页面实验。

研究表明，搜索结果在屏幕上显示的不同物理位置也导致不同用户视线模式。用户视线运动轨迹倾向于一个F型图案，首先关注屏幕左上角，关注的时间也最长，然后先浏览2~3个结果，再跨过页面移动到第一个付费结果，再垂直向下扫过几个结果，然后又移动回第二个付费结果。同时，更多媒体内容或者个性化搜索的出现，也会更大程度地改变用户搜索模式。Enquiro提供的更多研究信息包括：①85%的搜索用户点击自然结果；②就可见度和点击率来说，赞助式广告的首位，大致相当于自然结果的第7~10位。

2006年4月，Iprospect和Jupiter Research的研究发现：搜索结果中的位置对网页获得流量有巨大影响：①62%的搜索用户点击第一页搜索结果，90%只点击前3页结果；②如果第一页没看到所寻找的信息，41%的用户会改变搜索词或者换一个搜索引擎，88%的用户在前3页找不到结果时或这么做；③36%的用户认同搜索结果最前面的链接，其公司是领域中最好的。

4. 搜索引擎广告用户接受度

根据CNNIC《2014年中国网民搜索行为研究报告》调查结果，截至2014年6月，在过去半年内进行过搜索的用户中，有48.8%注意到了搜索结果中的推广信息或广告。用户对搜索引擎广告的信任程度不高，明确表示信任的用户占比不足6%，而有接近1/3的用户对搜索引擎广告非常不信任。搜索引擎虚假、诈骗广告引发的不良事件近些年屡见不鲜，尤其是医疗健康领域虚假广告频现，个别国家明令禁止或限制的广告类别也会出现在搜索结果中，对消费者的搜索引擎使用体验造成了不良影响。对此，部分搜索引擎提供了网站信用认证服务、建立消费者赔付机制，以保障消费者合法权益，全力营造可信的信息搜索环境。过去半年内进行过购物搜索的用户中，有64.8%注意到了购物搜索结果中的推广信息或广告。相较于用户对搜索引擎广告的信任程度,购物搜索广告的现状不容乐观,没有用户对购物搜索的广告或推广信息是完全信任的,有57.2%的用户对其保持中立态度,而32.1%的用户对其并不信任。从购物搜索的广告信息来看,76.8%的用户会因为广告中商品有更好的用户评价而影响其购物决策,有72.2%的用户表示来自“更知名的生产企业或品牌”的广告信息会影响他们的购物决策,而产品销量、销售平台的知名度和产品价格的影响力稍弱。从购物搜索广告设计策略上来看,在保证信息真实性的前提下,突出用户评价与品牌效应,能够起到更好的推广作用。

二、搜索引擎推广策略

搜索引擎推广是借助搜索引擎提供的服务,尽可能多地让搜索引擎收录网站内容,争取在搜索引擎结果页面中获得更多的展现机会。主要采用的搜索引擎的模式有搜索引擎登录、关键词广告、竞价排名、品牌专区和基于内容定位广告等。

1. 网站发布初期推广策略

网站发布初期是指网站正式开始对外宣传到约半年的时间段,是企业网络经营的重要阶段。网站能否充分利用搜索引擎提供的服务,获得展示给浏览用户的机会关系到网站未来的生存和成长。

网站发布初期网络营销人员无法把握网站推广的效果,通常先采用搜索引擎登录模式,将网站的内容尽可能多地提交到主流搜索引擎平台上,争取网站获得更多的被收录页面数和被链接数。根据各搜索引擎收录的时限(一周到一个月的时间),使用网站相关的关键词查看收录结果。为尽快实现用户认知的目标,网站被搜索引擎收录后,应利用网站发布初期拥有较充裕的网站推广资金的优势,向浏览用户首选和二选的搜索引擎平台购买一些关键词广告或竞价排名广告,在用户搜索结果关注热点区域,获得展示机会。同时,网络营销人员应尽快辅以其他网站推广方法,如编写网站及产品的博文、与供应链商建立交换链接、向线下用户宣传网站等,实现网站访问量的快速增加。这个阶段网络营销的效果主要表现在网站的访问量的增加,不能预期网站的转化率。

2. 网站成长期推广策略

经过网站发布初期的推广,网站拥有了一定的访问量,并且访问量仍在快速增长中。网站的成长期主要包括两个阶段:增长期和稳定期。每个阶段的时限长短取决于网站优化的效果和网络营销策略的选择。

网站增长期阶段网络营销人员已经获得了一定的营销推广经验,更加关注网站推广后的效果,通过搜索引擎提供的推广工具,如百度指数,获取关键词的建议或相应的关键词列表,使用各种相关的关键词,查看现有登录页面是否被收录,且查看搜索结果的排名情况。在这个阶段,网络营销人员采用搜索引擎优化的方法,有针对性地提高一些关键词搜索结果的排名。

通常有两种方法来检查搜索排名:一种是手工输入搜索请求,检查所有的搜索结果,直到找到查询网站的网页。另一种是利用搜索引擎排名查询软件工具检查,如搜索引擎排名查询工具"观其关键字排名查询工具"和"观其站长工具箱",可以查询某个网址在某个关键词搜索结果中的排名和网站页面等级等,查询关键词在Baidu、Google、360搜索、Yahoo、Soso、Bing和搜狗等七大搜索引擎中的排名。工具具有自定义保存网址和关键字、批量查询、查询结果导出、百度指数批量查询、相关关键字查询、关键词密度查询等功能,提高在搜索引擎优化关键词排名方面工作的效率。

网站稳定期阶段网站的访问量增长速度减慢,有时甚至出现一定的下降,网络营销的目标从增加访问量转化为收益,更加重视转化率的提升。用户资源的价值转化,不仅取决于网络营销策略的选择,还取决于企业的经营策略和企业盈利模式,关键在于提升品牌忠诚度和保证产品和服务质量。在持续进行其他营销手段的基础上,一般采用品牌专区、基于网页内容定位的网络广告和搜索引擎优化相结合的搜索引擎推广策略,同时辅以在门户网站购买各种形式的广告的方法。

三、搜索引擎优化策略

搜索引擎优化是为了提升网页在搜索引擎自然搜索结果中(非商业性推广结果)的收录数量以及排序位置而做的优化行为,其目的是为了从搜索引擎中获得更多的免费流量,更好地展现形象,提高网站目标转化率。搜索引擎营销既包括了SEO,也包括付费的商业推广优化。搜索引擎优化的任务就是在网站优化的基础上，根据搜索引擎工作原理，确定搜索结果中自然排名相关技术要素；分析与选取适合的关键词，增加链接广度，在检索结果中获得好的排名，实现网站推广。

搜索引擎优化的主要特点：①SEO属于自然优化，比竞价排名有一定的优势，成本比较低，而且各个搜索引擎没有限制。②SEO是一个长期的工作，每个搜索引擎的排名算法都不是固定不变的，所以要时时关注搜索引擎的动态，了解搜索引擎最新信息，才能把SEO工作做好。

SEO自1997年前后出现以来，逐渐分化成两类SEO行为：一类称为“白帽SEO”，这类SEO起到了改良和规范网站设计的作用，使之对搜索引擎和用户更加友好，并从中获取更多合理的流量。搜索引擎鼓励和支持“白帽SEO”。另一类称为“黑帽SEO”，这类SEO行为利用和放大搜索引擎平台系统的缺陷获取更多用户访问量，而这些更多的访问量，是以伤害用户体验为代价的。后一种SEO行为，搜索引擎会通过一些策略或规则加以遏制。

搜索引擎与SEO行为间是一种良性的共生关系，如很多优质的网站是用Flash或者Ajax做的，搜索引擎就无法很好地爬取和索引。建站者在了解搜索引擎工作原理和SEO的一些基本方法的基础上，通过对网站的合理优化，使这些优质资源更好地发挥其检索效果，改善用户的搜索体验。

1. 影响搜索引擎自然排名的因素

（1）网站主机服务器。

网站主机方式有虚拟主机（包括云主机、空间租赁的方式）、托管主机和专线主机方式等。除专线方式外，网站需要选择主机服务提供商，其主机或空间的速度和稳定性直接影响网站的用户体验，也会影响搜索引擎的抓取。

主机服务器IP。首先应检查这台服务器的IP是否被搜索引擎平台处罚过，否则即使网站做得再好，都有可能被牵连受害。

主机服务质量。服务器和空间的稳定性需要一定的技术实力来保障，没有实力的空间商，可能无力提供良好的服务，其服务的稳定性无法保证。甚至有的空间商为了节省资源，故意屏蔽掉Baiduspider的抓取，导致网站无法被百度网页搜索收录。选择时通常考虑的要素有：

① 保证用户的访问速度和稳定性。

② 根据网站规模和提供的服务来决定选择购买何种空间（服务器）。

通常空间都会有流量、连接数以及功能上的限制,因为是多个网站共用一台服务器,稳定性会受到影响,但价格便宜;服务器各种限制较少,可以更自主地管理,但价格较贵。可以根据自己的需求来进行合理的选择。

③ 根据用户群分布选择接入商。

由于互通问题的存在,选择接入商也很重要:如果用户群主要在联通,就尽量选择联通访问较好的接入商;如果用户群主要在电信,则选择电信访问较好的接入商;如果用户群在全国,那就选择一家互通处理的比较好的接入商。

(2) 网站的域名和URL。

网站的域名是网站推广的重要因素。一般情况下,使用任何形式的域名后缀对网页搜索都没有影响,但域名后缀需要考虑方便用户记忆。.com、.cn、.net等常见的域名后缀用户更容易记忆,一些不常见的后缀可能会让用户产生不信任感,增加用户的判断成本。网站域名最好是网站的标题或名称和关键词的拼写,既方便用户记忆,又能够赢得搜索引擎喜欢。

但要引起注意的是,网上有许多提供免费空间发布网站的服务平台,吸引个人建站者依托其主域名下,以次域名来发布网站。次域名的主域名受到惩罚,会受到牵连;很多搜索引擎会规定每个域名下的收录数;一旦平台供应商停止供应或停止运营,次域名的网站也消失了。另外,网站流量排名归功于所依托的顶级域名,一个网页能否排到搜索结果的前面,“出身”很重要,如果出自一个站点权重较高的网站,那排到前面的可能性就越大,反之则越小。通常情况下主站点的权重是最高的,子站点会从主站点继承一部分权重,权重的大小取决于子站点的质量。

URL路径要有序通畅。搜索引擎抓取软件Spider是沿着一条URL路径进到一个页面后,要保证能找到一个出口(另一个URL路径)。而且在URL路径深度方面也要注意,为了让蜘蛛抓取到尽可能多的页面,URL路径要有足够的深度。一个URL路径布局得很混乱的网站,肯定是不受搜索引擎喜欢的,自然对网站排名也就不利。

(3) 网站结构设计。

网站结构在决定页面权重方面起着非常关键的作用,直接影响搜索引擎对页面的收录,合理的网站结构可以引导搜索引擎从中抓取到更多、更有价值的页面。

网站结构是指网站中页面之间的层次关系，按性质可分为逻辑结构及物理结构。网站的逻辑结构是页面之间的链接关系所决定的结构，反映的是页面之间连接的层次关系，常用链接深度描述页面之间的链接层次。链接深度指从页面到达目标页面所经过的路径数。例如，某网站的首页中存在链接指向页面A，则从首页到页面A的链接深度就是1。链接深度越小，表示从源页面到达目标页面的路径就越短，与重要页面之间的链接深度越小，被搜索引擎抓取的概率就越大。网站的物理结构是由页面的真实存储位置所决定的结构，反映的是页面的存储层次，决定了页面的目录深度。目录深度会在一定程度上影响页面被收录的概率及权重。如果一个页面的目录深度过大，则会造成URL的长度过大，从而导致搜索引擎可能会拒绝收录这个页面。

逻辑结构优化主要是减少页面之间的链接深度，包括减少普通页面与重要页面之间、重要页面与重要页面之间的链接深度，以及为网站中相对重要的页面增加更多的链接入口。在相对重要的页面中存放更多链接指向其他的页面，这样不但可以减少页面之间的链接深度，还可以引导搜索引擎抓取网站中更多相对重要的页面。例如，对于网站的首页，可以在合理的范围内加上更多指向其他相对重要的页面的链接。在更多的页面中加上链接指向相对重要的页面，就可以有效增加网站中相对重要的页面的链接入口，从而增加这些页面的链接权重。为了让用户能够快速获取到所需信息，以及搜索引擎能够通过一个页面就抓取到网站中最重要的页面，可以为网站建立“网站地图页面”。

物理结构的优化主要是减少页面的目录深度，站在URL的角度，实际上就是减少页面URL的目录层次。

（4）网页标题title和meta标签设计。

网页title是网页上主要内容的概括，用户和搜索引擎可以通过网页标题判断网页的主题，同时，title的内容也是搜索引擎判断网页内容权重的主要参考信息之一。每个网页的内容都是不同的，每个网页都应该有独一无二的title。注意要避免对网站的所有页面或者一大堆页面用一个相同的title内容，否则会被搜索引擎视为重复的页面内容。应用简练但具有描述性质的title信息，文章页面最好是文章的标题，网站首页的标题最好能够体现网站的主题内容，如果title太长，搜索引擎会在搜索结果里只显示title的一部分内容。

网页meta标签中的keywords、description属性的内容对网站在搜索引擎的排名也是非常重要的，是搜索引擎找到网页内容的直接途径。同title一样，每个页面的meta信息都应该不一样，否则搜索引擎会将网站的权重分散，对网站排名不利。description属性的内容不能大量堆积关键词，否则会让搜索引擎视为作弊。

（5）网站内容。

网站内容对搜索引擎排名的影响主要是数量和质量。数量是指网站的内容丰富，对排名有利，因为丰富的内容会让搜索引擎觉得网站专业，同时网站内容覆盖的关键词更为广泛，能带来访问流量。质量主要是指网站内容的原创度，纯原创的内容搜索引擎最喜欢。网站内容更新应尽量做到原创，突出网站的特色，大量转载和抄袭的内容会影响网站的排名。

网站内容的原创性组织和网页内容设计时必须坚持两个原则：

① 网站内容组织要以服务网站的核心价值为主，提供给搜索引擎收录的也应该是对自己核心价值有帮助的内容。此外，网站的内容应该坚持面向用户的思想，搜索引擎只是网站的一个普通访客，提供符合用户需求的原创内容才是至关重要的。

② 网页内容设计时锚文本和图片要以用户体验为主。锚文本是指在做链接时所使用的描述文字，用于告诉用户链接网页的主题，锚文本描述越清楚，用户越容易理解指向网页的内容。用户接触到网页是从其他网页的链接开始的，这个链接的描述能否让用户理解对吸引用户访问至关重要。对搜索引擎解读网站的内容有影响，但对排名影响还没有实验证明。图片在网页设计中可以较好地实现页面的可视化效果，但过多的图片或尺寸较大的图片需要更好的带宽才能顺利下载。在网速较慢图片不能显示时，一般应使用alt属性赋以描述图片内容的文本文字，既能让用户明白图片要传达的信息，也能让搜索引擎了解图片的内容。

（6）网站内部链接。

内部链接对网站排名也是非常重要的，内部链接就网站所有网页的出口和入口，既方便用户体验，也给搜索引擎蜘蛛抓取网页提供便利。在网站高质量的前提下，内部链接可以使搜索蜘蛛每一次来到网站都收录不少网页，收录的页面多了，自然排名就可能提高。注意，内部链接的原则是页面的内容要和链接相关。

（7）关键词布局和密度。

关键词是搜索引擎判断网页内容的一个重要因素，在网页上合理布局优化的关键词，对搜索引擎排名有一定影响。除了在title和meta标签属性值布局关键词外，在网页文章内也要添加关键词。另外，关键词可以作为其他文章的锚文本链接到该文章。但关键词的密度要把握好，密度太低，给排名分析带来困难，密度太高，有可能会被认为是作弊。

（8）外部链接。

外部链接对网站排名是非常重要的。支撑PageRank算法的两个基本理念：导入链接（入链）是衡量目标网页重要性的很好的指标和源于重要网页的入链比源于次要网页的入链更能说明该网页的重要性。在一个简单的基于链接的投票系统中，可以给每个网页投票，并允许网页将其一票平分后投给所链接的网页，最后统计每个网页的最终票数便可形成一个排序系统。在这一过程中，拥有较多入链的网站能获得较高的票数。网站受大家的认可，搜索引擎对其评价越高，网站的自然排名就越好。

2. SEO之链接策略

目前几乎所有主要的搜索引擎都将链接广度和链接质量作为排名算法的一部分，合理的链接可以提高关键词在搜索引擎排名的竞争能力，链接建设是SEO的基础工作。

（1）网站内部链接的优化策略。

内部链接能帮助搜索引擎蜘蛛软件发现网站新的内容页面，且能在网站内部层次中传递PR值和保持权重。网站内部链接的优化常采用以下方法：

① 建立网站地图页。网站地图页简称网站地图，也称站点地图，是网站特别设计的一个页面，上面放置了网站上需要搜索引擎抓取的所有页面的链接，通常把网站地图放在首页上作为一种潜在的着陆页面，使搜索引擎方便地发现和抓取网站所有页面。有些网站的链接层次比较深，蜘蛛很难抓取到，网站地图可以方便搜索引擎蜘蛛借助链接抓取网站所有页面。网站地图一般存放在根目录下并命名为sitemap，为搜索引擎蜘蛛指路，增加网站重要内容页面的收录。如果网站的内容太多，只需在网站地图页面列出网站中大的类别即可。

每个搜索引擎主要识别地图格式效果不同，建议分别采用以下格式：百度建议使用html格式的网站地图，Google建议使用xml格式的网站地图，Yahoo建议使用txt格式的网站地图。

② 设置网站导航。网站导航是网站的指南针，可以直接引导用户浏览网站，避免用户迷失方向。设置网站导航时，最好使用文字链接，既可以使搜索引擎顺利抓取，也可以通过链接文字突出栏目页的具体内容。如果栏目非常多，需要两行或三行才能将网站所有栏目显示出来，一般要将栏目归类，同一个类别的栏目放在一起，同时也要按照重要程度来排列，将重要的栏目放在最前面的位置。

面包屑导航是指在网页中为了让用户知道自己处于网站的位置，而设置的如"首页>栏目大类>栏目小类"方式的链接形式，方便用户通过该导航快速达到上级页面，也称作面包屑导航链接，无论用户达到哪个页面都能看到这个导航链接。这样的导航不仅可以改善网站的实用性，也可以提高网站对搜索引擎的友好性，对搜索引擎优化具有重大意义。所有类别下的三级内容页都链接返回相应的类别列表页，这样类别列表页的权重会越来越高，有利于搜索引擎排名及优化。

③ 链接文字。链接文字也称锚文字，在网页正文中提到其他网页内容的时候，可以使用关键词在链接文字中链接到其他页面，但注意不要在这里堆砌关键词，只要做得恰当，链接文字会给用户和搜索引擎带来便利，既有利于用户点击参考，也有利于搜索引擎抓取排名。

内部链接不能出现死链接，会造成搜索蜘蛛进入死角，从而对网站的印象不利。一个页面中不要出现多个指向一个页面的链接，而且用的是同一个锚文本。尽量避免垃圾链接，不要将全站链接全部建立外部链接，会影响内页的权重。

（2）导出和导入链接的优化策略。

导出链接是指网站或者页面中有指向其他网站的链接，是单向链接。导入链接（Inbound Link）就是指从其他网站的网页连过来的链接，包括从其他网站来的外部链接和本网站的站内链接。由于外部链接代表其他网站的信任，不是网站站长自己能控制的，所以一般认为对网页排名作用更大。由此引申出链接广度（Link Popularity）在搜索引擎优化中的重要地位。

导出链接不仅有利于丰富网站内容，为用户提供网站内容的延伸，获得合作伙伴的认可，也有利于提升搜索引擎对网站的友好印象，可以提升网站的权重，进而提升网站的排名。导出链接包括友情链接的交换和文章中的链接及其他非本站链接。

① 导出链接会给对方网站传递权重但不会降低自身的权重。

② 内容相关性。导出／导入链接的网站与自身网站要有相关性，只有质量高的链接或者与网站内容相关的链接才会对网站排名有作用，对方的PR值很高，带给网站的PR值也会相应提高。

③ 链接页排名。导出／导入链接的网页在搜索关键词时排名位置靠前，说明这个特定网页在搜索特定关键词时价值较高，给出链接的网页排名也会有影响。如果是商业性的关键词，排在前面的可能是竞争对手的首页，想从那里得到链接的可能性不大。可以关注前100名，甚至200名，这些网页在搜索引擎看来针对关键词的权重不弱。

④ 链接网址的整体排名。网站整体排名体现了域名在搜索引擎眼里的权重。

⑤ 导出／导入链接适度性。一方面，在高质量的内容和不影响用户阅读的前提下进行文字链接；另一方面，交换链接的数量过多，会被搜索引擎视为无价值网站造成PR值流失。

⑥ 导出／导入链接的目标网站审核性。不能与被搜索引擎K过的网站进行交换链接，否则，搜索引擎会顺着对方网站上的链接爬到网站，也会将网站列入重点检查对象范围。被K过的网站的权重直接影响链接网站的权重。

⑦ 链接位置。网页正文中的链接效果最好，如果链接是放在导航部分，或者通常是赞助商连接的地方，搜索引擎可以判断出来这个不是内容的一部分，当链接是正文中时才最有可能是文章作者给出的一个信任投票。

（3）获得外部链接其他策略。

获得外部链接的一个基本原则就是提供对用户有用的内容。

① 参与博客等社区。虽然论坛、博客等地方都不允许发广告性的东西或垃圾链接，但只要能够提供有用的信息，对社区有贡献，比如，回答其他人的问题，很多社区会员会信任内容，点击签名中的链接。搜索引擎也是如此，虽然搜索引擎给论坛和博客评论里的链接权重都很低，但积少成多。

② 发表文章或新闻稿。原创文章不仅在自己的网站上发表，也可以发到其他发布作者文章的网站和电子杂志上，文章也会被一些站长收集。文章里作者信息会包含指向原出处链接。向新闻类网站发表有新闻价值的新闻稿，可以吸引其他新闻类网站转载播出，一般新闻类网站的权威度和被信任程度较高。

③ 提供免费有用的线上服务。编写一些有用的小程序或免费下载资源，如免费下载在线工具软件，或网页设计模板、论坛插件等，有需要的用户很自然会链接指向网站。

④ 编辑博文和电子书。博文和电子书都属于知识传播工具，可以相互链接、评论、下载，已经成为一种文化，积极参与是吸引外链的方法之一。

⑤ 提交分类目录。权重较高的网站分类目录如雅虎、开放目录（DMOZ）、hao123等对网站增加链接有很大帮助，开放目录本身就是百度、Google等资源来源之一，登录其中等于与其建立链接，相当于链接到百度等知名搜索引擎平台上。

⑥ 与大学或非营利机构网站链接。许多大学网站和非营利机构网站的PR值较高，其链接权重较高，找到与自身行业相近的这类网站，争取交换链接的机会。

⑦ 购买链接广告。搜索引擎不喜欢以PR值为目的的买卖链接，一经发现，一般链接投票的权重全部消失。但可以购买网络广告或链接周围有广告赞助字样的地方增加链接广度。

⑧ 充分利用维基百科或百度百科。在百科中寻找一下与自身行业相关的条目，或者自己编写条目，然后在外部链接相关内容上连上自身的网站和其他相关的网站。

3. SEO之关键词选择策略

关键词策略是搜索引擎营销策划中最重要的内容，是搜索引擎营销的基础。网站推广无论是采用搜索引擎推广策略，还是采用搜索引擎优化策略，其关键词的选择和优化直接影响网站推广的效果。关键词是确立网站内容扩展的方向，其选择应该在网站设计开始前就着手，应在网站内容编写或原创时充分考虑关键词优化。

（1）关键词选择的主要原则。

① 相关性。关键词是根据推广企业的需要，从企业营销目的出发，进行深入分析选择和创意的词汇，既为搜索引擎指明网站主题内容，又为搜索用户展示品牌、产品等营销目标。关键词的选取一定与网站的信息内容息息相关，否则，将影响用户体验，且被搜索引擎视作垃圾。

② 目的性。选择关键词时一定要按照网站推广的要求，如推广目的、推广重

点、推荐数量、推荐方式、特殊需求等。

③ 用户搜索习惯。企业和目标客户能够在搜索引擎平台上相遇的一个关键点在于二者选择的关键词一致或相近，而搜索关键词的主动权在用户。因此，在选择关键词的时候，不妨多列出几个可以作为网站核心关键词的关键词。当圈定了关键词的范围，列出多个关键词以后，以用户的视角考虑这类问题的检索词，如别称习惯、缩写习惯、别字习惯、英文习惯、关键字组合习惯等，实际消费用户可能很难选择行业、专业词汇，而批发商和零售商用户等可能熟悉行业和专业词汇。

④ 竞争程度。通常竞争程度决定了关键词最终的选择。关键词有搜索量才会有价值，而有搜索量的关键词往往是相对较热的词，冷门的关键词虽然容易获得排名，但是没有人去搜索无法体现价值。关键词竞争程度一般通过搜索次数、竞价推广数量和竞争对手的数量等进行判断，搜索引擎平台提供关键词分析工具帮助网站站长了解关键词竞争程度，如百度指数。

⑤ 准确性。尽量不用或少用内涵过于宽泛的关键词或领域涵盖范围较大的关键词，如“房地产”、“广告”。首先，房地产涉及的内容宽泛到“房地产价格走势”、“房地产政策”、“房地产招投标”、“房地产开发”、“房地产信息”等，搜索引擎展示竞争太激烈，很难准确定位网站；其次，使用这些检索词的用户，很难确定其意图，即使排名靠前，或许用户最终查询的内容与网站内容无关，用户根本就不会点击链接页面。尽量选择针对性强、内涵明确的关键词，吸引那些对网站内容或产品感兴趣的真正用户，实现搜索引擎营销绩效。

⑥ 简洁性。通常在瞄准行业中比较热门关键词的基础上，可以扩展创意关键词，以便最大可能地吸引潜在用户。但扩展创意的关键词应尽量简短、整洁，词能达意即可，太长和太特殊的关键词很难保证用户的习惯，也给搜索结果的展示带来混乱。

（2）核心关键词的选择。

核心关键词的选择就是针对企业或公司的核心服务业务及营销目的对关键词进行确定，其延伸性强、搜索量大。企业营销的目的包括营销目标、市场环境和受众分析，营销目标包括品牌推广、市场公关、主要业务宣传／销售、活动／促销管理等。市场环境包括同类产品的竞争者，以及其宣传渠道和主要卖点等。有数据表明，80%的用户检索词来自于20%的核心词。搜索引擎营销成功的关键就是定位与企业营销目的契合的关键词。具体步骤如下：

① 列出能够描述企业核心业务及营销目的的词汇，由 1 ~ 3 个词组成的关键词组；可以列出表格，见表 5–2。

表 5–2　核心关键词示例表

营销目标	目的	贴近营销活动的搜索词	示例
品牌推广	品牌认知	公司名称相关、品牌相关的词	如当当、某官网、LOGO
市场公关	舆情管理	事件名称、事件特点等相关的词	公益活动、某某门事件
主营业务推广	产品告知	主营产品名称、型号/服务等词	如英语培训、iphone
活动促销	拉动销售	活动/促销名称、内容等词	某产品十一促销

根据各项内容，不断丰富表格中核心词汇。其扩展关键词与长尾关键词可分别采用这样的形式，相应列出所选关键词。最终形成企业网站关键词资源列表。

② 列出潜在用户搜索这些产品或服务时，可能使用的同义词，可以求助于同义词辞典。

③ 创建一个本行业所有重点领域的分类系统，可以参照行业领先者的网站，研究其网站的层级结构及其栏目标题。

④ 考虑企业的产品或服务所属分类的上一级类别所使用的词，扩展列表。

⑤ 检查自身企业网站所有网页，提取网站上的关键词。

⑥ 检查行业协会或媒体网站上讨论企业网站的主题时用的词组。

⑦ 列出企业的所有品牌词；列出企业所有产品的分类和子类。

⑧ 核心关键词要考虑到用户的心理，想象自己是潜在客户，如果需要产品或服务，会在搜索引擎中输入什么词；如“SEO、网站优化、搜索引擎优化”这样的词专业化较强，用户更有可能输入的关键词为“网站排名”，精准，针对性强。

⑨ 调查公司或企业以外的用户或竞争对手，经常使用的相关关键词，包括使用的非品牌词汇、阅读竞争对手在网站上发布的文章和媒体对其网站的谈论用语等。分析竞争对手网站关键词，首先，看竞争对手网站关键词的分布，如关键词、标题、内容出现的位置，关键词出现的频率和突出性布局；其次，查看其网页标题和描述的设置，分析标题和描述中关键词的位置和出现的次数，以及描述所包含

的一些核心关键词；然后，查看网站其他内容文章页围绕关键词组织的原创内容，网页之间的相关链接。

⑩ 使用网站流量分析工具，查看用户进入网站时使用的关键词，以及关键词的热度。如通过百度指数和百度司南等，了解相关关键词的搜索量，浏览用户的兴趣点，以及要确定的关键词的热度。根据谷歌趋势了解最热门的关键词和用户关注点，在这些词语里面筛选合适的关键词。

（3）扩展关键词的选择。

扩展关键词也称相关关键词，是对核心关键词的一个扩展，与核心关键词密切相关的词。如“网站优化”可扩展为“企业网站优化”。

① 根据搜索引擎检索框具有关键词拓展推荐功能，进行网站主题关键词定位和相关关键词扩展。如网站主题是关于LED显示屏产品的，使用百度相关关键词推荐功能，在搜索的时候下拉框里面就会出现。

这是根据用户喜欢搜索的组词，百度智能化地显示出来的，比较人性化，还可以拉到最下面，百度相关搜索。

② 核心关键词定义上的拓展。有一些关键词有许多不同的名字，如“Google”也叫“谷歌”，“数码相机”又叫“DC”，“Photoshop”又叫“PS”等，可以进行相应的拓展。

③ 关键词的地域性差异的拓展。如云南的“米线”在四川称作“米粉”。

④ 根据产品或服务的特点拓展关键词，如“洗衣机”可拓展为“智能洗衣机”、“全自动洗衣机”、“除菌洗衣机”、“静音洗衣机”等。

⑤ 根据促销活动的内容进行拓展，如“双11抢购”、“圣诞特卖”、“儿童节欢乐游”等。

⑥ 根据产品或服务的价值或用途进行拓展，如核心词“螃蟹”可以拓展为“高蛋白”、“馈赠佳品”等。

⑦ 热点事件拓展。重点在于要对热点事件迅速做出反应，考虑热点事件是否带动了某些产品的售卖，从而拓展相应关键词，提升销售额（一般在优化时应用）。

⑧ 将关键词扩展成一系列词组／短语，在单一词汇基础上扩展成一系列词组／短语，如营销→网络营销→网络营销管理。

（4）长尾关键词的选择。

长尾理论是网络时代兴起的一种新理论，由美国人克里斯·安德森提出。长尾理论认为，由于成本和效率的因素，过去人们只能关注重要的人或重要的事，如果用正态分布曲线来描绘这些人或事，人们只能关注曲线的“头部”，而将处于曲线“尾部”，需要更多的精力和成本才能关注到的大多数人或事忽略。在网络时代，由于关注的成本大大降低，人们有可能以很低的成本关注正态分布曲线的“尾部”，关注“尾部”产生的总体效益甚至会超过“头部”。长尾理论对于搜索引擎优化中的关键词策略非常有用，虽然少数核心关键词或通用关键词可以为网站带来可能超过一半的访问量，但那些搜索人数不多却非常明确的关键词的总和——长尾关键词，同样能为网站带来可观的访问量，这些长尾关键词检索所形成的顾客转化率更高，甚至超过通用关键词的转化率。

长尾关键词是对于相关关键词的一个扩展，一般长尾关键词都是一个短句。长尾关键词的数量是非常多的，可以自由扩展，虽然长尾关键词相对于核心关键词、相关关键词的搜索量低了一些，但是，通过长尾关键词来的用户更精准，其流量要比核心关键词、相关关键词多得多。在关键词搜索中，长尾效应是十分明显的，有20%~25%的搜索都是以前从没有被搜索过的。用户会使用各种各样的关键词，在搜索引擎优化中，除了目标关键词之外，要充分地考虑到长尾关键词效应。

① 地域性拓展法。在长尾关键字拓展中，利用地域加关键词来构成长尾关键词是比较常见方式，特别是一些具有针对性的网站，可在核心关键词前面加上地域名称，如“服装”核心关键词拓展成“广州服装”。面向地域性的长尾关键词肯定会比核心关键词的竞争度要低得多。

② 季候性或季节性拓展法。有季候性或季节性区分的网站一般商城类较多，如“服装”可拓展为“夏装”、“冬装”、“泳衣”等。

③ 职业性拓展法。公司或企业有白领、普工、蓝领之类的称谓，其不同的着装、不同的气质、不同的要求等都可以相应拓展。

④ 性别差异拓展法。凭据性别的差别来拓展出相应的长尾关键字。

⑤ 疑问式拓展法。疑问式的长尾关键词拓展法用得最多的就是问答网站。问答网站的标题一般是以问句形式出现的，疑问式的长尾关键词其针对性最强、流量精准性强、目的用户群清楚。

一般借助搜索引擎付费推广的用户（如百度竞价用户）可以采用工具提供的“关键词推荐”获取推荐关键词和搜索量，也可以称作长尾关键词的挖掘工具。

扩展关键词和长尾关键词的选择都从不同层面丰富了网站的关键词,为网站推广增加了曝光机会,这些方法也同样适用于网店的推广。在关键词的挖掘中,也常用九九词表法列出关键词,即产品词、近义词、总称词、特性词、用途词、边缘词、意图词、专业用语和国际通用型号等。也常用关键词组合的方式进一步拓展,如图5-3所示,从这样的扩展上看也可将扩展关键词称为目标关键词。

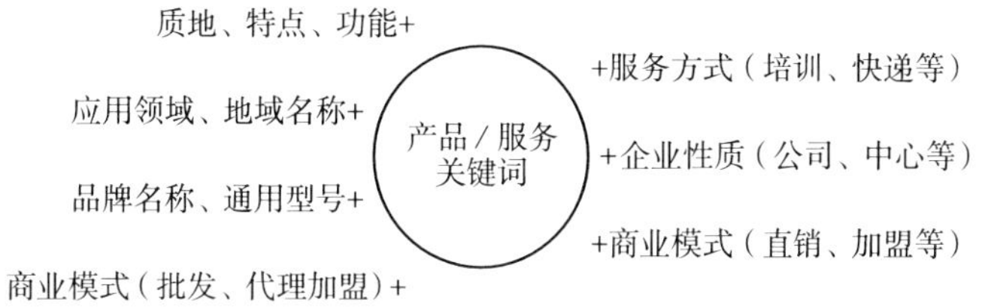

图5-3　关键词组合图示

关键词还可进一步分为:精准词、高转化率词、黑马词、竞品词(竞争对手的品牌关键词)、提问词等,也是在核心关键词、扩展关键词和长尾关键词的基础上的进一步划分。无论采用哪种方式的选择和划分,网站都在一定程度上积累了大量的关键词,形成网站推广应用的基础关键词资源列表,见表5-3。

表5-3　企业网站基础关键词资源列表

营销目标	核心关键词	扩展关键词	长尾关键词
品牌推广			
市场公关			
主营业务推广			
活动促销			

表5-3中的扩展关键词和长尾关键词可进一步组合分类,以便在应用时能够快速提取。在实际应用中要不断地诊断和调整,并根据要求合理进行布局或创意,才能够保证搜索引擎营销的效果。

第四节　关键词优化

将所选的关键词合理地应用在网站上(或网店和关键词广告)才能有效实现搜索引擎营销的目标。关键词优化就是在搜索引擎营销诊断分析的基础上,把握关键词的效能,对所选择的核心关键词、扩展关键词(也称目标关键词)和长尾关键词进行筛选,调整表现不好的关键词、扩充表现好的关键词,实现搜索引擎推广投放效果和搜索引擎优化表现的过程。在有些书里甚至将关键词优化等同于搜索引擎优化,可见其重要程度。

关键词优化在关键词广告和淘宝店推广中都有重要的应用,其具体内容在百度搜索引擎推广和淘宝直通车的使用上都有详细讲解。这里主要介绍在搜索引擎优化上的应用策略。

1. 搜索引擎营销诊断分析

网站在发布前就要对网站的关键词按照网站发布的目的进行合理的布局,发布后对网站在搜索引擎上的表现进行长期监测,不断修正影响访问量和排名的因素,保证搜索引擎营销的有效。搜索引擎营销诊断分析即是监测的内容,其主要点包括:

(1) 网站推广状况。网站发布后在各个阶段的访问量情况,购买不同关键词的广告展现情况,使用核心关键词、扩展关键词和长尾关键词,其相关网页在检索结果中的排名情况,竞争对手排名情况等。

(2) 主流搜索引擎收录与排名状况。网站登录搜索引擎的平台数,以及分别利用手工和软件工具或查询网站监测网站在百度等主流搜索引擎上的收录与排名情况。

(3) PR值。不同搜索引擎可能显示的网站PR值是不同的,详细写出相对值。

(4) 内容问题分析。依据网站优化的思想对网站内容进行分析,如网页内容与关键词的相关度、关键词密度、meta和title标签的书写、不利于抓取的要点等,列出需解决的问题清单。例如:在标签中设有的关键词过于少,网站在搜索引擎优化方面并不存在不合理现象,没有搜索引擎作弊嫌疑。网站全部采用静态页面分布,每个页面都符合W3C标准。网站首页、各栏目首页以及各个内容页面都设有关键词,但关键词较少。

(5) 关键词效能分析。关键词的效能分析就是判断关键词能否带来最佳投资回报，能否达到预期目标。投资回报是指投放的关键词在用户检索时是否有展示，最佳投资回报是指基于关键词的访问页面或目标页面在搜索结果中有好的表现，如排名靠前、关键词展示充分、点击率高等。预期目标主要考察的是相关关键词的点击数量。

关键词的效能分析必须借助搜索引擎平台提供的数据分析工具才能进行，如百度提供的各种工具(一般只有注册用户和推广用户才可以用)：百度指数、百度司南、百度精算、百度统计和数据研究中心等，推广用户还可以进一步得到：关键词工具、推广实况、市场风向标、智能账户优化、搜索引擎报告等工具的支持。通过这些工具的使用，了解相应关键词在某地的推广情况、竞争程度和被搜索次数，以及用户的关注度、媒体的关注度、行业数据、关键词的建议等数据，其中有了关键词的竞争程度和被搜索次数，就可以计算出关键词的效能，如简单的计算方法："搜索次数÷竞争程度"，也可以按照点击权重进行计算。

通过搜索引擎营销诊断分析，对关键词的效能有了阶段性认识，可以根据营销目的、关键词匹配的契合度、网页内容相关度、转化率等对关键词进行筛选或扩充，按照重要程度对关键词进行级别划分，以便对网站各个页面进行布局。

2. 关键词布局

根据搜索引擎提供的数据分析结果，结合许多站长网上分享的经验，通常的做法是把最主要的关键词放在首页上，竞争度比较大的关键词需要用首页来优化，因为首页是一个网站中权重最高的页面，最适合优化竞争度大的关键词。其他处于第二级别的关键词放在各个栏目页，适合优化竞争中等的关键词。如果还有更长尾的关键词，属于第三级的可以用内容页面上进行优化。二级关键词也可以在首页上出现，对主关键词有加强作用。一般二级关键词出现在导航链接中和首页正文适当的位置，作为锚文字链接到其他栏目或频道上去。

在首页上主关键词是优化的重点，从网页标题、网页描述、加粗加重，H1、H2标签，关键词出现的位置、次数，都要比其他文字更加突出。在搜索引擎优化中，经常会发现，网站一些关键词排名不错，但是点击访问的不多，有些网站访问量很高，但是网站广告的点击率很低，究其本质原因，用户主导的搜索引擎营销，搜索结果页上，网页标题和网页描述是吸引用户点击直接原因。

(1) 网页标题。

网页标题(title)标签是给搜索引擎提供相关性的最重要关键词布局元素,在HTML文件的<head>部分,是影响相关性和排名的页面元信息。在搜索结果页面上展示的就是网页标题,也出现在浏览器的窗口上。切记:任何页面的标题必须与页面内容直接对应。

① 把关键词放在标题标签最前面,可以突出品牌或主营业务。

② 关键词最好在标题标签中65个字符之前,超过部分将被截断。

③ 突出与关键词的相关性,如直接用关键词做标题或标题中包含关键词;突出实效性,如促销打折、节假日活动等。

④ 包含有一定搜索量和可以提升页面价值的长词组,如活动/促销类词;

⑤ 描述性词与品牌词分开时,选择"|、>、-、:"等符号进行组合成句,如"主要品牌名称:产品分类-产品名称",这些字符不影响SEO,但却能增强标题的易读性,对用户体验起到较好的作用。

⑥ 同一关键词,多个标题描述。为同一关键词配备多个不同撰写角度、不同撰写风格的标题描述。

⑦ 面对不同的客户群,撰写标题描述要选择不同的角度;

⑧ 强调所提供的产品或服务的优势、独特性、专业性。

(2) 描述标签。

网页的描述标签meta也是在HTML文件的<head>部分,其描述的内容具体有三个主要作用:准确简洁地描述页面内容,搜索结果页面上用户可以点击的短小文字广告,面向搜索者显示目标关键词。对于搜索者输入的查询词,搜索引擎显示的是具有竞争性的搜索结果,网页描述的内容是吸引搜索者进入相关页面的最为重要的依据,嵌入关键词的好的描述可以直接带来流量。

① 诚实描述相关页面内容,尽量弥补标题信息不足。

② 描述有字数限制,超出限制将以省略号形式显示,Google限制在160个字符,雅虎最多165个字符,百度控制在200个字符。

③ 描述中应包含核心关键词和目标关键词或目标短语(长尾关键词),但不要重复。一旦搜索关键词与描述中布局的关键词相同或相关,其关键词将飘红显示,突出能见度。

④ 一定要在前20个字内包含关键词，至少在整个描述内重复两次关键词。

（3）H标签。HTML中的H标签（H1、H2、H3等）用来标志一个网页文件中的标题层次系统。搜索引擎对出现在H标签中的关键词有一点偏好，尤其是H1，一般情况下，可以将包含重要关键词的重要页面标题标签作为H1标签，当搜索用户点击搜索引擎结果时，突出的H1标题中的关键词强化了页面与搜索的相关性。H1标签作为整个页面的标题，H2标签就是二级小标题，H3就是三级标题，以此类推。

（4）网站页脚。一般的网站都是在页脚放置版权信息等，可以在页脚的地方放几个最核心的关键词，其超级链接可以链接到首页，也可以链接到其他页面，但关键词不要超过5个。

（5）其他。

① 关键词在内文中的密度。5%～20%的比例（关键词总数／全文词总数）比较合适。

② 单个关键词在内文中的密度。1%～6%的比例（每个关键词出现次数／全文词总数）比较合适。

③ 关键词相邻度。两个或者以上的关键词挨得比较近最好。

④ 关键词显著度。关键词出现在页首、粗体、大型字体比较显著。

⑤ 关键词在<alt>图像替换标签中。注意：不要过分添加，防止成为垃圾信息。

⑥ 关键词在链接源头文字中。注意和链接对方的网页主题衔接。

⑦ <strong>包含关键词。

⑧ 网站内部链接依靠关键词链接到各个页面，不要出现死链。

⑨ 域名中包含关键词，网址URL中包含关键词，中文是拼音，英文是单词。

⑩ 锚文本链接文字包含关键词，甚至直接是关键词。

3. 关键词创意

创意是指网民搜索触发网站的推广结果时，展现在网民面前的推广内容，包括标题、描述，以及访问URL和显示URL。关键词可以定位潜在客户，创意的作用则是帮助广告主吸引潜在客户。出色的创意能使网站推广结果在众多结果中脱颖而出，吸引潜在客户访问网站，并在浏览网站的基础上进一步了解网站提供的产品／服务，进而采取转化行为，如注册、在线提交订单、电话咨询、上门访问等。创意质量将在很大程度上影响关键词的点击率，并通过质量度进一步影响推广费用和推广效果。

（1）创意原则。为保证网民搜索体验，并最终保证网站的推广效果，创意内容应符合一定的规范，其主要原则有：

① 创意内容必须针对关键词撰写，突出网站的产品／服务的特色优势，且语句通顺、符合逻辑。

② 应尽可能地包含价格和促销内容。网民能从创意中了解到的产品相关信息越多越好。如果网民在看到价格后仍然点击，说明对价格水平比较满意，很有可能购买。对于个人消费者来说，价格和促销信息是其关注的信息，尤其是以数字形式出现的优惠幅度、折扣额等。如使用免费、优惠、促销等词汇，请确保访问URL指向的是明示这些信息的网站页面。

③ 应使用富有号召性的词汇，这类词汇很容易抓住网民的眼球，并激发他们采取行动，包括："申请""注册""报名""咨询""拨打"等带有行动色彩的动词，"立即""马上""现在"等营造紧迫感的时间副词，"自由"、"快乐"等富于感染力的形容词，"成就您的梦想"等宣传口号。

④ 使用更加醒目的非中文字符来吸引网民注意，如数字、符合规范的标点符号等。

创意在表现形式上主要有两种情况：标题描述中部分文字以红色字体显示，称为创意的飘红；标题描述文字中的断句。

（2）创意飘红。当创意文字包含的词语与用户搜索词包含的词语完全一致或意义相近时，在展现时会出现飘红。如果创意标题或描述中含一个国内地名（省级或市级），当网民提交的检索词中不含地名，但网民所在地（以系统机制识别的IP地址为准）包含在上述地名辖区内时，该地名就会飘红。这种情况，只需要在创意的标题或描述中写入地名，若网民搜索词中不含地名、但其所在地（以系统机制识别的IP地址为准）在创意标题描述所含的地名内，当创意被展现时，该地名就会飘红。要注意，创意中的地名须为中国的省或市，且建议以业务真实地域为主，不要盲目追求地名飘红而影响创意的效果。对网民来说，创意有飘红部分意味着推广结果能够满足自己的搜索需求，因此飘红有助于吸引网民的视线关注，提高潜在客户点击访问网站的概率。

创意的标题描述中与网民搜索词一致或意义相近的部分才能飘红，而网民搜索词与关键词是高度相关的，通常会包含与关键词一致或意义相近的部分，因此在撰写创意时，要尽可能地在标题描述中包含关键词，以增加创意飘红的机会。创意中包含关键词的方法有如下三种：第一，创意中插入通配符，包含触发关键词，在网民搜索触发关键词和创意展现时，通配符的使用标志“{默认关键词}”将被触发创意的关键词所代替，其中与网民检索词一致或意义相近的部分将自动飘红显示，且可以在创意中添加多个通配符。第二，创意中包含核心词，如对于英语培训业务，潜在客户在表达需求时所用的搜索词中很可能会包含“英语”，因而可将其作为核心词在创意中添加。第三，创意中包含投资回报率较高的关键词，查看网站关键词统计报告和百度统计中的转化分析报告，选取点击率或转化率最高的关键词添加在创意中。例如，发现“网上订花”这个关键词转化效果很不错，说明关注“网上订花”的网民购买意图很明确，可以在创意中使用该关键词来吸引潜在客户。

创意中插入通配符的方法如下：

① 在新建推广单元或在关键词 / 创意中添加创意时，点击标题、描述填写行下方的“插入通配符”按钮，对应的位置上即出现“{}”的通配符标志，这就表示成功插入了一个通配符。

② 在使用批量上传工具制作创意时，可以在希望插入通配符的地方输入大括号({})，并在大括号中输入默认关键词。注意大括号为半角字符，如输入错误则无法成功插入通配符。

③ 通配符的使用标志是“{默认关键词}”，其中的“默认关键词”几个字可以替换为任何已有关键词。也可以将网民最常使用的搜索词或转化效果最好的关键词填入“{}”中，如{鲜花}。

④ 确保替换了“默认关键词”后，创意语句通顺、符合逻辑，只有将意义相近、结构相同的关键词纳入同一推广单元，才能将通配符的效果发挥到最佳。

⑤ 使用通配符不影响创意的字符长度计算方法，系统将以触发的关键词来替代通配符进行字符统计。

⑥ 一条创意中可以插入多个通配符。通配符的使用以能获得 1~3 次的飘

红为最佳,如使用过多,可能导致创意不能清晰地向网民传达信息,降低创意吸引力。

⑦ 如果需要在创意中显示“{”“}”符号,符号前增加“:”即可。如:将“最新书85折!{默认关键词}”中的“默认关键词”几个字替换为“:{计算语言}”,最终显示在网民面前的创意即为:最新书85折{计算语言}.

(3)创意断句符。创意断句符是在创意展现于右侧推广位置时,为避免超过广告限制的字符数而被搜索引擎系统强制截断,自主设置以便换行显示的符号。一般情况下,以百度为例,右侧推广位标题断句超过28字符(14汉字),描述断句超过40字符(20汉字)将被截断。断句符用“^”来表示,可手动输入,且断句符不计入字符数目;断句一定要适中,不宜过短或过长。过短:可能导致描述1行后,第二行被截断不能完整展现,撰写时系统会有提示说明;过长:断句符会自动失效,撰写时系统会有提示说明。标题“^”之前的部分超过28字符,则不展现被触发的关键词,只显示通配符中的默认关键词;描述“^”之前的部分超过40字符,则第一行描述使用通配符中的默认关键词;描述“^”之后的部分超过40字符,则第二行描述从后进行截断。

第五节 搜索引擎营销策略专题实训

搜索引擎营销专题实训的设计主要包括企业网站搜索引擎营销诊断分析与搜索引擎优化两部分任务进行。由于任务内容工作量较大,实训以项目小组或团队方式为宜。

[实训目的]通过网站搜索引擎营销诊断分析的实训内容,掌握以网站主题和目的为核心的关键词检查网站自然排名状况,以及正确分析原因的方法和策略,学会应用搜索引擎营销模式、策略编写SEO解决方案的方法,重点掌握关键词选择与优化策略。

[实训内容]

① 定位网站调研其自然排名状况

② 分析原因,列出问题

③ 针对问题编写解决方案

④ 为网站编写关键词基础资源表

具体实训内容设计如表5–4所示。

表5–4　搜索引擎营销专题实训内容设计

实训任务	内容要求	补充说明	审核评价
1.定位网站进行调研 2.使用软件、网站和手工等进行诊断 3.书写诊断分析报告 4.试着编写解决方案 5.关键词基础资源表	1.网站应在搜索引擎上的排名为10页之后 2.指出使用的检测网站和软件工具 3.列出诊断分析问题表格 4.填写相应的解决方法 5.编制网站关键词基础资源表	1.编制诊断分析表格，并对内容进行简要解读 2.由3–4人组成	1.诊断表格项 2.分别列出核心关键词、扩展关键词和长尾关键词 3.PR值检测

【课后思考题】

1. 搜索引擎基本工作过程。
2. 搜索引擎对网络营销的作用。
3. 在百度检索框输入：site:网址，查看你关心的网站在百度收录中的表现如何？
4. 搜索引擎营销的主要模式有哪些？
5. 搜索引擎优化的思想。
6. 什么是链接广度？
7. 关键词优化的方法。

【本章参考文献】

[1]冯英健.网络营销基础与实践（第3版）[M].北京:清华大学出版社,2007.

[2][美]Corey Periman.网络营销实训[M].侯德杰译.北京:人民邮电出版社,2010.

[3]Eric Enge,Stephan Spencer,Rand Fishkin,Jessie C.Stricchiola.SEO艺术[M].昝辉(Zac)译.北京:电子工业出版社,2012.

[4]高峰,等.SEO兵书[M].北京:电子工业出版社,2012.

[5]昝辉.网络营销实战密码[M].北京:电子工业出版社,2011.

第六章　许可营销策略

学习目的：

掌握许可营销的概念和特点，熟练掌握许可营销的方法和手段；掌握邮件列表营销的技能，通过实训体验许可营销的方法和手段。

第一节　许可营销概述

电子邮件是互联网上最早成为信息传递的工具，尽管从诞生网络营销概念起，就伴随着垃圾邮件的问题，但全球巨大的E-mail应用网民数量和低廉的成本（联系10个用户与联系成千上万个用户，成本几乎没有区别）强烈地吸引着网络营销者。业界领先的营销服务公司及全球最大的许可邮件营销商——Epsilon，2009年发布“全球消费者对电子邮件的态度研究”报告，报告表明，在及时、便捷的新工具层出不穷的同时，电子邮件目前仍是主要的线上个人沟通工具。研究发现，北美（87%）和欧洲（74%）的被调查者更趋向于将电子邮件作为最主要的网上交流工具。随着许可营销的出现，电子邮件对网络营销的作用日趋明显，其营销策略和方法已经形成相对完整的体系，虽然受到近年来微博和即时消息应用的影响，但仍然是互联网上具有重要作用的网络营销手段之一。

一、许可营销定义

电子邮件（E-mail）是一种常用的互联网服务，既表示利用计算机网络交换的电子媒体信件，也表示提供信息交换的通信方式。通过网络的电子邮件系统，用户可以低成本、高效率地与世界上任何一个角落的网络用户联系。E-mail营销的起源可以追溯到1994年4月12日美国律师的“绿卡抽奖”的“邮件炸弹”事件。两位律师在1996年还合作编写了《网络赚钱术》一书，介绍了他们：通过互联网发布广告信息，只花了不到20美元的上网通信费用就吸引来了25000个客户，赚了10万美元。尽管这种未经用户许可而“滥发”邮件的行为，对邮件用户和服务商造成了危害，却诱发了网络营销思想的萌芽，即E-mail营销。由于电子邮件自身技术的不完善，造成了垃圾邮件泛滥，一度阻碍了E-mail营销的发展。

直到1999年,美国营销专家赛斯·高汀(Seth Godin)在《许可营销》(《Permission Marketing》)一书中对E-mail营销进行了理论定位,才将E-mail营销推向了发展。书中提出:"许可营销是通过与自愿参与者的相互交流,确保消费者对此类营销信息投入更多关注。这将有效推动客户和营销人员间的相互交流。"

许可营销即许可E-mail营销,是在用户事先许可的前提下,通过电子邮件的方式向目标用户传递有价值信息的一种网络营销手段。其主要方法是通过邮件列表、新闻邮件、电子刊物等形式,在向用户提供有价值信息的同时附带一定数量的商业广告。

二、许可营销分类

1. 按照是否经过用户许可分类

按照发送信息是否经过用户许可来划分,可以将E-mail营销分为许可E-mail(Permission E-mail Marketing,PEM)和未经过许可E-mail营销。未经许可的E-mail营销也就是通常所说的垃圾邮件。

2. 按照E-mail地址资源的所有权分类

潜在用户的E-mail地址是企业重要的营销资源,根据对用户E-mail地址资源的所有形式,可将E-mail营销分为内部E-mail营销和外部E-mail营销,或简称为内部列表和外部列表。内部列表是一个企业利用一定方式获得用户自愿注册的资料来开展的E-mail营销,而外部列表是指利用专业服务商提供的E-mail营销服务,自己并不拥有用户的E-mail地址资源,也无须管理维护这些用户资料。

3. 按照营销计划分类

根据企业的营销计划,可分为临时性的E-mail营销和长期E-mail营销。前者如不定期的产品促销、市场调查、节假日问候等;长期的E-mail营销通常以企业内部列表会员资料为基础,主要表现为新闻邮件、电子杂志、顾客服务等各种形式的邮件列表,这种列表的作用要比临时性的E-mail营销更持久,其作用更多地表现在顾客关系、顾客服务、企业品牌等方面。

4. 按照E-mail营销的功能分类

按照E-mail营销功能可分为顾客关系E-mail营销、顾客服务E-mail营销、在线调查E-mail营销、产品促销E-mail营销等。

5. 按照E-mail营销的应用方式分类

按照是否将E-mail营销资源用于为其他企业提供服务，E-mail营销可分为经营型E-mail营销和非经营型E-mail营销。

三、许可营销原理

根据第二章E-mail工具的基本原理，接收和发送E-mail都必须拥有E-mail地址，以及完成邮件的传递过程，需要管理、存储、转发和邮件列表等功能的企业邮局平台，或称邮件服务商提供的服务系统。因此，E-mail从普通的通信工具发展为营销工具应具备三个要素：①基于用户许可；②通过电子邮件传递信息；③信息对用户是有价值的。开展E-mail营销即需要解决三个基本问题：向哪些用户发送电子邮件、发送什么内容的电子邮件、如何发送这些邮件。

E-mail成功传递营销信息的关键在于用户接受邮件，根据完整的邮件传递过程和用户接受邮件信息内容的心理和行为分析，E-mail营销实现用户接受邮件信息的过程一般包括五个层次：筛选、送达、阅读、点击和转化。许可营销基本原理包括这五个方面的内容。

1. 正确筛选

企业通过网络营销的其他手段和传统营销渠道获取了大量的用户邮件地址资源，还可以向邮件服务商包括邮件列表服务商购买一些外部邮件地址资源。在发送邮件之前，应根据企业的实际需要：提升品牌、宣传产品和服务、顾客关系、顾客服务、市场调研、促销等，以及长期和短期的目标，制定筛选发送目标地址计划，有针对性地进行发送，这才能做到有效节约成本、提高效率。

2. 顺利送达

邮件群发被拦截、反垃圾邮件系统的自动拦截，以及通信技术等问题会影响邮件的顺利送达。2005年之前，垃圾邮件日益泛滥，许多邮件服务商建立反垃圾邮件联盟，并采用一些手段和方法，对疑似垃圾邮件进行屏蔽，其主要方法有：以中国反垃圾邮件联盟(http://www.anti-spam.org.cn)收集的黑名单为标准的过滤方法;各个邮件服务商自行使用防火墙过滤邮件的方法;以及使用过滤软件检查邮件标题、发信人、正文内容、邮件中的链接和域名、电话号码、QQ号等。如果发现带有广告性质和垃圾邮件的典型特征,则给这封邮件打一个垃圾邮件特征分数,当累积到一定数值的时候,则被评判为垃圾邮件,直接被服务器过滤掉。

随着企业对邮件服务的认识不断深入,邮件服务商过滤邮件技术的提升,许可营销能够为企业提供专业的创意性邮件营销服务,且营销行为可量化、可预测、可控制。但在开展许可营销活动前,为确保邮件内容符合各服务商的要求和规范,需要进行电子邮件测试。当发现个别服务商阻止了合法批量邮件正常投递时,应及时联系商家解决此事。还应关注目前流行的垃圾邮件的过滤的方法和原理,避免发送的邮件被屏蔽。邮件营销人员面临的最大挑战之一就是如何确保邮件进入收件人的收件箱而不是垃圾邮件箱,较高的邮件送达率是邮件营销成功的开始。

3. 及时阅读

由于隐藏的发信人地址、混乱的邮件主题,以及来自群发邮件、邮件发送的频率等问题会影响用户顺利打开邮件,及时阅读。有数据表明,影响用户阅读E-mail的因素及其比例分别为:对发件人信任的占59.2%,主题的影响占41.9%。许可营销意味着收件人主动允许企业或营销人士发送邮件给他,但许可来自于用户注册或邮件列表订阅时所提交的感兴趣的内容领域,邮件内容与之相关度越高,保证所传递的信息对用户有一定的价值,被送达和阅读的可能性越大。在实践中,邮件打开率或阅读率,比送达率更有意义,邮件阅读率显示的是用户真正打开邮件的比例。

邮件的阅读率(也称打开率)和点击率需要应用邮件营销专门软件或专门方法进行检测跟踪。虽然邮件打开率数据不是很准确,但也还是有所帮助的。

打开率/阅读率是指打开和查看某封邮件的人数与总收件人人数之间的百分比。打开率被视为评判邮件营销效果的关键参数之一。对于常规的打开率该是多少,界内言论不一。通常情况下,使用许可邮件列表进行邮件营销的打开率大概是20%。

测试阅读率的常规做法:在邮件的HTML页面中,嵌入一个1×1像素的跟踪图片文件,每封邮件的跟踪图片文件文件名都不同。当用户打开邮件,邮件客户端就会调用位于网站服务器上的跟踪图片文件。从服务器日志中记录的这个图片文件被调用的次数就可以知道相应邮件的被阅读次数。有时还会将该图片跟收件人地址相关联,这样同一个人多次打开同一邮件就只会算打开一次。但值得注意的是,图片必须显示出来才能准确追踪到这封邮件是否打开,而有三种情况无法统计打开率:①邮件被打开,图片却无法显示;②有的用户设置了只接收文本格式的邮件,不支持HTML,图片自然也无法显示;③用户喜欢用手机查看邮件,使用手机查看邮件只能看到文字,不能看到图片。

打开率/阅读率参考价值越来越小,但点击率(如果追踪方式设置无误)、回复率和注册率却能真实反映邮件营销的效果。通过这些数据可以反向推断出真实的打开率,同时也可以测试出哪封邮件效果最好。邮件营销服务商通常采用测试不同邮件的打开率和A/B测试的方法进行营销效果分析。

测试不同邮件的打开率:通过对比不同邮件的打开率来提高邮件营销的效果。如在某月的第一个星期五发送邮件,所得打开率为25%,当月的第二个星期五发送邮件所得打开率为10%。这就说明第一封邮件效果更好,这可能是因为所提供的信息、所写标题、所选发送时间更加恰当,甚至可能是因为人们在月初经济比较宽裕。但不管是什么原因,已经从中知道了哪封邮件的效果更好,这样就可以扩大邮件营销的范围,使整个打开率得以提升。

A/B测试:使用邮件列表进行A/B测试,把邮件列表一分为二,分别发送两封内容相同标题不同的邮件来进行测试,看哪一封打开率更高。针对打开率高的邮件进行大规模的邮件营销,这样效果会更佳。

提高邮件阅读率的一些方法策略有:①尽量通过网站订阅平台发送会员订阅邮件,同时在第三方邮件列表发行平台上争取许可用户订阅。②确保邮件主题设计的准确性和友好性,降低被拒收的风险。③选择合适的时间和频次发送,邮件发送的时间和频率取决于顾客的心理预期,不超过其心理预期的频率都是合理的、可接受的。Informz(电子邮件直销商)的数据报告显示:早晨邮件的平均打开率为39.2%,高于中午的33.9%、傍晚的32.1%以及晚上的32%。然而,早晨发送的邮件点击率最低仅为16.5%,低于晚上的18.6%、中午的19.7%以及傍晚的21%。这项发现是基于对2011年使用Informz电子邮件营销平台的700多个大中型团体发送的6亿多封电子邮件分析得出的。了解拟发送客户群的作息时间表，提前告知收件人发送邮件的时间和发送频次，能够增加邮件营销的透明度，取得用户的信任和谅解。④提供不同的个性化内容，不同类型的客户有着不同的信息需求，只有提供不同的个性化内容，才能吸引需求者来关注邮件。⑤坦诚相待，让收件人信任产品。为避免不必要的投诉，发件人应清楚告知对方自己的身份，在"发件人"区域标明公司名称；并设置清晰明确、相关性强的主题。

4. 有效点击

邮件的顺利送达和及时阅读为点击打下了基础，用户许可并感兴趣的内容会吸引用户阅读，邮件内容的友好、新鲜、简明，以及方便的退订等要素，可以诱导用户有效点击关联的网站或网购平台。一般常用的策略有：①标题设计的有吸引力；②邮件的长度不要太长，内容简洁；③明确指出点击链接；④可以穿插图片，但不要在图上链接；⑤适当地使用提示标签；⑥突出重点；⑦文本应保证一般书信格式。

测量链接点击率的常规做法：在邮件的链接中增加一个特定的跟踪代码。这样就可以知道，对方是更喜欢点击邮件头部导航的链接？还是更喜欢点击正文中的推荐链接？还是邮件结尾处的号召链接？有了这些统计数字，再查看邮件的布局、内容，就可以了解用户的目光通常会被吸引在什么地方？什么样的措辞和内容更吸引用户点击链接？电子邮件点击率是更为精准的测量电子邮件营销效果的指标，表明用户不但阅读了邮件，还对推广的产品或网站信息产生了兴趣。

5. 提高转化

邮件转化率（Conversion Rate）是指在一个统计周期内，完成转化行为的次数占推广信息总点击次数的比率。

公式：转化率=(转化次数 / 点击量)×100%。

转化率是网站最终能否盈利的核心，提升网站转化率是网站综合运营实力的结果，是决定邮件营销成功与否的最重要的衡量参数。用户通过关联的网站或网购平台的体验，从而了解产品和服务，理解功效，产生需求，最终购买，网站或网购平台的优化设计、企业产品本身的质量和用户的评价等是关键。提高转化率是一个营销系统工程，需要整合营销才能完成。在许可营销环节，可以通过提高邮件列表注册转化率,间接提高转化率。

邮件列表注册转化率就是完成注册人数与访问网站的独立IP人数之比。测量方法是参考网站流量统计中的独立IP人数,提交电子杂志注册表格后所显示的确认网页次数,以及电子杂志数据库中最终完成双重选择加入的总人数。以确认页面显示次数除以独立IP数,就得出注册转化率,但还不是最终完成注册的转化率。以电子杂志数据库中的总人数除以独立IP数,才是最终电子杂志转化率。计算都是以某段时间为标准,比如按日、周或月得出的转化率。通常电子商务网站销售转化率在1%左右属于正常,邮件列表或电子杂志的转化率应该更高,达到5%~20%。与转化率功能相似的另外一个监测指标是订户总数,一般网站不可能一下达到几万电子杂志订户,每天增加10~20个都很正常,持之以恒一年就可以达到几千个订户。

四、E-mail对网络营销的作用

基于用户许可的E-mail营销与滥发邮件(Spam)不同,许可营销比传统的推广方式或未经许可的E-mail营销具有明显的优势,比如可以减少广告对用户的滋扰、增加潜在客户定位的准确度、增强与客户的关系、提高品牌忠诚度等。E-mail能够实现的网络营销职能主要有八个方面。

1. 企业品牌形象

完整的电子邮件的基本组成要素包括发件人的电子邮件地址、收件人电子邮件地址、邮件主题和邮件内容等。在商务活动中,发件人的电子邮件地址对于企业形象和用户的信任具有重要影响。对于陌生的邮件发信人,如果发信人适用的是知名企业或机构的域名为后缀的电子邮件地址,往往会收到收件人的信任。这说明:电子邮件地址代表了企业的品牌形象,因此,通过电子邮件传递营销信息时,在信息源的设置与信息的传递中,应注意与企业品牌相适应。电子邮件要做到不可缺少的基本要素,要做到详尽,让人看了能明白。应尽量不要用免费邮件,会降低企业的形象,电子邮件地址本身代表了企业的品牌形象。

2. 在线客服

在企业网站公布的联系方式以及在线帮助工具信息中,电子邮件地址都是必不可少的一项内容,因为电子邮件是在线客服的重要工具之一。通过电子邮件开展在线顾客服务不仅节约了顾客服务成本,在增进顾客关系、提高顾客服务质量、增加顾客忠诚度等方面都有重要作用。在线顾客服务除了一般的回复公开咨询之外,常见的形式还有自动回复、常见问题解答、重要信息提醒等。

3. 会员通信与电子刊物

会员通信与电子期刊都是E-mail营销中获得用户许可的基本方法,是许可E-mail营销中内部列表E-mail营销的主要方式。企业为了获得某些信息和服务,用户可以自愿成为会员通信与电子刊物的订阅者,不需要这些信息时可以退出。用户自愿加入到这种邮件列表中,为企业提供了通过电子邮件向用户传递有价值信息的基础条件。这种内部列表已经成为电子商务企业以及其他信息化程度较高的企业开展顾客服务、增强竞争优势的有力工具。

4. 电子邮件广告

电子邮件广告,即通过专业服务商投放广告信息的一种方式,是企业利用网络营销服务商的用户地址资源来开展E-mail营销活动,即外部列表E-mail营销。这种网络营销方式由于操作简单、形式灵活、用户定位程度高而受到认可。调查表明,电子邮件广告是用户反馈最高的网络广告形式之一。

5. 网站推广

电子邮件在网站推广活动中也发挥着不可忽视的作用。是除了搜索引擎,资源合作,网络广告等常见网站推广方法之外又一重要的网站推广手段。通过电子邮件可以主动地向用户推广网站,并且推荐方法比较灵活,既可以是简单的广告,也可以是通过新闻报道、案例分析等方式出现在邮件内容中,以引起读者的兴趣,达到增加网站访问量的目的。在网站推广方法中,病毒性营销是有效的方法之一,电子邮件是病毒性营销的主要载体。

6. 产品/服务推广

产品/服务推广是许可电子邮件营销的基本功能之一,无论是通过企业内部的邮件列表还是推广服务商的用户电子邮件地址资源投放电子邮件广告,都可以将产品促销信息通过合理设计,作为邮件的内容来向目标用户发送,从而达到产品推广的目的。

7. 收集市场信息

市场营销策略的制定离不开各种市场信息的收集,利用电子邮件可以获得许多有价值的第一手调查资料,如行业发展动态、调查统计资料、市场供求信息等。通过合理利用电子邮件,甚至可以密切跟踪竞争者的市场动向。例如,可以通过加入相关的邮件列表、注册为有关网站的会员、参与在线调查等网上交流活动而实现收集市场信息的目的。一些网站为了维持与用户的关系,常常将一些有价值的信息以新闻邮件、电子期刊等形式免费向用户发送,通常只要进行简单的登记即可加入邮件列表。

8. 在线市场调查

利用电子邮件在线调查是网络市场调研中的常用方法之一,具有问卷投放和回收周期短、成本低廉、调查活动较为隐蔽等优点。同传统调查中的邮寄调查表的道理一样,将设计好的调查表直接发送到被调查者的邮箱中,或者在电子邮件文章中给出一个网址链接到在线调查表页面,这种方式可以节约被访问者的时间,在一定程度上也可以对不同的用户群体加以选择。如果调查对象选择适当并且调查表设计合理,往往可以获得相对较高的问卷回收率。

第二节　邮件列表策略

一、邮件列表

从电子邮件主要技术实现上看,许可营销一般为两种类型:客户联系邮件和邮件列表。客户联系邮件是最为常见的一种形式,公司邀请自己网站的所有访问者(包括老顾客和新的访问者)提交自己的电子邮件地址,或通过传统销售渠道收集的地址,通过邮箱地址不定期的发送公司的宣传函、咨询服务、推广服务等,一般采用企业内部邮件系统进行。

邮件列表(Mailing List)是为了解决一组用户互相通信和进行专题信息交流的要求而发展起来的一种通过电子邮件的网络服务,是Internet上获得特定客户群体E-mail地址并快速方便发送大批量电子邮件的工具。与Internet所有成功的服务一样,邮件列表是以一个简单的想法为依据的。如果用户想要向一个人发出一封电子邮件,那么就必须指定一个邮件地址。如果用户希望向不止一个人发送这一封电子邮件,那么就可以设置一个特殊的名字,可以称为“别名(alias)”,别名代表的是一组人,称为“讨论组”。早期的邮件列表是一个小组成员通过电子邮件讨论某一个特定话题,参加者很少,一般称为讨论组。随着互联网的发展,讨论组的个数和参加的人数不断增多,已经发展演变为由管理者管制的讨论组,即狭义的邮件列表。

邮件列表一般有公开、封闭、管制三种类型:

(1)公开类型:邮件列表可供所有人自由讨论,即使不是这个邮件列表的订户也可以自由地发送邮件给这个邮件列表的所有订户,如公开的论坛。

(2)封闭类型:只有邮件列表的订户才能互相发送邮件,如网络社团、俱乐部或公司内部讨论组等。

(3)管制类型:只有经过邮件列表管理者许可的电子邮件,才能发送给邮件列表的其他订户,如电子刊物。

邮件列表一般是按照专题组织的,目的是为从事同样工作或有共同志趣的人提供信息,开展讨论,相互交流或寻求帮助。大家根据自己的兴趣和需要加入不同主题的邮件列表,每个列表由专人进行管理,所有成员都可以看到发给这个列表的所有信件。每一个邮件系统的用户都可以加入任何一个邮件列表,订阅由别人提供的分类多样、内容齐全的邮件列表,成为信息的接收者。同时,也可以创建邮件列表,成为一个邮件列表的拥有者,管理并发布信息,向其订阅用户提供邮件列表服务,并可授权其他用户一起参与管理和发布。一般的电子邮件的发送都是“一对一”或“一对多”,邮件列表中可以实现“多对多”通信。邮件列表允许用户向多个接收者发送同一封邮件,所有的订阅成员都能收到该邮件。邮件列表广泛应用于企业、同学亲友的联系、股票信息、技术讨论、邮购业务、新闻的发布、电子杂志等。

邮件列表营销是实现E-mail营销和个性化服务的主要手段,不同于群发邮件,更不同于垃圾邮件,是在基于用户自愿加入的前提下,通过为用户提供有价值的信息,获取用户的信任,同时附带一定数量的商业信息,实现网络营销的目的。

根据许可E-mail营销所应用的用户电子邮件地址资源的所有形式,邮件列表可以分为内部列表和外部列表。内部列表是利用网站的注册用户资料开展Email营销的方式，常见的形式如新闻邮件、会员通信、电子刊物等。外部列表E-mail营销则是利用专业服务商的用户电子邮件地址来开展E-mail营销，也就是电子邮件广告的形式向服务商的用户发送信息。

在决定采用邮件列表营销时，首先要考虑的问题就是：建立自己的邮件列表，还是利用第三方提供的邮件列表服务。两种方式都能可以实现许可营销的目的，但由于营销资源不同，其内容和方法上存在较大的差异。其次要考虑面对什么样的订阅者，创建什么样的邮件列表，即邮件列表的类别和主题。对于订户来说，由于不可能每天花费大量时间到各类网站收集相关信息，通过加入自己有关的邮件列表，只需检查电子邮箱就可以了解各类信息，如网站的更新消息、行业新闻、产品信息等。同时，通过订阅竞争者的邮件列表，还可以及时了解竞争者的信息。无论采用哪种方式，邮件列表营销的基础主要包括三方面内容：邮件列表的技术基础、用户E-mail地址资源的获取和邮件列表的内容。

经营邮件列表所面临的基本问题中，发送邮件列表的技术保证是主要的基础，无论那种形式的邮件列表，都要解决采用技术手段来实现用户加入、退出、发送邮件、管理用户地址等基本功能，具有这些功能的系统称为“邮件列表发行平台”，发行平台是邮件列表营销的技术基础。

二、邮件列表订阅过程

电子邮件营销中经常把电子杂志、邮件列表、电子期刊、会员通信、新闻快报等不加区分，其本质上，都是收集订阅者邮件地址，发送邮件的过程。邮件列表订阅过程涵盖了各种方式。

1. 填写注册表格

用户填写在线表格，通常只要填写姓名和电子邮件地址。

在表格的下方应以链接形式列出隐私权政策，包括绝不向第三方透露和出售订阅者的任何信息，填写订阅表格就意味着订阅者要求收到电子邮件。

注册表格可以考虑允许用户选择是订阅HTML版本，还是订阅纯文字版本。现在几乎所有用户使用的邮件软件都支持HTML版本，但有的邮件软件默认设置不显示图片，需要用户自己设置，而纯文字版，因其更简单，下载时间更短，而受到10%～15%的用户的青睐。

电子邮件营销系统应该以MIME格式包含有HTML版本及纯文本版本。当用户邮件软件支持HTML时自动显示HTML版本,如果因为某种原因不支持HTML版本,则纯文本版本会被自动显示。虽然没有给用户选择,但有利于以更加完善的视觉形式把邮件展示在更多人面前。

2. 确认注册表格

用户提交注册表格后,电子邮件营销系统程序将记录订户姓名,电子邮件地址,访问IP地址及准确时间,并发送双重选择性加入确认邮件,然后向订阅者显示感谢页面,在感谢页面上有几个内容非常重要:

(1)确认注册表格已经提交成功。

(2)强烈建议订阅者立即查E-mail,寻找确认邮件。用户必须单击确认邮件中的确认链接后,才正式完成注册手续。

(3)提醒用户把网站域名列入自己邮件程序的白名单,还应提醒订户,如果确认邮件没有出现在收信箱中的话,也在垃圾邮件箱中检查看是否有确认邮件。

3. 双重选择

订户检查邮箱,点击双重选择性确认邮件中的确认链接。双重选择性确认邮件中应该写明这个邮件来自哪个网站,邮件的正式名称是什么,这个名称要和网站上订阅表格所显示的完全一样,不要给用户造成任何混淆,同时应在确认邮件中表明订户的订阅内容。

用户单击确认链接后,程序才能正式把用户加入到数据库中,并显示另外一个感谢页面,提示用户已经完成注册手续,并提醒用户再次检查邮箱里的正式确认邮件。

4. 正确确认邮件

订阅者再次检查邮件,正式确认邮件应该祝贺订户已成功订阅电子杂志,更重要的是告诉订阅者怎样拿到网站上许诺的礼物或其他好处,如免费电子书下载地址、优惠券序列号等。

在正式确认邮件中还要重申几个问题:

(1) 明确告诉订阅者接下来会多久收到一次邮件,让用户建立心理预期。

(2) 感谢用户订阅的同时,提醒用户本列表的正式名称,使用户以后看到来自这个正式名称的邮件时不会去报告垃圾邮件，也不会直接删除。

（3）清楚写明退订方法。告诉用户，每封电子邮件中都会有退订链接，只要点击一下就可以自动退订。订阅者来去自由，营销人员完全尊重用户的选择权和隐私权。

5. 序列邮件

订阅者完成订阅程序后，应该收到一系列自动邮件，通常是以系列教程的形式。研究表明，用户只有在多次接触网站后才会信任网站并产生销售。有数据统计，81%以上的实际销售产生在与用户的第五次联系之后。只有重复的提醒用户网站的存在，并持续提供有用的信息，才能最大限度地提高销售转化率。

以系列教程的形式，在两个星期左右的时间内不断与潜在客户接触，是电子邮件营销的最有力的手法之一。

最后，正常邮件。按照注册表格及确认邮件中所承诺的周期，定时发送所承诺的内容。

三、内部邮件列表策略

内部邮件列表（简称内部列表）是一个企业／网站利用一定方式获得用户自愿注册的资料来开展的E-mail营销手段。企业为完成增进顾客关系、提供顾客服务、提升企业品牌形象等营销任务，一般借助网站或企业专门信息发布平台，建立专门的邮件列表系统，实现创建专题列表、发行专题期刊或杂志（如会员通信）、用户订阅／退订等功能。

1. 建立内部列表发行系统的策略

不同类型的邮件列表其经营方式也有一定差别，但在基本原理上是相似的，以建立一份电子刊物为例，经营一份电子刊物需要的最基本的功能应该包括用户订阅(含确认程序)、退出、邮件发送等，一个完善的电子刊物订阅发行系统则还包含更多的功能，如邮件地址的管理（增减）、不同格式邮件的选择、地址列表备份、发送邮件内容前的预览、用户加入／退出时的自动回复邮件、已发送邮件记录、退信管理等。随着用户数量的增加和邮件列表应用的深入，还会出现更多的功能需求，需要后台技术不断完善。

技术问题的实现一般有两种常用的方式:如果企业网站具备必要的条件,可以完全建立在自己的Web服务器上,实现自主管理;如果订户人数比较多,对邮件列表的功能要求要很高,最好的方式就是与邮件列表专业服务商合作,利用专业的邮件发行平台来操作。此外,作为一种特殊情形,如果邮件列表规模很小,用户数量只有几百人甚至更少,那么发送邮件内容并不需要考虑太复杂的技术问题,利用一般的邮件发送方式即可完成,当然也可以采用邮件群发程序来进行。严格来讲,这种群发邮件的方式并不是真正意义上的邮件列表,可以在邮件列表营销的初期试用,或者作为一种过渡手段。用户加入/退出邮件列表的方法,通常有两种方式:一种是通过设置在网页上的"订阅/退出"框,用户输入自己的邮件地址并点击相应按钮即可;另一种方式为发送电子邮件方式加入/退出。这两种方式可以同时存在,不过后者更适于在没有网站的情况下经营邮件列表,前者的应用更加普遍。与邮件列表的加入/退出一样,邮件内容的发送也有基于Web的方式和基于E-mail方式两种。基于Web的发行方法,就是将邮件内容粘贴到通过浏览器界面显示的邮件列表内容发行区域中,检查无误后点击"发送"按钮即可。基于E-mail的发行方式非常简单(通常是利用专业邮件列表发行商的服务),只需将内容和格式设置好的邮件发送到一个指定的电子邮箱中,发行系统会自动将邮件分发到列表中各个用户的邮箱中。

建立内部列表发行平台的策略主要包括以下四个方面:

(1)资源评估。如果已经建立了企业网站,根据网站目前的状况,考虑通过网站访问者和现有用户、合作伙伴的推荐等方式,是否有可能获得足够多的用户?如果企业网站正在策划阶段,那么,通过网站的功能定位和潜在用户分析,认为是否有必要建立自己的邮件列表?是否有能力开发或者租用邮件列表发行系统?是否有能力提供稳定的邮件列表内容?如果上述问题的回答是肯定或者基本可以肯定,那么就应该建立自己的邮件列表。

(2)期望功能。根据企业自身的特点,对邮件列表的期望是不同的,当决定建立自己的列表时,还要进一步考虑的一个问题是,期望邮件列表在哪些方面发挥作用?是用于顾客服务,还是新产品推广为主?或者多个方面兼顾?邮件列表的功能不同,所需花费的成本不同,需要维护的成本也不同。应定位相对适合的邮件列表功能，并在一定阶段保持稳定。

（3）确定类型和内容。邮件列表的功能直接影响到邮件列表的内容，反过来，内容和形式也在影响着邮件列表的功能，两者相辅相成。如果网站拥有丰富的行业信息、产品知识、专业文章、研究报告等相对比较客观和中立的内容，那么，建立一个定期发行的行业电子刊物是不错的选择；而如果未来的邮件列表内容主要是本公司新产品的信息和产品优惠措施，就建立一个不定期发行的新产品介绍和在线优惠券为主要内容的顾客关系邮件列表。

（4）选择时机。积累用户资源是一项艰苦、长期的工作，如果条件许可，建立邮件列表应该是越早开始越好。从一些比较重视网络营销的企业网站来看，大部分都设有不同类型的邮件列表，但能有效利用内部列表开展E-mail营销的企业不多，应尽早为企业建立邮件列表营销工具，为企业创造一个良好的网络竞争优势。

2. 内部列表获取用户地址资源策略

当邮件列表发行的技术基础解决之后，作为内部列表E-mail营销的重要环节之一，就是尽可能引导用户加入，获得尽可能多的E-mail地址。E-mail地址的积累贯穿于整个E-mail营销活动之中，是E-mail营销最重要的内容之一。在获取用户E-mail地址的过程中，如果对邮件列表进行相应的推广、完善订阅流程，并注意个人信息保护等方面的专业性，将增加用户加入的成功率，并且增强邮件列表的总体有效性。

对于大多数营销人员来说，争取用户加入邮件列表的工作比邮件列表的技术本身更重要，因为邮件列表的用户数量直接关系到网络营销的效果，同时也是经营中最大的难题。

网站的访问者是邮件列表用户的主要来源，因此网站的推广效果与邮件列表订户数量有密切关系，通常情况下，用户加入邮件列表的主要渠道是通过网站上的“订阅”框自愿加入，只有用户来到网站，才有可能成为邮件列表用户。邮件列表获取用户地址资源的主要策略有：

（1）充分利用网站的推广功能。网站本身就是企业营销信息源地，利用自己的网站为邮件列表进行推广是最为直接的方法。在网站推广的前提下，对网站的访问用户强化订阅吸引是重要的。在很多情况下，仅靠在网站首页放置一个订阅框还远远不够，还要注意订阅框的位置，如果出现在不显眼的位置，被读者看到的可能性都很小，不要说加入列表了。因此，除了在首页设置订阅框之外，还有必要在网站主要页面都设置邮件列表订阅框，同时给出必要的订阅说明，这样可以增加用户对邮件列表的印象。最好再设置一个专门的邮件列表页面，其中包含样刊或者已发送的内容链接、法律条款、服务承诺等，让用户不仅对于邮件感兴趣，并且有信心加入。

（2）合理挖掘现有用户的资源。企业利用网站或网购或传统销售渠道获得的内部邮箱地址资源，是企业为顾客进行精准服务的重要基础。在向用户提供其他信息服务时，可以推介最近推出的邮件列表服务，以及新增邮件列表内容等，并采用病毒性营销的方式，推荐用户告知自己的朋友或社区好友。

（3）提供部分奖励措施。企业可以通过发布信息，宣传在线优惠券，或者某些研究报告、重要资料等，这些信息一定要通过电子邮件来发送，需要加入邮件列表才能获得，而且发送的东西拥有一定的价值，打折优惠信息也需要折扣力度大一些，这样才能引起用户的兴趣和关注。这样可以在维护已有用户的前提下，尽量地增加新的用户，新的用户在看到有自己需要的信息的时候就会加入邮件列表了。

（4）向朋友和同行推荐。如果对邮件列表内容有足够的信心，可以邀请朋友和同行订阅，获得业内人士的认可也是一份邮件列表发挥其价值的表现之一。

（5）其他网站或邮件列表的推荐。新书的出版发行需要专业的书评助力，一份新的电子杂志如果能够得到相关内容的网站或者其他电子杂志的推荐，对增加新用户会有一定的帮助。

（6）为邮件列表提供多订阅渠道。借助第三方提供的电子发行平台中的各种电子刊物的分类目录，将自己的邮件列表加入到合适的分类中去，这样，除了在自己网站为用户提供订阅机会之外，用户还可以在电子发行服务商网站上发现自己企业的邮件列表，增加了潜在用户了解的机会。

（7）争取邮件列表服务商的推荐。在第三方的专业发行平台上取得发行商的支持，在主要页面进行重点推广。因为在一个邮件列表发行平台上，通常有数以千计的各种邮件列表,网站的访问者不仅是各个邮件列表经营者,也有大量读者,这些资源都可以充分利用。如可以利用发行商的邮件列表资源,和其他具有互补内容的邮件列表互为推广等。获取用户资源是E-mail营销中最为基础的工作内容,也是一项长期工作,但在实际工作中往往被忽视,以至于一些邮件列表建立很久,加入的用户数量仍然很少,E-mail营销的优势也难以发挥出来,一些网站的E-mail营销甚至会因此而半途而废。在获取邮件列表用户资源过程中应利用各种有效的方法和技巧,这样才能真正做到专业的E-mail营销。

3. 内部列表内容设计的原则

邮件列表真正能够取得读者的认可,靠的是拥有自己独特的价值,为用户提供有价值的内容是最根本的要素。当E-mail营销的技术基础得以保证,并且拥有一定数量用户资源的时候,就需要向用户发送邮件内容了,对于已经加入列表的用户来说,E-mail营销是否对他产生影响是从接收邮件开始的。用户并不需要了解邮件列表采用什么技术平台,也不关心列表中有多少数量的用户,这些是营销人员自己的事情,用户最关注的是邮件内容是否有价值。如果内容和自己无关,即使加入了邮件列表,迟早也会退出,或者根本不会阅读邮件的内容,这种状况显然不是营销人员所希望看到的结果。

一份邮件列表的内容编辑与纸质杂志没有实质性的差别,都需要经过选题、内容编辑、版式设计、配图(如果需要)、样刊校对等环节,然后才能向订户发行。电子刊物(特别是免费电子刊物)与纸质刊物的主要区别,就是电子刊物不仅仅是为了向读者传达刊物本身的内容,同时还是一项营销工具,肩负着网络营销的使命,这些都需要通过内容策略体现出来。

在E-mail营销的三大基础内容中,邮件内容与E-mail营销最终效果的关系更为直接,影响也更明显,邮件的内容策略所涉及的范围最广,灵活性最大,邮件内容设计是营销人员要经常面对的问题,相对于用户E-mail资源的获取,E-mail内容设计制作的任务显得压力更大,因为没有合适的内容,即使再好的邮件列表技术平台,邮件列表中有再多的用户,仍然无法向用户传递有效的信息。

E-mail营销的具体形式有多种多样,如电子刊物E-mail营销、会员通信、第三方E-mail广告等,即使同样的E-mail营销形式,在不同的阶段,或者根据不同的环境变化,邮件的内容模式也并非固定不变的。怎么才能为用户提供价值,从而让邮件内容吸引用户是一个复杂的系统问题。冯英健在《网络营销基础与实践》提出了邮件列表内容策略的六项基本原则，为开展内部列表E-mail营销实践中提供了参考。

(1) 目标一致性。邮件列表内容的目标一致性是指邮件列表的目标应与企业总体营销战略相一致，营销目的和营销目标是邮件列表邮件内容的第一决定因素。因此，以用户服务为主的会员通讯邮件列表内容中插入大量的广告内容会偏离预定的顾客服务目标，同时也会降低用户的信任。

(2) 内容系统性。如果对我们订阅的电子刊物和会员通信内容进行仔细分析，不难发现，有的邮件广告内容过多，有些网站的邮件内容匮乏，有些则过于随意，没有一个特定的主题，或者方向性很不明确，让读者感觉和自己的期望有很大差距，如果将一段时期的邮件内容放在一起，则很难看出这些邮件之间有什么系统性，这样，用户对邮件列表很难产生整体印象，这样的邮件列表内容策略将很难培养起用户的忠诚性，因而会削弱E-mail营销对于品牌形象提升的功能，并且影响E-mail营销的整体效果。这里分享WebPower提供的企业邮件营销的系统流程图，了解邮件列表营销内容的系统性，如图6-1所示。

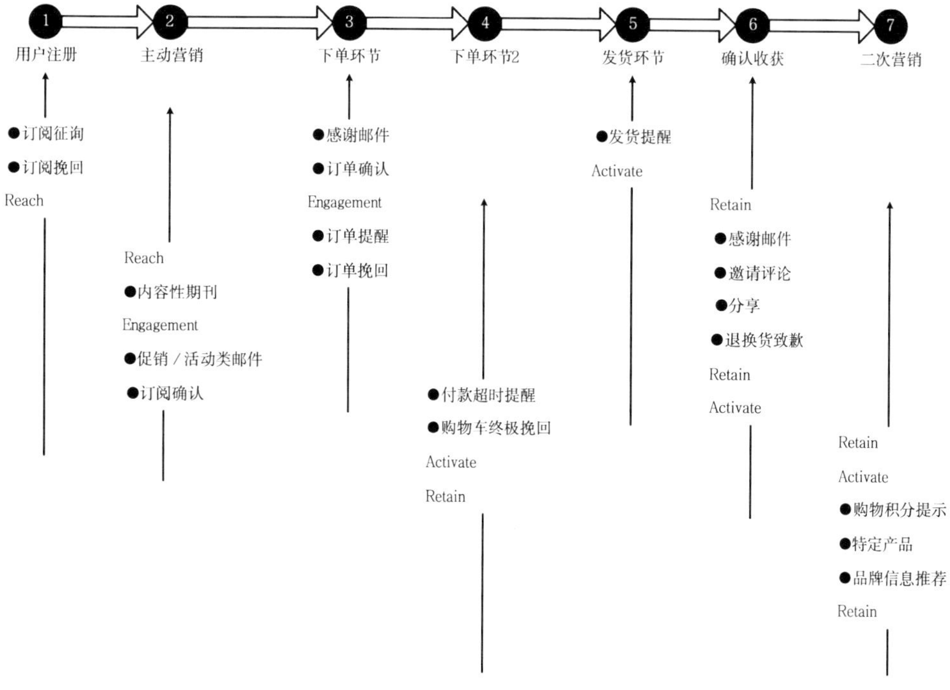

图6-1 WebPower提供的企业邮件营销的系统流程图

(3)内容来源稳定性。可能会遇到订阅了邮件列表却很久收不到邮件的情形,有些可能在读者早已忘记的时候,忽然接收到一封邮件,如果不是用户邮箱被屏蔽而无法接收邮件,则很可能是因为邮件列表内容不稳定所造成。在邮件列表经营过程中,由于内容来源不稳定使得邮件发行时断时续,有时中断几个星期到几个月,甚至因此而半途而废的情况并不少见,知名企业也会出现这种状况。内部列表营销是一项长期任务,必须有稳定的内容来源,才能确保按照一定的周期发送邮件,邮件内容可以是自行撰写、编辑或者转载,无论哪种来源,都需要保持相对稳定性。不过应注意的是,邮件列表是一个营销工具,并不仅仅是一些文章/新闻的简单汇集,应将营销信息合理地安排在邮件内容中。

(4)内容精简性。尽管增加邮件内容不需要增加信息传输的直接成本,但应从用户的角度考虑,邮件列表的内容不应过分庞大。首先,用户邮箱空间有限,字节数太大的邮件会成为用户删除的首选对象;其次,网络速度的原因,接收/打开较大的邮件耗费时间也越多;第三,太多的信息量让读者很难一下子接受,反而降低了E-mail营销的有效性。因此,应该注意控制邮件内容数量,不要过多的栏目和话题,如果确实有大量的信息,可充分利用链接的功能,在内容摘要后面给出一个URL,如果用户有兴趣,可以通过点击链接到网页浏览。

(5)内容灵活性。建立邮件列表的目的,主要体现在顾客关系和顾客服务、产品促销、市场调研等方面,但具体到某一个企业、某一个网站,可能所希望的侧重点有所不同,在不同的经营阶段,邮件列表的作用也会有差别,邮件列表的内容也会随着时间的推移而发生变化,因此邮件列表的内容策略也不算是一成不变的,在保证整体系统性的情况下,应根据阶段营销目标而进行相应的调整,这也是邮件列表内容目标一致性的要求。邮件列表的内容毕竟要比印刷杂志灵活得多,栏目结构的调整也比较简单。

(6)最佳邮件格式。邮件内容需要设计为一定的内容格式来发行,常用的邮件格式包括纯文本格式、HTML格式和Rich Media格式,或者是这些格式的组合,如纯文本/HTML混和格式。一般来说,HTML格式和Rich Media格式的电子邮件比纯文本格式具有更好的视觉效果,从广告的角度来看,效果会更好,但同时也存在一定的问题,如文件字节数大,以及用户在客户端无法正常显示邮件内容等。哪种邮件格式更好,目前并没有绝对的结论,与邮件的内容和用户的阅读特点等因素有关，如果可能，最好给用户提供不同内容格式的选择。关于邮件格式对E-mail营销效果的影响将在后面内容中继续探讨。

四、外部邮件列表策略

外部列表是利用专业服务商或者具有与专业服务商一样可以提供专业服务的机构提供的E-mail营销服务，自己并不拥有用户的E-mail地址资料，也无须管理这些资源。一些大型网站或者专业的邮件列表服务商都拥有自己的邮件服务器和相应的应用程序，有专门的技术人员负责系统的运行和维护，但由于用户资源、管理等方面的限制，内部列表并不一定完全能够满足开展E-mail营销的需要。特别是许多中小网站，企业用户资源积累时间比较长，潜在用户数量比较少，不利于迅速扩大宣传。同时，由于缺乏专业人员，以及投入的资源限制，即使建立了列表，使用列表的效率也比较低。为了某些特定的营销目的，需要建立外部列表，需要借助专业服务商进行外部列表的E-mail营销。

邮件列表专业服务商的发行平台无论是功能上，还是在技术保证上，都会优于一般企业自行开发的邮件列表程序，并且可以很快投入应用，减少了自行开发所需要的时间。因此，当企业互联网应用水平比较低，邮件列表规模不是很大，并不需要每天发送大量电子邮件时，没有必要自行建立一个完善的发行系统。另外，如果用户数量比较大时，企业自行发送邮件往往对系统有较高要求，并且大量发送的邮件可能被其他电子邮件服务商视为垃圾邮件而遭到屏蔽。国外一些发行量比较大的邮件列表，很多也都是通过第三方专业发行平台进行的，如网络营销相关的电子刊物AIM Ezine、Ezlne-tips等。但出于对用户资料保密性等因素的考虑，一些电子商务网站通常需要利用自己的邮件系统发送大量的电子邮件。

对于外部列表来说，技术平台是由专业服务商所提供。因此，E-mail营销的基础相应的也由专业的E-mail营销服务商确定，包括潜在用户的地址资源的选择和E-mail营销的内容设计。

1. 外部列表服务商分类

（1）按服务类型分类。按照外部列表服务商提供的EDM（E-mail Direct Marketing，电子邮件直销），服务类型可以分成综合服务类、服务类和数据服务类。

① 综合服务类的服务商的设计能力和通道能力都较强，一般拥有自己的邮件

管理技术平台和邮件服务器集群系统。主要提供的服务:数据资源租用、邮件广告设计、邮件发送执行、效果监测与改进。由于管理技术平台的开发难度很大,需要很强的技术团队,因此能开发这套系统的企业不多。

目前,国外企业如WebPower、Epsilon、FocusSend等,国内如华思邮件营销(http://www.msmart.cn/)。其中,WebPower是全球领先的邮件营销解决方案提供商,1999年在荷兰成立,先后在全球6个国家设有分支机构,专注于邮件营销领域的产品研究、服务创新和业务咨询。2005年进入中国,提供基于Webpower平台的EDM技术与全案咨询服务,至今服务客户已超过千家,遍布电子商务、教育培训、航空旅游、快消品等各大领域,市场份额稳占行业第一,品牌信誉获得国内多家主流ISP认可,已成长为中国最大的邮件营销服务商。2010年在中国设立公益子品牌"Webpower开放学院"(简称WPOA),以行业发展为己任,致力于推动邮件营销理念分享与行业规范发展。Epsilon是多渠道数据营销技术及服务供应商,拥有三大服务部门,包括营销技术和忠诚度营销管理服务(Marketing Technology)、数字营销代理服务及直复营销服务(Aspen)和定向数据服务(Epsilon Targeting)。将先进的分析技术、数据建模、数据库及忠诚度营销技术与咨询服务结合,帮助公司评估、了解、管理和优化客户关系,每年代表2500多个品牌发送超过400亿封电子邮件。FocusSend成立于2008年,是目前中国最优的许可邮件营销服务提供商,是中国第一个基于美国先进的核心引擎开发的符合中国用户体验的邮件服务平台的研发公司。公司旗下的自主研发的产品"FocusSend"平台目前在中国区邮件投递总量突破了数十亿封。

这些企业有很强的客户服务能力,一般都采用4A(American Associato of Advertising Agencies)的运营模式,为客户提供完整的服务团队,从EDM策划、EDM页面设计、EDM平台租赁、EDM代发,到EDM的发送状况及EDM发送结果汇报报表,提供完整的服务。

② 服务类的服务商拥有较强的客户服务能力,但租用别人通道,主要服务集中在邮件内容设计上,以项目组的形式,按照EDM组邮件营销策划方案,设计制作邮件营销专题页面和平面广告的设计,以及进行企业产品的推广宣传的设计。重点放在如何提高用户打开页面的满意度、如何提高重点信息的点击率等内容。

③ 数据服务类的服务商实际上是数据库营销企业,依托数据库展开EDM工

作，如SinoBase。这类企业的服务方式也是项目组式，租用他人的EDM通道，帮助企业建设成功的客户关系，其服务优势在于数据库和邮件设计。

对于电子商务企业来说，EDM是日常提高企业知名度，扩展新用户群的必备手段。在企业选择EDM服务供应商时，需要根据自己的需要来选择不同的EDM服务商。如企业邮件设计已经具有一定的规范和经验，又有大量的注册用户数据，那么选择通道类的服务商最省钱；反之，又缺乏邮件设计经验、又没有有效的用户数据库，那么还是请在邮件设计方面较强的综合服务商来提供服务。

（2）按服务对象划分。按照外部列表服务商服务的对象可分为面向中小型企业的自助服务商、面向大型企业的自助服务商、提供全部解决方案的服务提供商。

① 面向中小型企业的自助服务商不提供营销策略层面的服务，只要求将营销创意设计和用户邮件地址列表上传到业务商手中。

② 面向大型企业的自助服务商提供的服务更为灵活，允许企业自行设计邮件样式，或是交给服务提供商设计。与面向中小型企业的服务商不同，这类供应商可以处理其他类型的设备和数据来源，而且能够实现的功能也更多。

③ 提供全部解决方案的服务提供商主要面向大型企业级公司，其客户大多是客户货物包装公司和媒体组织，因为这类公司通常都没有什么客户关系管理技术。服务提供商能够根据公司特性提供全面的服务操作，或以某种形式合作，如WebPower、FocusSend等。

（3）专门邮件列表服务商。

国内一些综合性网站相继开通了邮件列表的服务，专门提供创建、发行、订阅邮件列表服务，如网易，还有专门进行邮件列表服务的网站，即第三方邮件列表发行平台，如希网网络。无论是专业性邮件列表网站，还是综合性的邮件列表网站，主要提供以下两种服务：①用户申请邮件列表用户，成为某个邮件列表的管理者，向其他用户提供邮件列表服务；②普通用户订阅邮件列表，成为信息的接收者。

不同发行商提供的服务方式有所不同，有些发行系统除在网页上完成订阅之外，同时还可以提供利用电子邮件直接订阅或退订的功能，有的则可以提供自动跟踪和抓取等先进技术，有些则允许为用户提供个性化服务，例如用户不仅可以自己设定邮件的格式（纯文本格式、HTML格式、Rich Media格式等），而且还可以设定接收邮件的日期，并决定是否允许通过手机或传呼机通知邮件到达信息等。

利用第三方邮件列表发行平台的最大优点是减少了的人工操作，提高了邮件发行效率，但当选择的是免费发行平台时，也附带了一些明显的影响：① 大部分发行商会在提供的代码中插入类似"由XXX(发行商)提供"等字样的标志，并在网页上有指向该发行商网址的链接，对于非商业性网站或者个人主页来说，一般没有影响，但对于商业网站，有时会严重影响企业形象，正如使用免费邮箱和免费网页空间对企业造成的影响一样。因此，商业性网站应慎重，不能因为贪图便宜而伤害到自己企业的形象。可以通过和发行商的联系和协商，在达成一定协议的条件下，避免广告字样。② 当用户输入邮件地址，并点击"订阅"或"提交"按钮后，反馈的是发行商服务器上的确认内容，确认订阅的邮件通常也是直接来自发行商的邮件服务器，这样不仅会给用户造成一种错觉，似乎是点击错误而进入了一个不相干的网页，而且，确认页面通常没有可以返回到刚刚浏览网站的链接。必须与发行商协商，订制一个专用的反馈页面，或者选择一个可以提供自己订制反馈页面的发行平台。③ 无法预计的插入广告。第三方邮件列表发行商吸引其他网站利用其发行系统的主要目的是向邮件列表中的用户投放广告，作为交换条件，插入广告。企业无法预知发行商将要在邮件中投放的广告数量和字节大小，可能会造成邮件字节数过大而收到用户投诉，或邮件内本来已经包含广告，再加上发行商投放的广告显得广告数量过多，可能影响整个邮件的美观。④管理和编辑订户资料不方便。各发行平台管理和编辑订户资料的流程和要求不同，无法查看每天加入和退出用户的详细资料、不能批量导入或导出用户资料、不能获取发送不到的用户地址的详细信息等。⑤系统限制问题。发行系统存在设立用户人数限制、遭受某些邮件服务器的屏蔽、发行系统功能缺陷等问题，需要在实际运用中认真测试和跟踪，并及时排除因邮件列表发行系统可能带来的影响。

采用第三方邮件列表发行系统存在各种各样的问题，因此，在选择服务商时需要慎重，同时考虑到将来可能会转换发行商，要了解是否可以无缝移植用户资料，同时还要考察服务商的信用和实力，以确保不会泄露自己邮件列表用户资料，并能保证相对稳定的服务。

2. 外部列表营销资源选择

从国内目前的E-mail广告市场来看，可供选择的外部列表E-mail营销资源主要有免费电子邮箱提供商、专业邮件列表服务商、专业E-mail营销服务商、电子刊物和新闻邮件服务商、专业网站的注册会员资料等。这些服务商及其E-mail营销形式各有特点,可根据具体需要选择。

(1)服务商的可信任程度。服务商是否值得信任是最基本的条件之一,我们可以通过了解其品牌形象和用户口碑等外在标准来评价。另外,要与邮件第三方服务平台签订邮件相关信息的隐私政策。这是所有公司以及邮件营销平台应该遵守的,并且应该时刻被提醒。如果客户发觉自己的邮件信息被泄露,且通过泄露的渠道发现公司,那么公司会因此付出代价。国内服务商华思邮件营销就在首页上声明:“不提供任何形式的客户列表和信息,数据严格保密且拒绝垃圾邮件。”并以此有效取得客户的信任。

(2)用户数量和质量。用户E-mail地址来源必须是合法的,即经过用户许可的,如注册用户的E-mail邮箱和采用Double Opt-In(双重选择性加入)方式加入的用户。那些采用自行收集、购买、租用用户E-mail地址的公司是不可信任的。“双重选择性加入”是指当用户输入自己的E-mail地址,点击“确认”按钮之后,加入邮件列表的程序并没有完成,系统将向用户的邮箱中发送一封确认邮件,只有用户按照邮件中的指示,如点击某链接,或者回复邮件,才能完成最终加入列表程序。

(3)用户定位程度。在考察服务商对用户的定位程度时,重点考察:能否提供实时追踪分析报告以及用户行为分析功能,能否在发送数据后第一时间了解发送质量,以及后续发送情况,数据包括购买率、转发率、活跃率等;能否准确对有效地址数据进行划分,区分最活跃、一般活跃、不太活跃和沉睡等类别地址用户,并采用相应品牌策略、促销策略和激活策略。

(4)服务的专业性。用户的定位程度是提高营销效率、节省营销成本的关键。主要考察服务商能否有技术水平维护邮件服务器保证服务器的稳定和发送质量,能否提供更加智能化、科技化服务,如购物车提醒、物流追踪提醒、相关商品推荐,以及有邮件与微信的绑定等。能否实时监测每一封邮件在发送后的效果,了解本批邮件有多少封被成功送达、有多少封已被收件人打开阅读、引来多少链接点击等发送后的收件人行为;能否提供HTML到E-mail个性化电邮转换;能否提供API与CRM/网上商店系统集成应用;能否与Facebook或其他社交网的完美结合,将粉丝变成潜在客户等。

(5)合理的费用和收费模式。服务商的专业性能够保证营销效果。主要考察有透明的资费标准,以华思邮件营销网站上公开的资费标准表为参考,如图6-2所示。电子邮件通常按每千客户来定价,不同的电子邮件服务商每千客户的邮件费用高低不一。

国内的邮件营销平台同质化现象很严重,邮件主对EDM平台的选择,还需要参考邮件营销服务商的扩展能力。一个优秀的邮件营销服务商应该同时具有邮件营销的活动策划、发送执行、协助推广、定制化服务等扩展能力。

<table>
<tr><td colspan="4">> >邮件群发资费表</td></tr>
<tr><td colspan="4">1. 选择适合您的套餐</td></tr>
<tr><td colspan="4">按封计费</td></tr>
<tr><td>单次充值金额</td><td>发送资费</td><td>发送量</td><td>图片空间</td></tr>
<tr><td><1000元</td><td>5元/封</td><td>根据充值金额</td><td>5M</td></tr>
<tr><td>≥1000元</td><td>4元/封</td><td>2.5万封左右</td><td>10M</td></tr>
<tr><td>≥3000元</td><td>3元/封</td><td>10万封左右</td><td>20M</td></tr>
<tr><td>≥5000元</td><td>2.5元/封</td><td>20万封左右</td><td>30M</td></tr>
<tr><td>≥10000元</td><td>2元/封</td><td>50万封左右</td><td>50M</td></tr>
<tr><td colspan="4">按次计费</td></tr>
<tr><td>单次发送数量</td><td>发送资费</td><td>图片空间</td><td>备注</td></tr>
<tr><td>5000封以下</td><td>600元/次</td><td>√</td><td rowspan="4">包括邮件的制作和发送(用户需要提供htm模板,邮件制作不超过1页)</td></tr>
<tr><td>5000~10000封</td><td>850元/次</td><td>√</td></tr>
<tr><td>10000~20000封</td><td>1200元/次</td><td>√</td></tr>
<tr><td>大于20000封</td><td>来电垂询</td><td>√</td></tr>
<tr><td colspan="4">设计及制作资费</td></tr>
<tr><td>模板设计</td><td>邮件正文制作</td><td colspan="2">备注</td></tr>
<tr><td></td><td></td><td colspan="2">说明:邮件制作根据邮件页面长度而定</td></tr>
</table>

图6-2　华思邮件营销部分资费公开页面

3. 外部列表E-mail内容的设计

在选择了合适的E-mail服务商之后,主要的任务就是E-mail内容的设计。与内部列表E-mail营销不同,由于利用外部列表开展E-mail营销活动通常是临时性，或者一次性的，因此不需要对E-mail内容进行长期的规划，一般只需针对活动当时的营销目的进行内容设计。

与一般的邮件列表内容一样，专业服务商投放的E-mail广告也需要具备电子邮件的基本要素，即发件人、邮件主题、邮件正文、附加信息等，其中邮件主题和正文内容是E-mail营销的核心，但发件人和附加信息对用户是否信任，广告内容发挥了重要的辅助作用，因为正是通过这些信息，收件人才知道该广告邮件来自何处，是垃圾邮件还是正规的E-mail营销。

国内领先的许可邮件（EDM）营销服务提供商——上海亿业科技，在官网上提供了《EDM邮件模板制作指南》（http://www.easeye.com.cn/），从中可以了解外部列表E-mail内容设计的一般要求。

指南从格式编码、文字、图片及链接、Outlook规则给出指引。

（1）格式编码。

① 页面宽度请设定在600-800px（像素）以内，长度1024px以内。

② HTML编码请使用UTF-8。

③ HTML代码在15KB以内（各个邮箱的收件标准不一样，如果超出15KB，邮件很有可能会进入垃圾邮件箱）。

④ 请使用table表格来布局。同一个<td>里只放一张图片，所有的图片都要定义高和宽。同一段文字放在同一<td>里。

⑤ 如果需要邮件居中显示，请在table里设定align="center"。

⑥ 不可将Word类文件直接转换为html格式，否则会造成编码不规范。

⑦ 不要使用外链的CSS样式定义文字和图片（外链的CSS样式在邮件里将不能被读取，所以发送出去的邮件因为没有链接到样式，将会使邮件内容样式丢失），正确的写法使用植入式和内联式方式。

⑧ 不使用Flash、Java、JavaScript、Frames、Iframes、ActiveX以及DHTML，如果页面中的图片一定要是动态的，请将Flash文件转换成gif动画使用，但在Outlook 2007里，gif动画不能正常显示，因为Outlook 2007限制gif动画。

⑨ 不要使用<table></table>以外的body、meta和html之类的标签，部分邮箱系统会把这些过滤掉。

⑩ 不要出现“onMouseOut”“onMouseOver”，即使在<td>里设置了，发送到邮箱

后也将被过滤，将不能显示设定鼠标经过所显示的内容。

⑪ 若邮件模板内侧边或者上下有空白间距，不要用padding，必须使用标准的td来设定空白间距，否则会导致各个邮箱解析不同。

⑫ 在Yahoo邮箱里line-height要定义时的注意事项：需在块元素里定义行高，如果td里有<p>标签，则line-height也必须在p里定义。无论是td还是p，如果有超链接，则都必须在a标签里定义line-height。如果只是在td或者p里面定义line-height，那Yahoo邮箱将无法识别a标签里面的行高。

⑬ 不使用alt，里面的注释文字会被过滤。

⑭ font-family属性不能为空，否则会被QQ屏蔽为垃圾邮件。

（2）文字。

① 邮件主题控制在18个字以内，避免使用——！……等符号，容易产生乱码。

② 邮件主题和内容都不要加入带有网站地址的信息，如“yangyan.com祝您新年好”。如果客户的品牌知名度比较高，主题上可加入一下公司的名称，如“NIKE运动时尚”。

③ 文字内容、版面尽量简洁，突出主题，以达到更高的点击率。

④ 不使用类似如下敏感及带促销性质的文字：免费、优惠、特惠、特价、低价、便宜、廉价、视频、赚钱、群发、发财、致富、代开、薪水、交友、支付、商机、法宝、宝典、秘密、情报、机密、保密、绝密、神秘、秘诀等。如果一定需要，请把敏感字制成图片。

⑤ 如果发送超过20万封，主题内容要更换，发送超过200万封，要考虑重新设计。

（3）图片。

① 尽量避免使用图片，注意平衡图片和文字的比例。

② 整页图片控制在8张以内，每张图片最大不能超过15KB。

③ 图片地址请不要写成本地路径，例如：

<img src="image / tu.gif "alt="" / >（这样发送出去的邮件，收件人将没办法看到您的图片）。正确的写法应该是：<img src="http: / / 放置图片的网络空间绝对地址 / tu.gif "alt="" / >。

④ 图片名称尽量减少特殊字符命名，后缀.jpg不能大写，否则某些邮箱无法识别或造成图片不显示。另外，图片名称不能含有ad字符，否则图片上传后会显示成“被过滤广告”。

⑤ 在Photoshop中，不要把整图直接切成过多小图，然后直接存储为web格式，这种模板在邮箱中显示效果不正常，同时进入垃圾箱的风险也极高。

（4）链接。

① 链接数量不能超过10个，如果所有图片的链接地址一样，请将所有的小图合并成一张大图。

② 链接请写成绝对地址，例如：<a href="http://www.yangyan.com">文字或图片<／a>（以确保收信人在点击链接时能够正常浏览内容）。

③ 链接地址的长度不能超过255个字符，会导致无法追踪或链接错误。

④ 尽量不要使用地图功能链接图片，此功能会使邮件被多数邮箱划分为垃圾邮件。

⑤ 文字中出现网站地址链接被屏蔽为垃圾邮件的风险是极高的，建议直接写成文字加链接，或将网址做成图片链接。

⑥ 为避免用户收到的邮件图片无法浏览，请制作一份和邮件内容一样的Web页面，然后在邮件顶部写一句话：“如果您无法查看邮件内容，请点击这里”，链接到放有同样内容的Web页面。

（5）Outlook规则。

① <col>标签不能被识别，如果要定义几个td相同的宽度，可以把具体的宽度写在具体的td里。

② 内联元素的padding无法被识别，可以在td里定义padding。

③ 内联元素vertical-align不能被识别，可以在<td valign="bottom"><img src="1.jpg"><／td>即可。

第三节　许可营销专题实训

许可营销专题实训主要包括制定营销计划、邮件列表内容设计和学习、下载安装、使用常用软件等三部分任务。

[实训目的]学习制定许可E-mail营销计划，掌握邮件列表内容的设计；掌握自

动邮址搜索软件、群发邮件软件的下载安装和使用。

[实训内容]

① 制定营销计划。选择市场现有品牌或自创品牌的产品，针对近期相应的节日，向目标客户发送促销活动信息。

② 邮件列表内容设计。选择专业邮件列表平台，学习创建邮件列表、收集地址资源、设计内容。

③ 使用软件发送自建的邮件列表内容。

④ 效果报告分析。

[实训要求]

① 编写邮件列表内容文案，并设计成Web页面。

② 记录创建邮件列表的过程。

③ 编制效果报告。

通过图表可以对发送的邮件进行效果评估，可以通过发送总数、点读数、打开的人数、订阅数和退订数来评价已发送邮件的效果。

【课后思考题】

1. 许可营销的定义。
2. 许可营销的原理。
3. 邮件列表的含义和类别。
4. 如何选择外部邮件列表服务商？
5. 创建一个邮件列表。

【本章参考文献】

1. 冯英健.网络营销基础与实践（第4版）[M].北京:清华大学出版社,2007.
2. 程红.网络营销[M].北京:北京大学出版社,2013.
3. 瞿彭志.网络营销（第三版）[M].北京:高等教育出版社,2010.
4. 昝辉.网络营销实战密码[M].北京:电子工业出版社,2011.

第七章 其他网络营销策略和方法

学习目的:

掌握病毒性营销的概念和特点,掌握博客营销策略和电子书营销策略,了解移动营销策略方法;通过电子书营销实训体验病毒性营销的策略方法和电子书制作与发行的技能。

第一节 病毒性营销

病毒性营销以其特有的优势赢得了众多企业的青睐,尤其为刚进入网络经营环境的企业营造了曝光与展示机会,其战略思想主要体现在为用户提供有价值的免费服务的同时,附加上一定的推广信息,在用户主动分享中最大化实现营销信息的快速传播。病毒性营销策略就是研究如何有效地将信息传播与营销目的结合的手段和方法。

一、病毒性营销的基本思想

1. 病毒性营销的产生和发展

病毒性营销的起源,最早可以追溯到1994年,媒体批评家道格拉斯·洛西可夫(Douglas Rushkoff)在其著作《媒介病毒》中曾经做过如下描述:假设一支广告成功到达了"易感"用户,这个用户就会被"感染"(如注册一个账号),然后继续去"感染"其他"易感"用户。从理论上看,只要每个被"感染"的用户发送电子邮件告知平均一位以上的朋友,那么这个传播机制就会不断进行下去,直到所有"易感"用户都收到了这条消息。

1996年创立的Hotmail,在推广自己的邮箱服务的时候,就最早采用了病毒性营销的模式,在邮件中设置一个链接,每个收到Hotmail邮件的用户,都可以轻易地通过此链接注册Hotmail,通过这样的方式,让每个用户都成为Hotmail的免费的宣传者。在创立之后的1年半时间里,Hotmail就吸引到了1200万注册用户,而且还在以每天超过15万新用户的速度发展,成为市场的领导者。具体流程如下。

(1)提供免费E-mail地址和服务。

(2) 在每一封免费发出的信息底部附加一个简单标签:"Get your private free email at http://www.hotmail.com"。

(3) 人们利用免费E-mail向朋友或同事发送信息。

(4) 接收邮件的人将看到邮件底部的信息。

(5) 这些人会加入使用免费E-mail服务的行列。

(6) Hotmail提供免费E-mail的信息将在更大的范围扩散。

之后的YouTube、LinkedIn、Twitter、Facebook等也都相继采用这样的营销战略,其根本在于有效利用了用户的社交网络和口碑传播资源。

Hotmail的爆炸式发展,吸引了大批的学者对其进行了研究。1997年风险投资家Steve J.在描述hotmail电子邮箱的时候,第一次提出了病毒式营销(Viral Marketing)这一概念,并且用病毒式营销这一术语成功解释了Hotmail成长背后的原理。

近年来我国互联网快速发展,病毒营销在国内也得到应用,并积累了宝贵的实践经验。国内病毒营销的成功实践比较典型的案例之一是开心网。开心网由北京开心人信息技术有限公司创办于2008年3月,是国内第一家以办公室白领用户群体为主的社交网站,为广大用户提供包括日记、相册、动态记录、转帖、社交游戏在内的丰富易用的社交工具,使其与家人、朋友、同学、同事在轻松互动中保持更加紧密的联系。通过好友间邀请的方式,成功地进行病毒式营销活动,在短短的几个月内,使得其注册用户数成几何级数增长,仅10个月,开心网注册用户ID数达到1300多万,截至2012年4月底,网站注册用户已突破1.3亿。

另一个典型例子是可口可乐携手腾讯举办的"奥运火炬在线传递活动"。2008年3月24日,在雅典古奥林匹亚遗址,第29届奥林匹克运动会圣火成功点燃,举世瞩目;就在同一天,作为本届奥运会赞助商的可口可乐携手腾讯举办的"奥运火炬在线传递活动"也正式拉开帷幕。仅一周时间,参与人数就突破700万;两周后,参与人数高达1700余万。此次火炬在线传递,从活动流程来看,主要是依靠QQ好友间一对一的传播。参与者首先需要被好友邀请,然后再顺利邀请另一好友才能成功参加。

"奥运火炬在线传递活动"堪称病毒性营销的经典,借助"北京2008奥运圣火传递"这一全球瞩目的事件,通过网络平台,使网民的爱国激情得到了比较好的宣泄。成为奥运火炬传递手，几乎是每个国人的梦想，然而，真正能实现这一梦想的人毕竟屈指可数，对于大多数普通民众而言，在线传递火炬就成为他们表达心中奥运情结的一个极佳方式。

2014年1月25日晚，微信新版5.2上线，一个有趣的公共号——“新年红包”开始病毒式地在微信群、朋友圈中传播开来。“新年红包”只需3个步骤就可玩转：填写红包信息、微信支付成功、发送给好友/微信群。红包发放的金额没有设上限，也不设人数限制，但发送给指定好友的红包面值最小为1元人民币。新年红包目前只支持储蓄卡付款。接获的一方在打开红包后，钱款将自动进入其微信支付账户，并可在最多1日之内再转入与其微信关联的银行卡。微信红包吸引大量人群绑定银行卡，成为微信支付新增用户，实现了逆袭支付宝的目的。据中国电子商务研究中心监测数据显示，从除夕开始，截至大年初一下午16时，参与微信抢红包的用户超过500万，总计抢红包7500万次以上，平均1秒领取的红包达到9412个。高峰时段出现在除夕夜零点时分，前5秒内有58.5万人次参与抢红包。

微信红包也是一个能够点燃关系链的产品，用户在抢红包时的惊喜、懊恼、炫耀、再期待等各种情绪被激发出来，同时又将借助群及朋友圈被主动传播。

通过三个不同阶段的典型案例可以看出：利用他人的资源，他人的社交网络，他人的分享空间，他人主动的交互与分享，呈几何级数地繁殖，是病毒性营销的特征。

2. 病毒性营销的定义和基本要素

病毒性营销（Viral Marketing，也称病毒式营销、病毒营销）是基于网络的营销手段，是运用互联网技术进行的“口碑”营销，并非以传播病毒（利用病毒或流氓插件）的方式进行推广宣传，而是通过用户的口碑宣传网络，通过一套合理有效的积分制度引导并刺激用户主动进行宣传，使得信息像病毒一样以快速复制的方式传播或扩散给数以千计、数以万计的受众。病毒式营销是有益于用户的营销模式，其前提是拥有具备一定规模的、具有同样爱好和交流平台的用户群体。病毒性营销中的核心词是“营销”，“病毒性”只是描述营销信息的传播方式。病毒营销实际是一种信息传递战略，是一种概念，没有固定模式，最直接有效就是利益捆绑式营销。

病毒性营销究其本质来说，是在为用户提供有价值的免费服务的同时，附加上一定的推广信息，常用的推广工具包括电子书、视频、Flash短片、即时聊天工具、邮箱贺卡等，即为用户获取信息，使用网络服务、娱乐等带来方便的工具和内容。病毒性营销的关键在于创意传播的内容，或者有趣味性，或者对用户有价值，或者迎合了社会热点，只有能打动用户的"心"，用户才会主动去传播。

美国著名的电子商务顾问Ralph F.Wilson博士认为病毒式营销是一种营销战略，能够鼓励用户将营销信息传播给其他人，并为信息的曝光和影响创造潜在的增长动力，使之呈几何级数增长。他将一个有效的病毒性营销战略归纳为6项基本要素：

（1）提供有价值的产品或服务。没有价值的产品或服务，就如同没有"毒性"的病毒，不能传染消费者，也不能吸引其购买产品或服务。产品或服务的价值应当使消费者产生"满意"甚至是"高度满意"的评价，否则，一旦得到"不满意"的反应，被传播的将是"坏口碑"。另外，大多数病毒性营销计划提供有价值的免费产品或服务来引起注意，"便宜"或者"廉价"之类的词语可以产生兴趣，但是"免费"通常可以更快引人注意。

（2）提供无须努力地向他人传递信息的方式。病毒只在易于传染的情况下才会传播，先使易感染人群中的个体成为最初的病毒携带者，病毒随着携带者的交往活动，传播给下一级的易感染人群。为此，携带营销信息的媒体必须易于传递和复制，如E-mail、网站、图表、软件下载等。病毒性营销借助于口碑传播的宣传网络，尤其在互联网上得以极好地发挥作用，是因为即时通信变得容易而且廉价，数字格式使得复制更加简单。

（3）信息传递范围很容易从小向大规模扩散。为了"病毒"爆发得以蔓延扩散，必须具备宜于传播和承受访问压力的平台，传输方法能够从小到大迅速改变。Hotmail模式的弱点在于免费E-mail服务需要有自己的邮件服务器来传送信息，如果这种战略非常成功，就必须迅速增加邮件服务器，否则将抑制需求的快速增加。如果病毒的复制在扩散之前就扼杀了主体，营销目的也就不能实现。

（4）利用公共的积极性和行为。信息传播活动起源于人类社会化的生产劳动和生活活动的需求，这种活动直接产生于人类生存发展的共同需要。互联网的发展，人类自己作为个人的传播力、影响力得到了无限的延伸。从人性的角度来讲，人们喜欢传播、分享的总是有趣的搞笑段子，是爱国活动，是一切有共鸣的、新奇的、刺激的、好玩的东西。让用户能满足某种需求的这个东西，用户才会愿意分享。尽管被传播的内容里面被悄悄地融入了微量的商业元素，但却能使用户开心聊天的同时，和企业在一种软性的、心理感受的层面上进行对话，为了传输而建立在公众积极性和行为基础之上的营销战略将会取得成功。

（5）利用现有的通信网络。社会科学家告诉我们，每个人都生活在一个8～12人的亲密网络之中，网络之中可能是朋友、家庭成员和同事，根据在社会中的位置不同，一个人的社会网络中可能包括几十、几百或者数千人。互联网通过各种平台提供的服务，应当大力发展关系网络，学会把自己的信息置于人们现有通信网络之中，并迅速地把信息扩散出去。

（6）利用别人的资源。最具创造性的病毒性营销计划是利用别人的资源达到自己的目的。借势造势，最大限度地降低成本，争取大众传媒的跟进报道，放大事件。例如，"发红包"计划，借用传统过年发红包的习俗，使用消费者自己的钱发给自己社交圈内好友，迅速以不可逆转之势引爆微信。

3. 病毒性营销的一般规律

新竞争力网络营销管理顾问（www.jingzhengli.cn）将病毒性营销的一般规律归纳总结为下列5个方面：

（1）病毒性营销的"病毒"有一定的界限，超出这个界限的病毒性营销方案就成为真正的病毒了。没有人喜欢自己的电脑出现病毒，病毒性营销的基本思想只是借鉴病毒传播的方式，本身并不是病毒，不仅不具有任何破坏性，相反还能为传播者以及病毒性营销的实施者带来好处，因此，病毒性营销和病毒之间并没有任何直接的联系。但在病毒性营销的实际操作中，如果没有认识到病毒性营销的本质是为用户提供免费的信息和服务这一基本问题，有时可能真正成为传播病毒了，尤其利用一些技术手段来实现的病毒性营销模式，如自动为用户电脑安装插件、强制性修改用户浏览器默认首页、在QQ等聊天工具中自动插入推广信息（称为"QQ尾巴"）等，其实已经不能称之为病毒性营销，而是传播病毒了。

（2）成功的病毒性营销离不开6个基本要素（上述Ralph F.Wilson博士的病毒性营销战略）。在制定和实施病毒性营销计划时，应该进行必要的前期调研和针对性的检验，以确认自己的病毒性营销方案满足6个基本要素。

（3）病毒性营销并不是随便可以做好的，需要遵照一定的步骤和流程。网上营销新观察(www.marketingman.net)的研究认为,成功实施病毒性营销需要5个步骤。

① 病毒性营销方案的整体规划和设计。

② 病毒性营销需要独特的创意。

③ 对网络营销信息源和信息传播渠道进行合理的设计以便利用有效的通信网络进行信息传播。

④ 对病毒性营销的原始信息在易于传播的小范围内进行发布和推广。

⑤ 对病毒性营销的效果进行跟踪和管理。

(4) 病毒性营销的实施过程通常是无须费用的,但病毒性营销方案设计是需要成本的。病毒性营销通常不需要为信息传递投入直接费用,但病毒性营销方案不会自动产生,需要根据病毒性营销的基本思想认真设计,在这个过程中必定是需要一定资源投入的,因此不能把病毒性营销理解为完全不需要费用的网络营销,尤其在制定网站推广计划时,应充分考虑到这一点。此外,并不是所有的病毒性营销方案都可以获得理想的效果,与其他营销方案的实施一样,结果要受到各种因素的影响。

(5) 网络营销信息不会自动传播,需要专业人士的推广。病毒性营销信息不会实现自动传播,需要借助于一定的外部资源和现有的通信环境来进行,这种推广可能并不需要直接费用,但需要合理选择和利用有效的网络营销资源,需要相关专业人士进行推广。

二、病毒性营销的模式

病毒性营销并没有固定的模式,其基础是提供有价值的免费服务、吸引人的免费信息等,并且这些服务和信息是容易通过互联网用户自动传播的。企业在互联网上进行病毒性营销,可以借助的信息载体主要有E-mail、博客、电子书、社交网络、论坛(BBS)、微博和微信等。按照病毒性营销信息载体的性质进行划分,常见的病毒性营销形式主要包括4类。

(1) 通信服务类:提供免费通信工具,形成用户圈,这个圈子自动扩大形成规模,如ICQ、免费E-mail等。

(2) 优惠服务类:转发在线优惠券、转发商品信息短信等。

（3）实用功能型：免费使用软件、免费在线查询（域名查询、邮政编码查询、手机号码属地查询、IP属地查询等）、在线评价等。

（4）免费信息类：适合转发和下载的情感故事、幽默故事、贺卡、Flash、视频、电子书、流行歌曲等。

基于E-mail的病毒性营销是指借助互联网邮件服务商提供的免费邮箱服务或企业自身的邮件列表，在用户许可的前提下，通过电子邮件的方式向目标用户传递目标信息的网络营销手段和方法。传播营销邮件更像是一种战略，采用传统商业社会中"找朋友"的方式，鼓励一个企业的老客户去向自己的朋友们推荐有关企业的产品和信息。有些互联网企业由于好的产品和服务以及有口皆碑的宣传推广，客户数量已取得了迅猛的增长。例如，提供免费电子邮件服务的Hotmail公司就是一个很好的例子，由于Hotmail公司在向客户发出的每封邮件末尾附带一条Hotmail的推广信息，很快就吸引了上百万的客户访问Hotmail网络并注册加入。还有利用邮件列表进行电子杂志订阅或通过会员专区发放优惠券，这部分详细内容请阅读第六章。其他比较典型的病毒性营销形式，如博客营销、事件营销、电子书营销、社区营销、论坛营销和微信营销等，既带有病毒性营销特征，也具有自身营销特点，将通过以下各节进行介绍。

第二节 博客营销

一、博客营销概述

1. 博客营销的本质和特点

博客是日记形式的网站，是写日记（博文）的博客人写的文章，并结合了文字、图像、其他博客或网站的链接及其他与主题相关信息的媒体形式。博客有普通日记的特征，正文是按时间排序，但最新的文章排在最前面，旧日记会被逐次地推到后面；博客的主要特点之一就是RSS种子订阅，读者可以使用自己喜欢的RSS阅读器订阅博客，而不必到博客网站上来看；博客另一个特点就是能够让读者以互动的方式留下意见，因此，强烈吸引喜欢博客（文章或博客人）的粉丝，开放参与的特点使博客成为几年来互联网上最火爆的网络应用之一。截至2014年12月，我国博客用户规模为1.09亿。博客营销的环境已经成熟。

博客营销是企业运用博客宣传自己,即发表原创博客帖子,建立权威度,进而影响用户购买的营销手段。其本质在于争夺话语权,通过原创的、专业化的内容吸引读者,培养一批忠实读者,在读者中建立信任度、权威度,形成个人品牌,进而影响读者的思维和购买决定。博客营销围绕企业整体营销目的,通过编写以个人为主体的博客内容,实现企业的经营目标。

博客营销的特点:

(1) 博客与其他网络营销工具一样是一个信息发布和传递的工具,但博客具有知识性、自主性、共享性等基本特征,因此,博客营销是一种基于个人知识资源(包括思想、体验等表现形式)的网络信息传递形式,是通过对知识的传播达到营销信息传递目的的营销手段。

(2) 博客与企业网站相比,文章的内容题材和发布方式更为灵活,推广效率方面要高过一般的企业网站。企业网站的内容主要是产品资料等,表现形式往往比较严肃。而博客文章内容题材和形式多样,更容易受到用户的欢迎。

(3) 与门户网站发布广告和新闻相比,博客传播具有更大的自主性。博客内容完全由博客人自主设计,包括题材、表现形式、信息量。而门户网站发布的广告和新闻,营销人员无法主动掌握文章或者广告,由网站或者其代理机构来操作,对信息传播内容和方式等有较大的限制,还需要支付高昂的费用。博客的信息传递无须直接费用,是低成本的推广方式。

(4) 与供求信息平台的信息发布方式相比,博客的信息量更大、表现形式更灵活;信息量取决于问题描写的需要,内容中立。

(5) 与论坛的营销信息发布方式相比,博客文章显得更正式,可信度更高。论坛信息量限于100字,很快被删掉;博客是独立的网页,能够被搜索引擎收集检索到。完整的原创内容和相关的照片图像等博客网页的所有信息内容集合代表了博客人的整体形象,包括品格、品味、为人、风格、世界观等。博客是独立的实名制的,发表客观感想,可信度较高。

(6) 由于博客营销以博客人的个人行为和观点为基础,所以博客营销必须正确处理个人观点与企业立场的关系问题。企业博客在一定意义上起到公关的作用。

2. 博客营销的价值

博客作为一种营销信息工具,发挥的是网络营销信息传递的作用,因此,其网络营销价值主要体现在企业市场营销人员可以用更加自主、灵活、有效和低投入的方式发布企业的营销信息,直接实现企业信息发布的目的、降低营销费用和实现自主发布信息等是博客营销价值的典型体现。根据新竞争力网络营销管理顾问(www.jingzhengli.cn)对国内外有关博客营销研究的主要观点,博客的网络营销价值主要体现在8个方面:可以直接带来潜在用户、降低网站推广费用、为用户通过搜索引擎获取信息提供了机会、可以方便地增加企业网站的链接数量、以更低的成本对读者行为进行研究、博客是建立权威网站品牌效应的理想途径之一、减少了被竞争者超越的潜在损失、让营销人员从被动的媒体依赖转向自主发布信息。

(1) 博客可以直接带来潜在的用户。博客一般发布在第三方专门博客服务平台、企业内部网站专门的博客频道和门户网站博客服务频道上,这些网站平台或频道拥有大量用户群体,有价值的博客内容会吸引大量的潜在用户浏览,能够实现网络营销的目的,这也是博客营销的直接价值体现。

(2) 博客营销可以降低网站推广费用。所有的博客服务平台为聚集更多的使用者和访问者,均采用免费注册的方式,使得博客人获得免费的博客空间。企业通过博客的方式,在博客内容编辑中加入要推广的内容,既实现了网站推广的目的,又实现了推介产品与服务的功能。在免费的博客中进行企业宣传和推广,极大地降低了推广的费用,提高了网站的访问量,提升了企业品牌的知名度。

(3) 博客文章为用户通过搜索引擎获取信息提供了机会。博客页面内容可以被搜索引擎软件抓取到,这为企业提供了除网站之外的在搜索引擎上曝光的机会,多渠道传递是网络营销取得成效的保证;另一方面,通过搜索博客文章,可以增加用户发现企业信息的机会。

(4) 博客文章可以增加企业网站的链接数量。获得网站的链接是网站推广的有效方法,企业网站的知名度较低时,获得网站的交换链接很难,而与企业自身的博客进行链接是顺理成章的事情。博客文章页面与企业网站内容之间建立起互链关系,既为网站带来新的访问量,也增加了网站在搜索引擎排名中的优势。

(5) 博客空间的访问量和参与交互的用户,可以成为低成本用户研究的资源。可以通过话题吸引用户参与,使博客空间成为用户交流的场所,收集更多用户需求信息。

(6) 博客可以提升网站和个人的品牌效应。个人和企业要想拥有网上的话语权,提升企业或个人的品牌知名度,最便捷的方式就是建立自己的博客。

(7) 博客减少了被竞争者超越的潜在损失。博客在全球范围内已经成为最热门的互联网应用之一,不仅参与博客创作的人数急剧增长,浏览博客内容的人数也越来越多。博客相较于企业网站和其他渠道来说,是一个用户可信赖的信息补充与完善的资源,有效地弥补了竞争对手通过网站和其他渠道的超越。

(8) 博客让营销人员从被动的媒体依赖转向自主发布信息。传统营销模式下,企业更多地依赖媒体来发布企业信息,不仅花费较大成本,而且在内容的编辑上也有很大的局限性。博客营销人员可以随时随地发布希望发布的信息,只要信息对用户是有价值的,能够为用户检索、阅读并分享,就能够实现企业网络营销的目的。

二、博客营销策略

1. 博客营销的模式

不同行业、不同规模企业的博客营销模式也不尽相同,事实上博客营销可以有多种不同的模式,从企业博客的应用状况来看,企业博客营销主要有下列6种常见模式:

(1) 企业网站博客频道模式。

企业网站自建博客频道,鼓励公司内部有写作能力的人员发布博客文章以吸引更多的潜在用户,是大型企业博客营销的主流方式。对企业外部来说,可以增加企业网站的访问量,获得更多的潜在用户,对企业品牌推广、增进顾客认知、听取用户意见等方面均可以发挥积极作用;对企业内部而言,可以提高员工对企业品牌和市场活动的参与,可以增进员工之间以及员工与领导之间的相互交流,丰富企业的知识资源。但企业网站自建博客频道需要进行相应的资源投入和管理,增加了网站运营管理的复杂性,并且需要对员工进行信息保密、博客文章写作方法、个人博客维护等相关知识培训,同时也不能让部分员工觉得增加了额外负担,产生抵触情绪等。

(2) 第三方BSP公开平台模式。

最常见的博客营销模式就是利用第三方BSP平台开展营销,也是最简单的博客营销方式之一,在体验博客营销的初期常被采用,如网易、腾讯、搜狐等提供的博客频道。第三方公共平台博客营销的好处在于操作简单,不需要维护成本。但由于用户群体成分比较复杂,如果在博客文章中过多介绍本企业的信息往往不会受到用户的关注。实际上,受到高度关注的企业员工通常并不适宜在公共博客网站以个人身份公开发表公司的信息。因此第三方BSP(Blog Service Provider,博客服务提供商)公共平台模式提供的博客服务通常作为个人交流的工具,对企业博客的应用有一定的限制。

利用第三方博客平台的博客营销可以归纳为5个基本步骤:选择博客托管网站、制定博客营销计划、坚持博客写作、综合利用博客资源与其他营销资源、对博客营销的效果进行评估。第三方博客只能添加文章和图片,可以修改模板,在系统的范围内可以增加部分小应用程序来扩充功能。

(3) 建立在第三方企业博客平台的博客营销模式。

这种形式的博客营销也是建立在第三方企业博客平台上,主要区别在于这种企业博客平台不同于公共博客以个人用户为主,而是专门针对企业博客需求热点提供的专业化的博客托管服务。第三方企业博客平台的典型问题在于:对提供这种服务的平台的依赖性较高,如功能、品牌、服务、用户数量等;企业网站与企业博客之间的关系不够紧密;员工博客的访问量难以与企业网站相符合,因而对企业的知识资源积累所发挥的综合作用有所限制。

企业博客和职业博客区别于通常意义上的博客,即生活和娱乐博客,突破了常规的电子商务服务功能,提供了符合企业和各类职业人士实际需求的商务和职业应用,不是简单地在原来电子商务网站的论坛中增加一个博客功能或者成为个人文集或日记,而是独创性将博客的概念与电子商务、职业发展有机地结合在一起,为企业和职业人构建一个真正意义上的网上商务与工作平台,可以涵盖各类职业人士和企业的网上商务和职业活动,不只是限于发布文章和日志。企业可以用此发布产品信息、供求信息、合作信息,开设网上销售与采购的窗口,宣传企业诚信、和善形象,建立客户信任,开辟高效直接的客户互动交流渠道,加强了解客户、服务客户,搭建一个信息和思想共享平台,互相吸取,开展高效的网上协同商务和协同办公等;而作为职业人,可以用此来展示个人的职业专长、工作业绩,开展职业交流,提供职业服务等。

(4)个人独立博客网站模式。

独立博客就是个人购买域名空间,然后用博客程序创办独立博客,独立博客程序和数据都完全由自己控制,可以修改博客程序、更换模板、添加功能等。如果要是自己喜欢程序,或者想有个独立的个人品牌,可以考虑自己设计独立博客,也可以通过独立博客服务商平台,如中文博客平台(wordpress),自己建立有自己独立域名的博客网站。

企业博客依赖于员工的个人知识,作为独立的个体,除了以企业网站博客频道、第三方博客平台等方式发布博客文章之外,以个人名义用独立博客网站的方式发布博客文章也很普遍。个人拥有对博客网站完整的自主管理维护权力,因此个人可以更加充分地发挥积极性,在博客中展示更多个性化的内容,并且同一企业多个员工个人博客之间的相互链接关系也有助于每个个人博客的推广,多个博客与企业网站的链接对于企业网站的推广也有一定价值。

(5)博客营销外包模式。

由第三方专业机构/人员提供服务,即将博客营销外包给其他机构来操作。外包模式的优点是,企业无须在博客营销方面投入过多的人力,不需要维护博客网站或频道,相应地也就降低了企业博客管理的复杂性。经过精心策划的博客营销外包往往能取得巨大的影响力。如猪八戒网就提供博客营销外包中介服务,可以让企业选择更好的原创博文来宣传自己。这种模式带有明显的阶段性,一般对有新闻效益的热点事件,如企业庆典、重要产品发布等特殊阶段,具有一定效果。然而,没有企业员工参与,非企业员工对企业信息的了解毕竟有限,第三方的博文难以全面反映优秀的企业文化和经营思想,也不利于通过博客与顾客实现深入地沟通;同时,企业员工对博客的关注程度也会降低,长期下来对用户的可信度等方面也会产生一定影响。

(6)博客广告模式。

博客广告是一种付费的网络广告形式,即将博客网站作为网络广告媒体,利用博客内容互动性的特性获得用户的关注。在应用方面,技术含量高,用户需要许多方面信息才能做出购买决策的行业在博客广告方面已经做出成功尝试,如IT

产品、汽车和房地产等。

2. 博客营销的步骤和方法

博客营销是通过博客网站或博客论坛接触博客作者和浏览者，利用博客作者个人的知识、兴趣和生活体验等传播商品信息的营销活动。博客营销的主要步骤和方法有：

（1）企业博客营销定位。企业博客在考虑营销定位时应首先考虑选择博客营销的目的，同时结合个人或企业可利用的资源。由于博客是以个人为基础的，所以应该主要根据自己的资源来定位博客的类型。如果对市场及管理比较精通，可在博客里发布成功经验、营销高招、管理技巧、品牌建设等；如果对某个方面的技术比较在行，可在博客发布疑难技术问题、解决方案、新产品、新工艺等。正确的定位及正确地选择博客平台，可以让自己的博客成为高质量的博客，容易获得管理员及用户的青睐，有资源高质量的内容发布，才能达到预期的营销效果。

（2）选择博客营销的模式。在企业博客营销的6种模式中，一般首选企业网站自建博客频道进行博客营销，既可以对外宣传，又可以培训员工。其次，选择第三方BSP或企业博客平台开展营销，这是最常用的方法。目前各种网络知名平台基本都提供博客平台，如新浪、网易、搜狐、腾讯、百度、阿里、天涯、猫扑等，又有如企博网、博客大巴、博客网，还有各行业的新闻门户博客平台等。正确选择第三方博客平台，是取得营销成功的关键。根据企业博客营销目的和行业特征及目标客户特征，企业通常注册多个博客平台，然后选择一个为主来运营，其他的都同步协同。如为企业服务一般选择企博网为主，如客户目标是社区大众，可选用腾讯平台。

（3）完善博客资料。博客的个人资料就好像一个人的身份证，把自己的个人资料写全可以方便被朋友找到，并加为好友。通过互相加为好友的动作扩大自身的影响力，让更多的人知道并了解自己的博客。博客的个人资料包括：①上传自己的照片，好的照片会给浏览者留下好的第一印象；②编写博客简介，博客资料尽可能详细，自我介绍填写得尽量完整，这样会让浏览者觉得博客是认真在运营的，而不是胡乱地发几篇稿件，注意要放关键词和网址及联系方式。同时，可信的博客资料可以提高公信力，对博客权重的提高有一定的帮助；③选择一套好的模板装点博客空间，方便同行了解博客的风格。多数网站都有自定义模板的功能，尽量使用比较简洁明了的模板,页面的最佳视觉设计要根据读者和主题而定。可以通过色彩、字体和图片来设定情调,但要保证色调与内容相符。避免使用深色背景配深色文字,细小或过于夸张的字样,以及其他使博客不易阅读的因素;④为自己的博客起个名字,一定要有自己所在行业的关键词,并在博客名称上加上网站名称,突出网站主题;⑤填写个人的QQ、MSN等联系方式,让机会更容易找到营销者。

(4)博客规划。博客规划主要就是根据博客营销的目的对博客的内容和风格进行规划,包括栏目内容层次与布局的规划。根据博客规划,设计博客的版面布局分栏、各版块的位置等,大部分博客平台提供完全自定义功能,可以把博客完全按照使用人的构想去设计排版。博客装修需要设计一些广告图,这要美工来协同配合。其次,就是对博客的SEO关键词规划。博客能够被搜索引擎收录且排名,博客内容规划得当,可以从搜索引擎带来大量流量。博客的关键词通常以长尾关键词为主,众多博客的关键词可以有所区别,采用SEO策略,先将博客关键词整理成表格,然后先在博客title和栏目中进行布局,并在博客文章中使用这些关键词。还有一些细节需要规划,如文章列表、友情链接和好友列表等。文章列表要根据博客的宽度和高度设计版面,自行调试首页调用几篇文章,这个功能很多网站的博客都有;友情链接也比较重要,可以将自己的企业网站、其他的博客地址链接到这里,按照百度的排名规则,互链可以增加权重,影响企业博客排名,也可以主动链接一些名人名站等访问量比较高的网站,增加访客来源;好友列表是指好友文章列表、最新评论,将这些归结到博客互动中,通过博友之间友好的互动,增进流量,扩大自己博客的知名度。

(5)博客营销内容编写。任何营销传播都是以内容为王。博客要想产生影响力、有话语权、让目标客户喜欢和经常访问,必须依靠有价值的内容。对于企业博客来说,博客最起码需要包括公司介绍、公司品牌、公司荣誉、产品展示、公司新闻等标准内容,但更重要的是需要有能解决客户问题的深度内容。博客营销一般从典型人物入手介绍企业,做生意即做人,从人的精神、人的品质可以看到企业提供的产品及服务的品质,尤其对于企业高级管理员、技术专家等而言,他们有足以感动人的经历——历经艰辛终于取得了成功,而这个经历恰巧又和企业的发展紧密联系。企业典型人物的人生经历和成功经验是吸引访问的关键。

此外,可以增加一些趣味性的内容,如网络幽默、网络互动小游戏、网络投票游戏等。有些企业由于行业关系,可以策划、发布大量有价值、可读性强、具有广泛影响力和传播力的内容,如摄影机构、旅游景区、家居装修、美容化妆、时尚行业等。而有的行业可能由于特殊性,内容专业性强,如电子元器件、工业品、化工原料行业等,这类企业其实也可以做出很多有价值的内容,如电子采购技巧大全、激光切割机维修保养技巧、塑胶原料质量判断入门等,关键是从解决目标客户实际问题角度来撰写内容。

博文内容编写时应注意:①保证文章的原创性,只有原创才能被搜索引擎重视并考虑排名。②不宜直接复制企业产品的一些信息,实际的价值是留住浏览者的唯一原因。一篇好的文章应该以企业产品的属性为出发点,结合浏览者普遍关注的一些问题,做出比较全面的、专业的支持和建议,然后顺其自然地联系到产品的一些信息。③文章标题的设计要醒目,即所谓"题好文一半"。

(6) 博客运营推广。博客与网站一样也需要运营推广,但博客运营推广和企业独立网站运营推广不同,博客依托平台,有平台流量的支撑和平台提供的推广工具。博客运营推广的策略一般包括:①专人负责、坚持写作。企业开始博客营销,就要确定专人负责,明确分工。同时,需要明确写作题目范围及写作频率。大公司可以由各个部门轮换写作不同内容的帖子,中小企业可能要确定一两个专门负责的博客写手。②及时沟通与反馈。企业博客是与用户沟通、收集反馈意见的最好方式之一。掌握最终用户的心声,能给公司提供有价值的产品意见。对话、交流、形成社区是博客的最大特点之一。③适当进行企业博客外包。企业博客外包可以提高企业博客营销的写作效率,培养自身博客写手。博客外包服务公司一般拥有熟练的营销写手或软文写作能人,通过外包服务,最终达到客户自己运行博客,博客外包服务商转化为企业顾问。④慎重处理负面评论。企业博客对留言中的负面评论处理需要采取正确、谨慎的态度,尤其不要轻易删除负面评论。只要用户留言没有谩骂、诽谤,对公司产品的批评意见都应该保留,并且由专人给予回复和跟踪。没有理由地删除负面评论,常常会激怒读者和用户。如果这些用户到其他博客、论坛广泛传播批评言论被删的事情,反而使企业陷入被动。⑤定时更新。博客是日记格式的网站,内容需要经常更新才能留住老读者,吸引新读者。博客更新最好定时,形成一定的间隔规律,使读者有明确的心理预期,知道什么时候访问博客。每周更新多少次、或在哪一天更新博客并不重要,重要的是形成规律。另外博客篇幅不一定要很长,有话则说,无话则短。有时一两句感想,也足可以引起读者的兴趣和讨论。⑥博客圈链接。所有博客的侧栏中都有一个blogroll(博客圈链接或博客列表,下略)。blogroll列出的是博客作者自己经常阅读或已经订阅的、觉得值得向其他读者推荐的博客。设置blogroll前提应确保博客已经写了一段时间,并有足够高质量的内容。挑选几个与自己博客权威度比较相近的博客加在自己的blogroll中有助于提高自己的可信度,并带来相应的流量。把对方的博客加入后,不需要特意通知对方,而是可以一种低调的方式让对方知道,如可以每天点击一两次。

3. 博文写作技巧

(1) 标题的编写技巧。

① 标题里一个关键词出现两次。

② 文章标题加上联系方式。

③ 标题中只出现一个城市名加关键词。

④ 多个关键词组合直接作为标题。

⑤ 标题中出现多个同一类型的关键词,第一个关键词之前插入公司名称,且关键词之间用“/”分隔。

⑥ 标题中出现多个关键词且有自己名字插入其中。

⑦ 标题中出现比较吸引人的地方。

⑧ 三个城市名加关键词组合,且不出现重复。

⑨ 写用户比较关注的标题。

关于编写标题的总结:以网站关键词做博客标题名,要注意以用户需求为中心,从用户角度出发,找寻用户比较喜欢的关键词。同时,搜索引擎抓取信息也是以抓取信息中的关键词来判断文章主题的。

(2) 博客文章内容的技巧。

① 内容的首段是站名+名字+联系方式+QQ,然后下一段是关键词。

② 内容首页关键词里出现自己的名字、联系方式等。

③ 文章内容标题里面部分关键词要变色加粗。

④ 简介在博文开始处留下联系方式,文末也要留。

⑤ 文章最后放网址和固定的一段宣传语。

⑥ 文章内容包含关键词，基本上把功能一点点列出来。

⑦ 文章中介绍插入关键词。

⑧ 关键词要添加锚链接到网站首页、网站栏目页或者网站内容页。

（3）关键词的撰写技巧。

① 无处不在：博客标题、文章第一段、最后一段、关键词标签的地方都要出现关键词，关键词重复频率为2%～8%。

② 多样化：每个关键词都要根据搜索引擎的抓取规则来设置，如围绕核心关键词、进行拓展设计拓展关键词和长尾关键词等。与SEO策略一致，仍需要根据营销个人、营销公司文化和品牌、营销产品等目的设置相应关键词。详细内容见第五章。

第三节 网络事件营销

一、网络事件营销概述

1. 网络事件营销及其特点

事件营销（Event Marketing）也称为活动营销，是指企业通过策划、组织和利用具有新闻价值、社会影响以及名人效应的人物或事件，吸引媒体、社会团体和消费者的兴趣与关注，以求提高企业或产品的知名度、美誉度，树立良好品牌形象，最终促成产品或服务销售的手段和方式。网络事件营销即借助网络媒体进行事件营销。

事件营销是国内外十分流行的一种公关传播与市场推广手段，集新闻效应、广告效应、公共关系、形象传播、客户关系于一体，并为新产品推介、品牌展示创造机会，是建立品牌识别和品牌定位，快速提升品牌知名度与美誉度的一种营销手段。网络事件的本质是将企业新闻变成社会新闻，在引起社会广泛关注的同时，将企业或产品的信息传递给目标受众。在互联网时代，任何一起营销事件都必然在网络媒体上再次热播，网络媒体的广泛传播，也推动着事件进一步“聚焦”，成为公众关注的热点。因此从某种意义上说，互联网时代，几乎所有的事件营销都属于网络事件营销。

网络事件营销除具有网络营销的共性:成本低、见效快、跨时空、交互性等,还具有自身的特点。

(1) 目的性强。事件营销与广告一样具有明确的目的性,明确通过什么样的新闻可以向新闻的接受者传达营销的目的。通常某一领域的新闻只会有特定的媒体感兴趣,并最终进行报道,而这个媒体的读者群也是相对固定的。

(2) 风险性大。事件营销的风险来自于媒体的不可控制和新闻接受者对新闻的理解程度。许多公司通过事件营销提升了企业的知名度,但一旦接受人得知了事件的真相,很可能会对企业产生一定的反感情绪,从而最终伤害到企业的利益。另外,事件营销的核心是借力用力,也就存在被别人"借"的可能,存在着一些不可能预测到的风险,营销做得越大,风险也就越大。

(3) 成本低。事件营销一般主要通过软文形式来表现,从而达到传播的目的,所以事件营销相对于平面媒体广告来说成本要低得多。事件营销最重要的特性是利用现有的非常完善的新闻机器来达到传播的目的。由于所有的新闻都是免费的,在所有新闻的制作过程中也是没有利益倾向的,所以制作新闻不需要花钱。事件营销应该归为企业的公关行为而非广告行为,虽然绝大多数的企业在进行公关活动时会列出媒体预算,但从严格意义上来讲,一件新闻意义足够大的公关事件应该充分引起新闻媒体的关注和采访的欲望。

(4) 多样性。事件营销是国内外十分流行的一种公关传播与市场推广手段,具有多样性的特性,可以聚合新闻效应、广告效应、公共关系、形象传播、客户关系于一体来进行营销策划,多样性的事件营销已成为营销传播过程中的一把利器。

(5) 新颖性。网络用户的一大特性就是对新鲜事物的不断追求,对新鲜事物具有强烈的好奇心和浓厚的兴趣,对事物喜欢追根究底。大多数受众对新奇、反常、变态的事件较敏感,事件营销往往是通过当下的热点事件来进行营销,这就为策划创意人员提出了很高的要求:围绕公众利益,创新策划思路,构筑传播议题,及时掌控、引导传播方向。只有这样才能收到良好的传播效果。

(6) 效果明显。一般通过一个事件营销就可以聚集到很多用户一起讨论这个事件,然后很多门户网站都会进行转载,效果显而易见。另一方面,网络事件营销在某种意义上来讲,重新定义了话语权的归属。从传播学角度来说,"传者"和"受者”之间的界线被淡化了,每个个体都有话语权,这就意味着他们承担着双重身份,信息传播在所谓“传者”与“受者”之间呈交替互动式。不管是主动性的事件营销,还是被动事件营销,其核心目标都是吸引网友眼球,并实现有效互动,通过这一过程把企业品牌或是某产品,更有效地传递出去。

(7) 求真务实。网络彻底打破了传播主题与受众之间的信息不平衡,网络事件营销必须首先做到实事求是,不恶意炒作,不弄虚作假,这是对企业网络事件营销最基本的要求。这里既包括事件策划本身要“真”,还包括由“事件”衍生的网络传播也要“真”。

(8) 以善为本。所谓“以善为本”,就是要求事件的策划和网络传播都要做到:自觉维护公众利益,勇于承担社会责任。随着市场竞争越来越激烈,企业的营销管理也不断走向成熟,企业在推广品牌时策划事件营销就必须走出以“私利”为中心的误区,不但要强调与公众的“互利”,更要维护社会的“公利”。自觉考虑、维护社会公众利益应该成为网络事件营销的基本信念。而营销实践也证明自觉维护社会公众利益更有利于企业实现目标;反之,企业为追求一己私利,伤害他人或公众的利益,其结果要投入更多的精力和财力去应付由此带来的社会谴责,甚至麻烦和障碍。

(9) 力求完美。所谓“完美”就是要求网络事件营销策划要注重企业、组织行为的自我完善,要注意网络传播沟通的风度,要展现策划创意人员的智慧。

在利用网络进行事件传播时,企业应该安排专门人员来把控网络信息的传播,既掌握企业的全面状况,又能巧妙运用网络媒体的特性,还能尊重公众的感情和权利,保护沟通渠道的畅通完整,最终保护企业的自身利益。

2. 网络事件营销的四大核心要点

(1) 事件要有新闻点。

新闻点就是新闻由头,网络事件营销要想获得成功,就必须有新闻点,即社会关注的热点或重点,或者新奇、有趣、前所未闻的事情。有了好的新闻由头,就抓住了媒体的眼球,抓住了媒体的眼球,就抓住了受众的眼球。

一般来说,大多数受众对新奇、反常、有人情味的事件比较感兴趣,如富亚公司老板喝涂料曾引来满堂喝彩,轰动了整个北京城。最初,富亚公司是准备给小猫小狗喝涂料来宣传产品的健康、环保,不料遭到保护动物协会的反对,老板情急之下就自己把涂料喝了,这一事件被国内媒体争相转载,满足了人们对新闻新奇性的追求,也使富亚公司产品销量大增。

(2) 事件与品牌要有连接点。

网络事件营销不能脱离品牌的核心理念,必须和企业品牌的诉求点联系起来,才能达到营销效果。只有品牌与事件的连接自然流畅,才能让消费者把对事件的热情转移到企业或产品。例如万宝路赞助一级方程式车赛20余年:一是根据相关性原则,此活动符合其品牌核心价值,摩托车比赛的刺激、惊险、豪放,正是其品牌个性,目标人群也对此感兴趣;二是领导性原则,一级方程式与万宝路的市场地位相一致,强化其全球领导的印象。

(3) 事件要紧抓"公益"关键词。

事件营销要想获得成功,就必须牢牢抓住"公益"关键词。"公益"是一种社会责任,没有公益性的营销方案就失去了社会意义和号召力,自然就没有受众的参与,就不可能达到营销目的。以王老吉抗震救灾捐款事件为例:2008年5月18日,在中央电视台举办的"爱的奉献——2008抗震救灾募捐晚会"上,王老吉宣布向地震灾区捐款1亿元人民币。"一鸣惊人"是那场晚会上王老吉最大的收获,这可能比投放几个亿元人民币的广告效果都要好。王老吉的成功就在于其抓住了"公益"的关键词。

(4) 事件要形成整合传播之势。

事件营销是为了提升品牌知名度,因此企业在宣传事件时,要整合各种传播手段,放大事件的传播效应,将信息准确、完整、迅速地传达到目标人群。如在"2005年快乐中国蒙牛酸酸乳超级女声"活动中,蒙牛的宣传是全方位的,电视广告、网络宣传、户外广告、促销活动等及时跟进。蒙牛酸酸乳事件营销的成功,其实也是蒙牛整合营销传播的成功。

二、网络事件营销的策略

1. 网络事件营销基本技能

(1) 丰富的知识储备。进行事件营销,策划者或组织者需要在经济、人文、历史、法律等各方面有所涉猎。对设计判断网络话题能力要求等同于新闻记者,并要时刻保持政治敏锐性,对网络话题的设计不能触犯底线,既要勇敢出击又要能够把握全局，能够从企业、产品、需求以及网友等多重角度中转换工作职能，甚至能够从网友的跟帖中找到灵感和思路，以此突破话题方向。

（2）准确的甄别能力。随着互联网用户的增长，用户成分复杂，利益趋于多元化。随着SNS、微博等新的沟通工具的出现，网络氛围及话语权已经从精英转型为草根，从娱乐需求转向多元利益诉求。一个不起眼的小人物，一个不起眼的小帖子，也能引起轩然大波。网络用户组成成分复杂，用户需求可分为政治利益诉求、情感利益诉求以及经济利益诉求等多种心态。

（3）高度的职业敏感。受关注的话题越来越同质化。新浪网总编辑陈彤认为：网络新闻是一种极其容易腐烂的物品。抢时间、抓内容品质是话题保鲜的最好方法。但信息传播借助科技手段，产品更新换代速度迅猛，覆盖群体纵深发展，网站竞争激烈。新闻传播方式已经发生改变，单向传播路径已经发生改变，每一个人都有话语权，因此，需要时刻保持高度职业敏感性，要在最早最短时间内寻找到最有爆发力的新闻事件，迅速植入客户产品和品牌信息。

（4）培养网络感觉。经常触网的策划者才能了解网络流行状况，才能找到制造适于网上传播的新闻的感觉。天涯社区总裁邢明说：没有网恋就没有网感。网络感觉需要随时随地进行培养，这种感觉在一定程度上犹如评估一条普通新闻对于网友潜意识的冲击，及网友面对此新闻的第一感觉。网络感觉和新闻素养是一个网络公关从业者谋生的手段。事件营销人是一个新闻工作者，要具备杂文家的素质，能够从新闻背后挑出骨头，能够看出新闻背后的话题，做好新闻延续报道及深度报道。针对话题炒作，抛出话题仅仅是开端，后续的修剪非常重要，如果没有良好的网感素质，在话题的延续和品牌信息的衔接上就会存在很大难度。

（5）钻研网络世界。百度搜索风云榜，百度新闻关键词，代表着当天互联网上最热的事件。网络事件营销策划人不仅需要经常访问天涯和猫扑，而且需要经常去灌水，发表看法，要成为这些网站的资深用户；要去新浪、搜狐、网易和腾讯的博客看看大家都在写什么，同时自己也试着每周写两到三篇；订阅《华尔街日报》《联合早报》《金融时报》和《财经》的新闻，了解新锐媒体的热点及其专业文章的编写思路与风格。对于任何一个网络热点事件，要及时进行跟踪，“外行看热闹，内行看门道”，仔细研究每一个事件的来龙去脉。

2. 网络事件营销的步骤和方法

(1) 步骤。

① 确定传播目标。

② 分析当下网络舆论环境。

③ 制定话题传播方案。

④ 组织话题实施计划。

(2) 方法。

① 情绪感染法。当前社会正处于矛盾频发阶段,消费者日益增长的物质文化需求和落后的生产力以及信息不对称而产生的话题,容易引起网络人群的极大关注。民生类、情感类、励志类等话题最容易引起网民共鸣。网络平台自身的优势在于传播话题的多样性,一段视频、一篇微博、甚至几个字,均能够在互联网上引起“轩然大波”。

② 借势营销法。在事件传播过程中,要善于学会在适当的时机借助其他热点事件达到传播的效果。很多经典的案例,都是借助了别人的力量,达到了良好的传播效果,如借助当前热点事件、借助名人参与、借助专家点评、借助传统媒体引导等。借势的原则有:一是关联性,所借之势必须与传播目的有内在联系;二是有效性,所借之势必须自身有较大的影响力、辐射力;三是经济性,要学会以小搏大,花小钱办大事。

③ 概念带动法。企业在传播一个产品的时候,都希望一夜走红,但网络的不可预见性使得众多企业组织者对事件营销望而止步。一种新的传播方式正在被越来越多的企业所尝试——为自己的产品或服务创造一种“新理念”“新潮流”。就像全世界都知道第一个造出飞机的是莱特兄弟一样,广告传播和产品市场同时启动,先推广一种观念,有了观念,市场慢慢就会做好。互联网无疑提供了一个良好的平台,从早期的农夫山泉的天然水,到联想的彪悍小Y,又如蚂蚁族 、奔奔族、时彩族,都是先概念、后产品或者概念产品同步推广的经典案例。比如时彩族指的是一群有着相同爱好的网友,通过网络联络,他们从事各种各样的工作,其中多数为公司白领,他们利用工作闲暇时间干着同样的事情,聊着同样的话题,也通过网络购买可以时时开奖的彩票等。其实,时彩族是第一视频为了推广自己的彩票网站而进行的概念炒作,案例的成功之处就是充分对概念进行前期渲染,不

仅打造一个全新的概念，而且还将需要传播的产品进行了有效的结合。

④ 网民参与。要实现网络事件的轰动效应，网民的广泛参与是关键所在。2010年上海世博会期间，中粮集团与新浪微博合作开展了“中粮美好生活”活动。活动官网分为“发现美好”“世博闪拍”“相约世博”“发现中粮”“‘粮’呈美景”几个主要版块，其中“发现美好”通过设置“过去”“现在”“未来”主题，引导用户用文字或图片发表包括“童年记忆”“我爱暑假”“那些偶像”等内容的主题微博。同时博友还可以参与“发现中粮”的互动环节，通过发现身边的中粮产品赢得奖励。作为世博会高级赞助商，中粮还提供了“相约世博”，让博友点对点选择与自己同一天去世博的伙伴；“美好闪拍”则为世博园的参观者提供了图片的分享平台；对于世博园外的用户，则可以在“‘粮’呈美景”中，将世博图片转发至个人微博。在活动期间，直接参与活动的用户达到了506万，用户主动发送活动相关微博超过1000万条。可见，广泛的参与性才能换来网络点击率和网络事件营销的影响力。

3. 网络事件营销的传播途径

网络事件营销的传播途径一般包括虚拟社区、网络发布会和博客等。

在虚拟社区里，人们可以自由交流，表达自己的感受和想法。利用虚拟社区开展公关活动，是网络事件营销传播现在常用的一种方法和手段。

网络发布会是“微吼”虚拟大会的主要应用之一。一个成功的产品发布会将尽力吸引媒体、经销商、合作伙伴的关注和参与，但现实是邀请这些人来现场已经变得越来越困难，特别是高层人群。采用“微吼”网络发布会则能实现跨地域的直播，任何与互联网连接的观众都可参与，实时观看和互动问答，如同身临其境。网络发布会以低成本、组织实施便捷、覆盖面广等特点受到众多企业的青睐。随着视频网站技术的发展和微博的流行，现在网络直播成了很多典礼、大发布会的基本方式。“微吼直播”是国内唯一的无须安装任何软件、以极其简单易用的方式轻松发起和参与在线视频互动直播的平台。

在2010年8月，作为N8智能手机正式上市的第一轮营销攻势，诺基亚公司召开了一场名为“科技，因人而熠”的全社交网络发布会。除了诺基亚公司的官方网站，这次网络直播还得到了新浪微博、开心网、人人网、优酷网等的支持，网友可以选择这些网络媒体来观看网络发布会的内容。

在发布网络信息方面，博客上文章的题材、内容和发布方式都比较灵活，一些有价值的文章或者网络事件更容易获得广大网民的关注和欢迎，营销效果比较好。企业博客要向社会公众开放，吸引更多的人关注，使公众加入到网络事件营销传播中来，以进一步扩大企业网络事件营销的声势。

第四节　电子书营销

一、电子书营销概述

1. 电子书营销概念与特点

随着个人电脑、手持电子书阅读器以及智能手机的逐渐普及，电子书也变得越来越受欢迎，并已经成为人们获取知识和更多有价值信息的主要来源之一。由热门网络文学作品培养大量用户、制造口碑，再通过影视剧改编、游戏改编、实体书出版等连带产生一系列衍生产品，实现了文学、游戏、影视、动漫等产业的交叉融合，不断在原有内容上创造出更多价值。随着智能手机的快速普及与3G、4G网络的迅速发展，网民可以通过移动设备随时随地进行阅读，使得网民的碎片化阅读需求被大大满足，电子书的制作从形式到内容发生了很大变化。

电子书营销就是某一主体（个人或企业）以电子信息技术为基础，借助电子书这种媒介和手段进行营销活动的一种网络营销形式。企业或者站长、网店主可以通过制作实用电子书并嵌入广告内容，发布后供人免费下载这种方式来传递产品或者网站信息。

电子书营销的特点：

(1) 信息完整并可长期保存。电子书与网页不同，其内容是一个完整的文件，读者下载后书中所有的信息都将完整地被保留，而且书中内容不会因为原提供下载的网站发生变动而改变，只要读者不从电脑等设备上删除，电子书可以长期保存，随时阅读。

(2) 可以离线阅读。从网上下载后电子书即可用各种阅读设备离线阅读，这样不必像其他网上信息一样必须在线浏览，毕竟不是所有用户任何时候都可以方便地上网。而一本有价值的书往往会得到读者的反复阅读，并有可能在多人之间传播。正是在这样的阅读和传播中,电子书营销实现了其病毒性营销、达到宣传和获得新用户的目的。

(3) 便于继续传播。获得尽可能多用户的阅读是电子书营销的关键,而作为独立文件的电子书下载后可以方便地通过电子邮件、P2P等方式向别人继续传播,甚至可以在一定范围内共享,如果书中内容对读者有足够的吸引力,则这种继续传播会是自发的,效果也会更好。

(4) 促销和广告信息形式灵活。由于电子书本身具有平面媒体的部分特征,同时又具有网络媒体的部分优点,如具有超链接功能、显示多媒体信息等,因此促销和广告信息可以采用多种形式,如文字、图片、多媒体文件等,读者在线阅读时,还可以点击书中的链接直接到达广告目的网页。

(5) 营销效果可以测量。由于电子书所具有的互联网媒体特征,其中的电子书广告具有网络广告的一般优点,比如,可以准确地测量每部电子书的下载次数,并可记录统计下载者的分布等,这样便于对潜在读者做进一步的研究。当然,营销的效果取决于电子书的内容、读者的特点、促销信息的展示方式、读者的相关性和被阅读的数量(下载次数和下载者分布)等因素。

(6) 从网络营销的信息传播方法上讲,属于病毒性营销。

(7) 方便制作与发行。互联网上有许多免费使用的电子书制作软件,也有许多专门的电子书专业服务商,提供电子书策划、制作以及投放服务,为企业进行电子书营销提供了极大的便利。

(8) 传播安全。电子书营销适于"网站推广""产品宣传""理念传播""品牌营销"等各种应用宣传,从营销本质上属于"知识营销",即将企业所拥有的对用户有价值的知识(包括产品知识、专业研究成果、经营理念、管理思想以及优秀的企业文化等)以电子书的形式传递给潜在用户,并逐渐使潜在用户形成对企业品牌和产品的认知,将潜在用户最终转化为用户的过程和各种营销行为。无论从传播的内容质量、渠道和方式等哪方面看,其传播都是安全的。

2. 电子书营销的优势

电子书是网络营销的一种手段,电子书营销和其他网络营销模式相比有以下优势。

（1）与搜索引擎营销相比：目前搜索引擎营销效果比较好，但对企业来说，网站在搜索引擎上曝光的最有效方式是排名靠前、竞价排名等，既需要专业营销人才，又需要投入大量的广告费用，且SEO和竞价排名是一个持续的过程，一旦停下来，就得从头再来。而电子书营销只需一次性投入，便可以每月带来大量有效客流量。因此，电子书营销比搜索引擎营销费用更加低廉，效果能够持久。

（2）与网络平面广告相比：网络平面广告一般只能显示一行字或者一张图片，能展示的内容相当有限；大型网站动辄上万的价格更是让众多中小企业望之兴叹。而电子书则对广告的内容和形式基本没有限制，可以完全自由定制文字内容和配图，并同时加强了读者的阅读体验，且电子书营销的投资费用远低于其他宣传费用。

（3）与电子邮件营销相比：电子邮件群发功能带来了垃圾邮件的泛滥，致使客户对电子邮件营销产生信任危机，尽管邮箱服务商对付垃圾邮件的技术越来越强，但难免发送服务商附带的广告，邮件营销效果难以评价。电子书营销的核心是有价值的电子书被目标客户主动下载，可以精准营销，而且企业产品信息和电子书内容高度融合，目标客户很容易自然接受，因此，目标客户的转化率远高于邮件营销。

（4）与广告联盟相比：广告联盟服务市场竞争较为激烈，其CPC模式也存在很多问题，客户容易被误导，很难确定营销效果的成因。

（5）与博客等软文营销相比：博客等软文营销也属于"知识营销"，但主要是以文章的形式且以个人观点表述为主要模式传播营销信息，其网络的海量信息让软文的生存周期太短。各种活动虽然一时热闹，但信息宣传时间也注定了不能延续。而电子书营销相当于软文营销的升级版，读者一般会收藏并经常阅读，可随时查找，因此比软文营销的效果更持久。

二、电子书营销步骤和方法

1. 电子书内容策划

根据企业经营目标和整体营销计划，首先就是确定电子书的内容主题。主题即所要表达的中心内容，主题的表现形式可以是直接的，也可以是含蓄的，但电子书营销思想要贯穿电子书的全部内容，体现作者写作的主要意图，包含作者对文章中反映的客观事物的基本认识、理解和评价。阿里巴巴是最擅长使用电子书营销的中国企业，成功发布了《外贸网络营销手册》和《阿里巴巴：让天下没有难做的生意》，其主题思想非常明确，就是为阿里巴巴平台运营起到引领作用。之后发行的《外贸操作手册》《如何识别真正的买家》《与外商沟通33招》《如何尽快让网上询盘变成订单》《外贸寄样全攻略》和《电子商务写作教程》等都成功为其系列网站进行了宣传。

首先确定主题，包括：

（1）确定营销目的：产品、品牌、企业。

（2）确定自身角色：专门产品制造企业人员、行业平台人员（B2B）。

（3）产品内容解读：产品的功效、特性、来源、品牌的价值，如活性炭的净化功效、吸附作用、源于再生、青岛原生活性炭专门制造商等。

（4）营销吸引的受众分析：实际用户（产品使用者）、潜在用户、代理商。实际用户需要产品的使用指南，增强使用信心；潜在用户需要电子书内容的引领，书名的创意很重要；代理商需要产品的功效与使用指南。

（5）书名的创意：可以从用户心理、视觉感受、理念等方面考虑。以活性炭产品为例，《净化生活无须说》源于人们追求高质量生活的心理、环保的心理、简单干净的生活理念；《与大地共生》强化了人与自然共生的哲学思想，源于自然、回归自然的崇尚心理；《炭与净化共生》则从对立面到共生蕴含人生无处不在的转折。

其次，围绕主题组织内容，包括内容的收集（原创）、整理筛选、分类、加工处理、编目、编辑等。电子书与其他软文营销工具不同，不仅具有传统书籍的一般共性，还要具有电子书的特殊性。传统书籍的一般共性包括知识性、趣味性、逻辑性、完整性和便携性等，其内容要严格按照书籍的外在和内在的性质进行组织。电子书在内容组织上的特殊性主要指要收集和制作大量的相关图片、动画、视频、音频等多媒体内容。

电子书内容策划是电子书营销的关键步骤，直接影响营销效果，既需要专业营销策划人才，也需要专业文字组织能力的人才，是一项系统化的工作。

2. 电子书制作

（1）准备素材。按照内容策划要求收集文字、图片等资料，制作电子书封面、插图、背景、动画等素材；按照章节内容编辑书页、排版内容，分别保存在独立的文件上；按照电子书主题设计标志图标和ico图标，形成系列电子书风格。准备一些宣传自己网站的文章或者链接，在下一步制作电子书的时候插入到合适的位置。

（2）选择与安装编辑器。电子书制作软件有很多，常见的电子书有后缀为exe和chm的两种格式，目前为手机阅读方便，也常见txt和pdf格式。exe可以直接阅读，无须专门的阅读器支持，一个文件就可以执行。chm与网页浏览器有着高度的相似及众多优点，使得chm格式的电子书及读物广受用户的喜爱。

主要优点：

① 可将众多文件压缩整合成一个文件，比起html、txt等格式的更容易阅读、下载及分发。

② 在Windows系统下不需要安装额外的浏览器即可进行阅读。

③ 大部分Windows系统都已经内置了chm格式的阅读器，所以chm文件的电子书仅仅是数据的载体，不需要获得更高的执行权限。

④ 由于chm格式电子书内容展示是基于浏览器的风格，与日常用户使用的浏览器操作及界面风格非常接近，更容易被用户所接受。

⑤ 强大的功能配置。如可提供强大的全文搜索、索引、书签等功能。

电子书制作前，可在互联网上搜索一两款制作电子书的软件：如果需要做成exe格式的，可使用eBook Edit Pro、eBook workshop、友益文书等软件；如需要制作电子期刊，可选用iebook超级精灵等。许多制作软件是比较简单易用的，相关的教程也很多，只需注意细节，如为了能给人留下深刻的印象以及方便阅读，建议在文中制作完整的目录且进行必要的排版。也可以使用第三方专业电子书制作与发行服务，直接实现制作与发行。

（3）设计版面。电子书版面设计主要包括风格表现、主色调、封面设计、图文布局、背景颜色、主题图像、浏览窗口、LOGO及其位置、版权和相关链接等设计。封面设计是重要环节，包括书名、编著者名等文字和装饰形象、色彩及构图。如何使封面体现书的内容、性质、体裁，如何使封面起到感应人的心理、启迪人的思维的作用，是封面设计中的关键。封面设计的造型要带有明显的阅读者的年龄、文化层次等特征。如对少年儿童读物形象要具体、真实、准确，构图要生动活泼，尤其要突出知识性和趣味性；对中青年和老年人的读物，形象可以由具象渐渐转向于抽象，宜采用象征性手法，构图也可由生动活泼的形式转向于严肃、庄重的形式。封面设计的色彩是由书的内容与阅读对象的年龄、文化层次等特征决定的。鲜丽的色彩多用于儿童读物，沉着、和谐的色彩适用于中、老年人读物，介于艳色和灰色之间的色彩宜用于青年人读物。另外，书的内容对色彩也有特定的要求，如描写革命斗争史迹的书籍宜用红色调，以揭露黑暗社会的丑恶现象为内容的书籍则宜用白色、黑色，表现青春活力的内容的书籍宜用红绿相间的色彩。对于读者来说，因文化素养、民族、职业的不同，对于书籍的色彩也有不同的偏好。

需要说明的是，电子书与传统纸质书籍一样，仍是以内容为主，必须强调可阅读性。设计时应注意突出文字内容，淡化背景。特别是电子书的设计，尽量少用或不用多媒体技术，要考虑大多数网民的下载速度。

（4）生成电子书。

使用电子书制作软件可以方便生成电子书，在生成之前，注意将营销内容巧妙穿插在联系方式或咨询、版权版块，以及方便用户链接的其他地方；特别注意使用个性化的ico图标。

3. 选择发行平台

发行(或发布)电子书是一个重要环节，再好的东西没人看也一样是废品。可以到各大电子书下载网站上传发布，如希网网络、书包网、E书家、财经书吧等。可以根据电子书的内容类别选择排名靠前的几个著名网站发布，其他网站一般会跟着转载。同时还可以采用病毒性营销的方式，到各大论坛、社交网、微博、QQ等发布，与推广网站一样。

（1）国外电子书发行平台典型案例。

公共电子书出版发布平台（https://leanpub.com）是由彼得·阿姆斯特朗和斯科特彭定康于2010年共同创办的计算机程序设计书籍发布平台，用户可以将博客快捷地转化为电子书，可以简单快速地针对iPad、Kindle或者其他电子书阅读器使用者出版发行自己的书。比较典型的创新有：在Leanpub上创建一个账号后(免费)，就会获取一个在Dropbox（网盘）上的共享文件夹，用于存储书的文本文件。这些文本文件可以是html语言或者Markdown语言，可以随时随地通过Dropbox的同步功能修改编辑(即便书已经出版后也可以编辑),作者可以把文本文件转换为pdf、iPad和Kindle支持的格式,并直接定价销售,价格由作者决定。Learn Publish提供了自我出书的功能,让作者可以在一本书完成初稿时就能获取读者的反馈,而不是等待书销售后。对于博客作者,Learnpub提供了一个额外的功能,就是通过导入RSS的feed可以直接迅速将其整个内容转换成书。同时Learnpub允许作者直接对转换后的文件进行编辑,去掉不需要的部分或删除全部内容,同样可以控制电子书的表现形式。当然,Learnpub会对作者在其平台上的销售额进行抽成。

(2)国内电子书发行平台典型案例。妙网网络科技有限责任公司搭建的"51妙网科技"网站,是个性化制作各种版本的电子刊物、电子杂志、电子书、微杂志等,Exe版、网页版、苹果版、iPad版、安卓版、Flash版、ePub版、pdf版等各种版本的电子杂志刊物(或电子书)的平台。网站制作电子书是收费的,且有详细的资费说明,给拟制作和发行电子书的企业提供了预算参考。

第五节　移动营销

据中国互联网信息中心(CNNIC)发布的《第35次中国互联网络发展状况统计报告》,截至2014年12月,我国网民规模达6.49亿,其中手机网民规模达5.57亿,网民中使用手机上网的人群占比由2013年的81.0%提升至85.8%。随着移动互联网技术的发展,企业对移动营销方面也表现得更加重视。移动互联网比传统的互联网更加即时、快速、便利,其营销具有一定的特殊性。

一、移动营销的基本思想

1. 移动营销的产生

移动营销(也有人称为"无线营销"),是移动电子商务的一部分,亦为经典市场营销的派生。随着互联网与移动互联网在全世界范围内迅速普及,电子商务抛弃了陈旧的web1.0内容平台概念,以及web2.0的大众门户与用户推荐概念,进而逐渐进化到web3.0的个性化门户、O2O(线上线下互通)、SoLoMo(社交、本地、移动)等概念。移动电子商务配合新工具与新技术的快速发展,为新型商业模式带来无穷创意来源与商业机会。移动营销是伴随移动电子商务的发展而出现的一种新的营销方式,融合了现代网络经济中的“网络营销”和“数据库营销”。

移动营销的产生背景,要求拥有手机的人数要达到总人口的1/4以上,且用户会通过手机无线上网,也就是wap的普及;手机上网的容量与速度能满足大众的需求;手机媒体组织能够完成组织信息的收集、选择、加工、复制和传播。

移动营销是移动客户群的消费需要、互联网与移动设备的发展等综合因素影响的结果。人们所处的生活环境,正经历着都市化与科技化带来巨大改变,每个人花费在移动过程中所用的时间越来越多,也越来越碎片化。与此同时,随着智能手机、平板电脑、无线通信技术(3G乃至4G、wifi和蓝牙等)等媒介整合与定位技术(Location based technology)的提升,消费者在移动过程中所接触到的媒介,从传播角度来看,呈现出越来越多样化的趋势。从最早的报纸、杂志、海报及户外看板,到手机、车载数字电视、智能手机以及平板电脑,移动过程中的消费者已经成为广告商不断积极开发广告及沟通机会的争夺目标。

特别是在手机上网普及以后,消费者在任何碎片化的移动过程中都能够主动或被动地接收与发送信息,而近来由iPad带起的平板电脑热潮以及带来的app热潮,更将改变移动过程中的沟通模式与营销方式,移动营销为新型商业模式带来无穷创意来源与商业机会。通过全新的人机界面,消费者通过智能手机与平板电脑的使用行为产生巨大改变,基于手机的营销行为,也开始从短信、Wap转变成为App的使用。这些发展促成消费环境中衍生了一个非常有吸引力的新研究领域:移动营销(Mobile Marketing)。

2. 移动营销的定义与特点

(1) 移动营销的定义。

移动营销协会(Mobile Marketing Association, MMA)提出的最新定义:移动营销是组织通过使用任何的无线媒介(Wireless Media,主要是手机和掌上电脑)作为信息传递和回应的载体、跨媒介营销传播的即时沟通程序,针对消费者(也就是终端用户)对时间和地点敏感性的、个性化的互动性,打造出最适合消费者的营销信息。按照这一定义,移动营销应包括所有在移动过程中所产生的营销行为、方式以及媒介,而不是单纯的移动手机营销(Mobile Phone Marketing)。移动营销需要的四大要素为:资源、入口、平台和运营服务。

移动营销的本质是以移动设备及无线通信信息系统为载体，公司利用手机通过无线广告把个性化即时信息精确有效地传递给消费者个人，进行“一对一”的互动营销，最终实现提高品牌知名度、建立客户资料数据库、增大客户参加活动或者拜访店面的机会、改进客户信任度和增加企业收入的目的。在移动信息技术与其相关产业的快速发展过程中，基于位置的服务（Location Based Services）逐渐成为传递营销信息的渠道之一，而移动营销也因此成为一个重要的研究领域。

（2）移动营销的特点。

① 交互性，移动电话是一种很好的即时交流媒介，消费者能在收到营销信息后立即将回应传送给营销者，使营销者通过基于位置的服务提供更适合和更深入具体的信息，以便提升营销信息带给消费者的价值。

② 营销信息特制化，也就是营销者通过潜在消费者的发讯地和发讯时间等资讯传送给消费者最适合的营销信息，也就是前面提到的基于位置的服务。

③ 即时效果，营销活动的信息能通过手机迅速传递到目标受众，甚至产生病毒链式效果。营销效果能快速地反馈回营销中心，有利于对营销活动效果的检测和控制。

④ 跨学科性，移动营销横跨多个学科，如营销学、管理学、金融学、物流营运、信息技术、信息系统以及工程学研究。

（3）做好移动营销的原则。

① 用户体验至上。

② 盈利策略不可急功近利。

③ 找到业务的核心竞争力。

④ 把握移动营销新模型。

⑤ 整合产业链之外的资源。

二、移动营销模式的4I模型与商业发展模式

1. 移动营销模式的4I模型

（1）移动营销模式产生的背景。

苹果iPhone的出现与巨大成功开创了与移动运营商业务分成的新模式，其魔鬼协议让许多运营商头痛不已，AppStore网站在开通仅9个月便卖出10亿个下

载，在2008年就已经占领移动软件市场12%的市场份额，致使Facebook、校内网等SNS网站纷纷与之合作，建立了拥有大量用户数的苹果群组，通过各种活动积聚了极高的人气，而苹果又可以透过这个平台宣传自己的品牌文化、促销信息等，合作取得了双赢的效果。

（2）4I模型。

移动营销模式可以用“4I模型”来概括，即分众识别（Individual Identification）、即时信息（Instant Message）、互动沟通（Interactive Communication）和我的个性化（I）。

① 分众识别。移动营销基于手机进行一对一的沟通，由于每一部手机及其使用者的身份都具有唯一对应的关系，并且可以利用技术手段进行识别，所以能与消费者建立确切的互动关系，能够确认消费者是谁、在哪里等问题。分众识别要求做到精准的身份识别（Accurate Identification）。

② 即时信息。移动营销传递信息的即时性，为企业获得动态反馈和互动跟踪提供了可能，当企业对消费者的消费习惯有所觉察时，可以在消费者最有可能产生购买行为的时间发布产品信息。

③ 互动沟通。移动营销一对一的互动特性，可以使企业与消费者形成一种互动、互求、互需的关系。这种互动特性可以甄别关系营销的深度和层次，针对不同需求识别出不同的分众，使企业的营销资源有的放矢。

④ 我的个性化。手机的属性是个性化、私人化、功能复合化和时尚化的，人们对于个性化的需求比以往任何时候都更加强烈。利用手机进行移动营销也具有强烈的个性化色彩，所传递的信息也具有鲜明的个性化。

移动互联网的营销模型与传统营销最大的不同，就是直接让正确的客户为企业说正确的话，广告式营销终将在这个时代里慢慢衰退。只有把握4I模型，企业才可能明白如何找到自己的潜在客户，实时地与之对话，满足其个性化的需求，随之让其参与互动，通过口碑传播吸引更多的客户。

2. 移动营销的商业发展模式

移动营销的主要商业模式有：

（1）PUSH模式。

PUSH模式指的是企业通过特定的号码直接向用户发送短信或彩信的形式，有些企业是通过在移动运营商那里申请的统一号码来发送，有些企业则是用特定的手机号码向自己所掌握的用户群号码直接来发送，当然后者的发送范围较为有限，且违规情况较多。

PUSH 模式中应用最广的为短信营销，短信营销占移动营销很大份额的原因在于其费用低廉、潜在广告对象群体巨大，并且可以大大提高手机广告运行的速度。短信的文本远远比无线上网文件小，无论是传输过程、打开速度还是存储容量，都是一个很大的节约。短信营销中比较亮丽的一道风景线就是小区短信营销，简单讲就是说在特定的区域（如机场、车站、卖场、酒店、旅游景点）、特定时间（如活动、促销、开业）对特定人群（如本地、外地移动用户）发送特定短信的无线增值服务，其特点是快捷、高效、准确。例如，移动用户在广州北京路商业街附近就会收到关于这个商业街某些店铺的广告信息。这种模式非常适合区域化商户的促销，尤其是各类的传统商户，运用移动定向、定位技术将大大提升营销效果。

（2）企业自建WAP网站模式。

简单地说，WAP服务就是手机直接上网，通过手机浏览器浏览WAP站点的服务。无论在何地、何时只要使用具有WAP功能的移动终端，连接到一个与Internet相连的WAP网关，就可以像桌面用户一样随时随地随身访问互联网，享受无穷无尽的网上信息或者网上资源。WAP其实就是一个小互联网，互联网能实现的功能在WAP上一样能够实现，如综合新闻、股市动态、天气预报、商业报道、在线聊天、在线游戏、下载铃声和彩图、电子商务、网上银行、移动搜索等。

企业除了在WAP网站上做广告外，还可提供电子折扣。通过消费者主动上网获取电子折扣的形式可以帮助商家避免无效的打折浪费，以及打折信息传播方向单一和范围有限的问题，而且还可以通过网络技术的分析来帮助企业实现精确的促销。例如，消费者在浏览手机产品信息时，网站会向消费者发送手机产品的折扣信息，而且展示的形式也是多种多样，如运用流媒体等丰富生动的表现形式，这可以提高用户反馈的比例。

（3）PUSH+WAP 模式。

这种模式是采用短信或彩信推送的形式，加上无线网络的超链接形式进行的移动营销。一条简洁的文字短信或直观彩信发送至手机，对该信息感兴趣的用户可以进行点击或链接进入无线网络的相关介绍，获得更详细更丰富的资料。一方面，可以节约企业的营销费用；另外一方面，无线网络的点击率可以通过这两种手段轻而易举地计算并统计出来,进行点击的用户才是真正的有效受众。有效受众的确定,提升了营销信息的传播效力和价值,也为广告商的付费和后期用户管理提供了方便。

(4) 二维码+WAP模式。

手机二维码是二维码的一种,可以印刷在报纸、杂志、广告、图书、包装以及个人名片上,用户通过手机扫描二维码或输入二维码下面的号码即可实现手机快速上网,随时随地下载图文、音乐、视频,获取优惠券,参与抽奖,了解企业产品信息。通过中国移动提供的条码识别上网应用服务,支持手机二维码功能并可拍照的用户可用手机拍下二维码,从而访问到企业的WAP网站;不支持手机二维码功能的用户也可以将二维码的编号发送短信到700066,同样可以访问到相关网页。

(5) 手机搜索+WAP模式。

该模式是通过对一系列的关键词进行搜索,来获取企业WAP网站信息。该模式的应用首先要求企业选择某一特定关键词,这一点是非常重要的,如果关键词选择不当,企业的目标客户将很难找到企业的网站和广告。关键词的选择要综合考虑企业名称、行业名称、产品、网站内容、竞争对手网站内容、用户使用关键词频率等多种因素。其次,企业要将WAP网站提交给搜索引擎公司,可选择几家重要的搜索引擎公司,使企业的网站获得较为高效的推广。

(6) 企业自建互动营销平台。

企业互动营销平台是在数据业务发展的基础上发展起来的,主要是利用手机进行各种营销管理活动,包括收集信息、宣传企业、销售产品、维系客户关系等。由于手机的随身携带性、互动性、便捷性,使得手机相对于其他营销平台拥有更为显著的信息传播优势,方便企业可以随时随地收集信息、传播信息,以适应市场变化的需求。顾客通过这个平台可轻松获取对其有价值的信息,及时向企业反馈自己的感想和经验体会,并与企业交流等。

企业自建互动营销平台主要可以采取两种方式。一种方式是通过移动运营商申请短信端口号,企业通过互联网连上移动运营商的网关,即可实现功能强大的短信群发功能。顾客可通过编制指令发送到指定号码即可查询与反馈各种信息。另外一种方式是向移动运营商直接申请“企信通”“集信通”等业务,由运营商来帮助企业搭建短信平台。如联通“双向集信通系统”是基于手机短消息的多功能双向信息发布平台，通过这个平台，各企事业单位可以面向客户发送各种商业短信，以无线形式实施市场宣传、信息、客户管理等。

（7）短信网址模式。

短信网址指的是移动互联网上用自然语言注册的网址，是利用SMS短信方式或WAP寻址方式为移动终端设备快捷访问无线互联网内容和应用而建立的寻址方式。“短信网址联合信息中心”是由中国移动通信联合会、信息产业部电信研究院、中国移动、中国联通共同发起成立的，2005年11月推出并开展管理，授权新网互联为短信网址首家授权注册服务机构。该平台为企业用户提供了一个更加灵活的业务服务和营销接口。短信网址跟互联网上流行的域名基本上是一个概念，都是企业在网络上的身份识别特征，只不过域名是在互联网络上，而短信网址是在移动网络上，是针对用户做营销，而且可以使企业营销达到反馈及时、传达迅速的效果。

（8）在知名WAP网站上宣传。

随着移动营销的发展驶入快车道，其对企业的吸引力也越来越大。但面对陌生的领域，不少擅长传统营销方式的企业仍旧犹豫不决。其实，对于他们而言，除了短信、彩信的推送外，还有一种比较可行的方式，就是与知名WAP网站合作，在WAP上做信息宣传或开展互动营销活动。目前，在国内比较知名的WAP网站有移动梦网（http://wap.monternet.com）、3G门户（http://wap.3g.cn）、空中网（http://kong.net）、摩网（http://wap.moabc.com）、手机新浪（http://sina.cn）等。2005年，亚洲最大的金融服务集团之一新加坡星展银行开始在空中网的无线互联网上投放品牌广告，这是国际金融服务机构首次尝试通过无线互联网作为其品牌推广的渠道，也是国内无线互联网门户获得的第一笔金融行业的广告订单。

（9）终端嵌入。

摩拜美迪公司是终端嵌入营销模式的代表，摩拜美迪将广告以图片、屏幕保护、铃声和游戏等形式植入了国内每年出产的3000多万台彩屏手机里。摩拜美迪通常以买断的方式，在一个品牌的每部手机里投放3～4个广告，并将1／3的广告收入分给手机厂商。对终端的占有，是一个行之有效的模式，但终端的覆盖率是广告主特别关心的问题。这种模式是最具创新性也最具难度的模式，但捆绑嵌入模式值得无线营销策划者借鉴。

企业在运用这些营销模式时，还应综合考虑其他营销手段，如投放营销信息时给用户以一定的折扣或优惠。广东移动开展的"听广告，得话费"以及天津联通的"看广告，拿大奖"都体现了这样的业务思想。

三、移动营销的实施流程

1. 售前定向传播

定向传播旨在确定目标受众和传播目标情况下，设计传播信息，利用无线广告、移动互联网广告等方式将信息定向地传播给目标受众，快速地开发新市场，挖掘新客户资源。在确定目标受众的基础上，需要综合分析所传播产品的市场定位和手机用户的消费行为。在使用无线广告传播的过程中，需要有针对性地分析精准的目标受众，并传播有吸引力的信息，因此需要对数据库进行分析和筛选。移动互联网广告包括企业投放在WAP门户（包括综合门户和各类垂直门户）、移动通信工具（如移动QQ、MSN等）、移动搜索引擎内的各种广告，其形式和传统互联网广告类型相似。

2. 售中互动沟通

消费者购买欲望来自互动体验，提高消费者购买过程中的互动程度可以促进销售。互动沟通直接作用于销售环节，利用移动营销的互动型特点增加消费者的购买体验，增强与消费者的互动和参与，刺激消费者的购买欲望，以达到增加销售的目的。

3. 售后忠诚营销

通过实施积分计划、会员俱乐部和情感维护三方面实现客户忠诚。积分计划指客户消费累计达到一定额度及提供一定的奖励措施，促使消费者多次进行消费。积分计划分为独立积分与联盟积分两种。会员俱乐部将具有某一相同爱好的消费者集中，组织群体活动。企业通过会员俱乐部可以宣传企业文化，树立品牌意识。定期地和客户进行沟通，可以很好地维护客户关系，建立客户对品牌的好感和忠诚度。

四、移动营销的发展策略与未来方向

1. 移动营销的策略

（1）移动优化营销工具组合。

第五媒体的功能很多，包括无线广告、无线互联网广告、手机邮件、彩铃、短信、彩信、手机搜索引擎、手机音乐、手机游戏、移动支付、手机WAP站点、手机应用软件等，随着技术的进步，更多的手机功能将会出现，正确地选择营销工具是成功开展移动营销的关键，针对售前定向及售后忠诚营销应该将这些工具组合起来。

（2）基于受众行为分析的个性化传播。

移动营销的实施建立在个性化的手机媒体基础上，因此也就容易实现信息的个性化传播。但要想完成个性化传播需要全方位地了解手机用户的行为和目标受众的特定行为特点，才有可能将符合目标受众行为习惯的信息个性化传播给目标受众。在不同环境内手机用户的行为特点各不相同，同时对于不同定位的目标客户群体，其行为特征的差距也很大，而掌握目标受众的行为特点对移动营销信息传播内容、传播方式的选择都起到很大的作用。

（3）多渠道建立移动营销数据库。

移动营销数据库的建立和传统营销相比有着明显的优势，可以利用电信运营商的数据中心，对消费者行为进行相似追踪和精确分析，建立完善的客户数据库。

“愿者上钩”式：在活动宣传过程中，传递具有吸引力的信息诱使用户参与活动。依此采集大量的客户手机号码，通过整理纳入客户数据库。

防伪模式：在产品包装上印刷防伪码，消费者在购买产品后，用手机就可把防伪码发送到指定号码辨别真伪，通过这种方式在给用户树立良好品牌形象的同时，还可以收集大量的客户数据。

WAP分析模式：用户通过手机上WAP网络，会在网页上留下一些行为痕迹，用相关技术的处理和检测，可以统计到用户的相关信息，包括手机号码、用户行为习惯，再通过行为习惯判断出用户的各种特征。

2. 移动营销的未来方向

移动营销应用包括APP应用、移动广告、移动定位及监测、移动网站开发、移动SEO、移动电子商务、O2O等。伴随着众多移动营销手段的开发，人们面前的问题也越来越多。一方面，中国的移动营销还远没有形成一个完整的、受关注的产业链。移动营销尚缺乏龙头企业、明星企业，影响移动营销发展速度和规范性。另一方面，登记详细的手机用户信息能否成为客户信息，成为移动营销商首先面对的法律问题。同时，移动营销，如手机定位系统、消费者手机俱乐部、移动搜索等，虽然已经投入运营一段时间，但是技术、内容服务等多方面水平都有待提高。移动营销发展有待完善与创新。

(1) 定制性营销是未来移动营销服务的方向。

"定制"方式在早期市场上并不鲜见。生产者分别为不同的顾客制造他们所需要的产品。裁缝师根据顾客的身高、体形、喜欢的式样对布料进行加工，即所谓的"量体裁衣"。根据个人的特定需求来进行市场营销组合，以满足每位顾客的特定需求，是制造业、信息产业迅速发展所带来的新的营销机会。

定制营销的适用范围十分广泛，不仅可以用于汽车、服装、自行车等有形产品，也可以用于无形产品，如金融咨询、信息服务等，企业可根据本企业产品生产特点与顾客参与程度，选择不同方式的定制服务。公司可通过事前的市场调研，或移动互动调查，掌握顾客的个性偏好，再为其设计好更能迎合其口味的系列服务，这样便可以增加消费数量或次数。

随着新媒体技术的发展，手机成为人们生活中重要的信息传递工具，成了人类的"影子媒体"。其传递信息的快捷、便利、准确超越了以往的任何媒体，并实现了精确的分众化传播，即到达每个受众点，同时每个受众都可以成为信息的传递者。在新媒体的研究中，受众研究处于中心位置。移动服务必须能够满足消费者个人的媒体目标，也就是满足个人在使用移动设备时对所追求目标的认知需求。因此，建立用户数据库是很必要的。发送移动广告须经过用户的同意，大多数人收到短信后一定会花费时间和精力打开阅读。如果这条信息并不适合用户，则会发生很大的反作用，远远要比垃圾邮件更遭人愤恨。国外相继出台了处理个人数据和保护电子通讯隐私的法案，规定了借助电子通信手段向消费者传送广告信息必须经过用户同意。在已经建立客户关系的情况下，可以通过电子手段向用户发送类似产品或服务的信息，但是必须允许用户选择退出。拥有或获得经过消费者授权的移动号码数据库是移动广告成功的先决条件。

利用数据挖掘技术，对用户数据库的数据进行深度挖掘，实现对所有用户的客观、准确的细分。利用基于数据的动态挖掘技术，深入分析客户的流失及发展趋势，并根据消费行为和生活消费形态进一步细分，进行有针对性的整合营销传播活动，通过对客户行为的深刻研究，根据不同客户的行为规律进行，开展极具个性化的营销沟通，最终实现“精确制导、智能沟通”的整合营销传播境界。

(2) 内容是移动服务中的关键因素。

内容是移动服务中的关键因素。“内容为王”这条传统广告业中的“金科玉律”同样适用于移动广告。要想获得预期的传播效果，移动广告的内容要考虑能够满足消费者个人的意愿目标，也就是符合个人看到移动广告内容时对所追求目标的需求心理。就移动广告而言，接收者的预期目标会影响到他对广告的处理。如果使用者的媒体目标是信息，可能会对广告中所提供的有关产品、服务、公司的信息更有兴趣；如果消费者钟情娱乐，可能更欢迎搞笑和具有审美愉悦、情感刺激的广告。

有两方面的信息可以帮助广告主对移动广告内容进行定位：其一，用户在同意接收广告时要填写包括兴趣爱好、当前需求、所在地区等信息的个人资料；其二，广告主也可以使用公司客户关系管理数据库。这两方面的信息可以互为补充，综合利用。许多研究发现具有时效性、个性化、实用性的内容是移动广告成功的关键因素。

第六节　电子书营销专题实训

电子书营销专题实训主要围绕电子书的设计与制作、发行等环节进行实训。实训的重点放在内容组织和软件使用，任务量不大，以个人完成为主。

[实训目的]电子书设计与制作专题实训能够实现网上信息检索能力，独立思考、勇于创意的内容组织能力，运用工具软件设计与制作能力的全面培养与训练。通过策划、创意、设计、制作、发行等环节体验创业过程。

[实训内容] 专题实训内容和流程设计如图 7-1 所示。

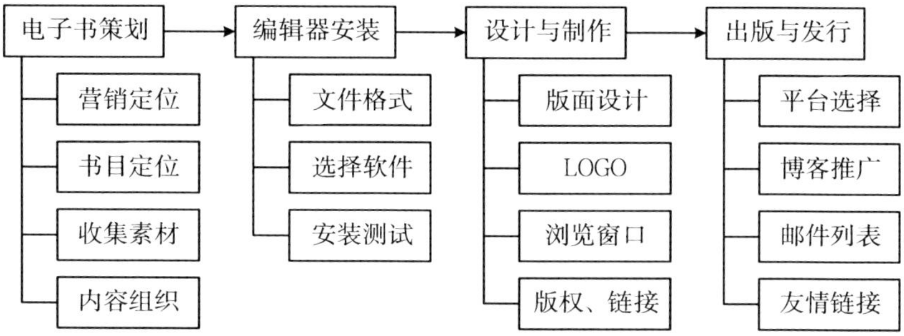

图7-1　电子书设计与制作专题实训内容和流程设计

在电子书内容组织的过程中，注意把握电子书具有书籍的一般特性：知识性、趣味性、逻辑性、完整性、便携性，并将其作为检验实训效果的标准。最后安排作品展示与评价环节，每个学生对其电子书作品进行讲解，其他学生进行营销效果评价。

评价点：

① 知识性、趣味性、逻辑性、完整性、便携性。

② 营销目的的引领。

③ 吸引力（内容、画面）。

④ 自主传播性。

⑤ 技术性。

【课后思考题】

1. 通过制作电子书，谈一谈利用电子书营销的优势以及需要创意的问题。

2. 病毒性营销是传播病毒吗？为什么？谈一谈企业进行病毒性营销的意义，并利用案例分析病毒性营销在网站推广中的应用。

3. 下载聊天客户端软件，开通自己的聊天室，体会病毒性营销信息传播的思想。

4. 在专门博客平台上注册自己个性化空间，尝试编写博客文章，传播自己的理念。

5. 在网上找出三个事件营销的案例。

【本章参考文献】

[1]Douglas Rushkoff.Media Virus[M].New York:Ballantine Books,1994:3-16.

[2]张永峰,黄娟.病毒性营销理论及其在网络营销中的应用[J].商业时代,2010(9):22-23.

[3]冯英健.网络营销基础与实践（第3版）[M].北京:清华大学出版社,2007.

[4]周锡冰.博客营销技巧[M].北京:中国经济出版社,2010.

第八章　网络广告策略

学习目的:

掌握网络广告定义和特点,熟练掌握网络广告的常用形式;掌握网络广告策略,了解网络广告的设计制作和文案写作,通过实训学会运用具体策略和方法进行策划,以及正确使用相关工具设计广告。

第一节　网络广告概述

网络广告是计算机与网络技术发展的产物,自1994年世界上第一个网络广告以Banner的形式诞生在互联网上,企业对网络广告的营销地位越来越关注,网络广告已经成为互联网企业盈利的主要模式。

一、网络广告发展历程

网络广告最早出现于1994年美国著名的Wired杂志推出的网络版的主页上，AT&T等14个客户的Banner广告成为广告史上里程碑式的一个标志。此后,各大门户网站纷纷效仿,世界各国的网络广告迅速崛起并得到极大的发展。根据(iResearch)艾瑞市场咨询统计数据,2005年美国网络广告支出超过125亿美元,总广告支出为1920亿美元,其中网络广告所占比例近7%,比2004年的96亿美元增长30%。2006年美国网络广告市场的收入规模比2005年增长了34.6%,整个广告行业的收入规模比2005年增长了3.9%。美国广告在经历了2006—2007年的快速增长后,2008年后增长势头虽然有所放缓,但仍保持15%以上的年增长率。2010年,美国互联网广告市场收入创历史新高,为260亿美元,与2009年相比增长约15%。2014年网络广告收入增加至344亿美元,互联网的广告收入超过报纸成为美国第二大广告媒介,仅次于电视。

我国网络广告的萌芽大约始于1995年,以马云创办“中国黄页”为标志。中国的第一个商业性的网络广告出现在1997年3月,Intel和IBM是国内最早在互联网上投放广告的广告主,传播网站是Chinabyte,广告表现形式为468×60像素的动画旗帜广告,IBM为AS400的网络广告宣传支付了3000美元。1999年北京三元牛奶在网易上发布网络广告，开创了我国传统企业做网络广告的先例。1999年4月中旬，Doubleclick(www.doubleclick.com)派员来京，与新浪、搜狐等洽谈合作，网络广告的收费成了门户网络媒体主要收入来源之一，在网络门户早期发展中起到了重要的作用。2001年中国网络广告市场为4.1亿元人民币，2002年中国网络广告市场规模为4.9亿元。2003年春，严重急性呼吸综合征（SARS）的出现，促使网络广告在2003年开始全面爆发。有数据显示，2003年中国网络广告的市场规模急剧增至10.3亿元人民币，增长幅度达111%。经过了几年的成长后，我国的网络广告市场保持着高速增长的状态。根据iResearch（艾瑞市场咨询）2005年网络广告的调研数据显示，2005年我国的网络广告市场规模为31.3亿元人民币，超过杂志广告收入18亿元人民币，接近广播广告收入34亿元人民币，比2004年增长77.1%。2007年我国网络广告整体市场规模增长至76.8亿元（不含搜索引擎关键字广告），较2006年增长54.2%，增长的原因在于网民增长的拉动以及品牌广告主对网络营销的重视和拉动。2008年我国网络广告市场规模达180.6亿元人民币，较2007年同比增长71.0%，依然保持高速增长态势，但相对于广告经营总收入而言网络广告市场规模份额所占的市场比例依然很小。艾瑞咨询以运营商营收总和计算中国网络广告市场规模，2008年中国网络广告高速增长主要原因在于：①全球瞩目焦点北京奥运聚集大众关注，拉动广告主集中加大投放力度，网络媒体同时受益；②2008年底我国网民规模达到3亿，媒体价值持续提升，吸引更多传统行业广告主尝试网络广告，同时原有广告主的投放力度进一步提高；③除门户网站外，社区、视频、博客、电子商务等多种媒体平台发展迅速，同时植入式、广告联盟、口碑营销等多种营销模式快速发展，充分挖掘媒体价值，优化广告投放渠道，共同促进广告主对网络广告认可度的持续增加；④网络媒体与传统媒体相比在性价比、互动性、效果评价等方面优势显著，更多行业加大网络广告投放力度。2009年第一季度，中国网络广告市场跌至2007年第三季度以来的最低谷。然而从2009年第二季度开始，中国网络广告市场出现强劲反弹，2009年市场规模达207.4亿元人民币，年同比增长22.0%。2010年中国经济完全走出了金融危机的阴霾，而中国网络广告市场也同样在2010年迎来快速上升期，全年网络广告市场规模达到325.5亿元人民币，同比增长率56.9%。2011年度中国网络广告市场规模达到512.9亿元人民币，同比增长率为57.6%。2014年中国经济增速有所回落，处于结构调整阶段。

整体经济运行中亮点包括：经济结构继续优化，第三产业增速提高；就业与居民收入增长较快；消费热点保持热度，网络零售增长旺盛。中国网络广告市场在此背景下，与2013年保持相当增速，网络广告市场规模达到1540亿元人民币，同比增长40.0%。在网络广告市场整体进入成熟稳定阶段之后，市场仍然呈现出一些新的发展态势。

二、网络广告的定义和特点

迅速发展的网络广告，逐渐成为现代信息社会商务活动中不可缺少的一种营销手段。相对于传统的广告媒体而言，网络广告在内容、形式、制作和传播等方面都表现出新的特点，其投放方式和策略也具有自身的特殊性。

1. 网络广告的定义

广告是确定的广告主以付费方式运用大众传媒劝说公众的一种信息传播活动。网络广告是基于互联网信息传播的平台或载体宣传企业产品、品牌、服务和站点的信息传播活动；是一种由广告主自行或委托他人设计、制作，在网络上进行的有偿信息传递活动。随着互联网的普及，有人将其列在电视、报纸、广播、杂志之后，称为第五大广告媒体。广告主通常利用一些受众密集或有特征的网站摆放商业信息，并设置链接到某目的网页，从而实现营销信息传播。其传播速度快、形式灵活多样、有效收视率高、受众面广等特点是其他广告形式所无法比拟的。

网络广告从法律的角度上看可以有广义和狭义的定义。

2001年4月，北京市工商行政管理局颁布的《北京市网络广告管理暂行办法》第二条规定“本办法所称网络广告，是指互联网信息服务提供者通过互联网在网站或网页上以旗帜、按钮、文字链接、电子邮件等形式发布的广告”。该办法作为我国第一个全面规范网络广告的规范性文件，对保护消费者、经营者合法权益，对电子商务的立法执法都具有极为重要的现实意义和探索意义。办法中所界定的网络广告属于狭义的定义，有利于对经营性的网络广告制作者进行管理。

广义的网络广告是根据广告法定特征定义的。

根据《中华人民共和国广告法》的规定，广告有四个法定特征：

（1）有偿性，即“承担费用”。

（2）依附性，即“通过一定媒介和形式”。

(3) 目的性,即介绍“所推销的商品或者所提供的服务”。

(4) 商业性,即具有“商业”特点。

广义的网络广告应当定义为:凡符合广告的法定特征,即符合有偿性、依附性、目的性、商业性特点的网上信息都可界定为网络广告。

2. 网络广告的特点

同传统的广告媒体相比,网络广告的特点有:

(1) 交互性强。交互性是网络本身的最大特点,网络不同于传统媒体的信息单向传播,而是信息的双向互动传播。用户可以获取他们认为有用的信息,厂商也可以随时得到消费者的反馈信息。从营销传播的角度上看,网络上的互动式广告有两个基本特质:一是适应个人需求而发布信息;二是广告受众自由选择信息。不同于在传统媒介上出现的广告,互动式广告允许不同的受众选择不同的广告信息,以此满足个人对信息的需求。

(2) 传播范围广。网络广告的传递不受时空的限制,通过国际互联网把广告信息全天不间断地传播到世界各地。只要具备浏览互联网的条件,任何人在任何时间、任何地点都可以随时随地阅读网络广告信息。

(3) 针对性强。网络广告的受众是最年轻的、最具活力的、受教育程度较高的、购买力较强的群体,网络广告可以使广告主直接面对目标消费群体中最具有可能产生购买行为的潜在消费者。

(4) 精确性强。传统媒介发布广告,很难精确统计广告信息目标受众的数量,而在互联网上,可以通过权威公正的访问统计系统,精确统计出每条广告信息的接触量,更可以了解目标受众接触广告信息的时间和地区分布,从而为广告主科学地评估广告效果奠定坚实的基础。

(5) 发布成本低。网络广告是一种实时、灵活、低成本的广告形式。广告在传统媒介上发布后很难更改,而且将支付极大的费用。在互联网上,广告播出后,可以方便地根据市场的变化、营销策略的调整及时变更广告内容,使广告活动及时有效地服务于营销策略。

(6) 实效性强。网络广告所承载的信息资料,是多媒体、超文本格式文件,使消费者能够多视角了解或亲身体验商品与服务。同时,可以通过互联网载体直接订购、交易和结算,极大地增强了网络广告的实效性。

3. 网络广告的本质特征

网络广告具有四个本质特征：

（1）网络广告需要依附于有价值的信息和服务载体。用户是为了获取对自己有价值的信息才来浏览网页、阅读电子邮件，或者使用其他有价值的网络服务如搜索引擎、即时信息等，网络广告只有与这些有价值的信息和服务相依赖才能存在的。因此，在研究网络广告的定向投放等特点时应该正确认识这个因果关系，即并非网络广告本身具有目标针对性，而是用户获取信息的行为特点要求网络广告具有针对性，否则网络广告便失去了存在的价值。网络广告这一基本特征表明，网络广告的效果并不是单纯取决于网络广告自身，还与其所存在的环境和依附的载体有密切关系，这也说明了为什么有些形式的网络广告可以获得较高的点击率。

（2）网络广告的核心思想在于引起用户关注和点击。由于网络广告承载信息有限的缺点，难以承担直接销售产品的职责，网络广告的直接效果主要表现在浏览和点击，因此网络广告策略的核心思想在于引起用户关注和点击。这为网络广告效果的准确测量带来了难度，而且某些网络广告形式如纯文本的电子邮件广告等本身也难以准确测量其效果。网络广告这个特征也决定了其效果在品牌推广和产品推广方面更具优势，而其表现形式以新、大、奇等更能引起注意，这也说明了为了解决网络广告点击率不断下降的困境，网络广告形式不断革新的必然性。

（3）网络广告具有强制性和用户主导性的双重属性。网络广告的表现手段很丰富，是否对用户具有强制性关键取决于广告经营者而不是网络广告本身。早期的网络广告对于用户的无滋扰性也使其成为适应互联网营销环境的一个优点，但随着广告商对于用户注意力要求的扩张，网络广告逐渐发展为具有强制性和用户主导性的双重属性。虽然从理论上讲用户是否浏览和点击广告具有自主性，但越来越多的广告商采用强制性的手段迫使用户不得不浏览和点击，虽然这些广告引起用户的强烈不满，但从客观效果上达到了增加浏览量和点击量的目的，这也使得网络广告与传统广告一样具有强制性，而且表现手段越来越多，强制性越来越严重。

（4）网络广告应体现出用户、广告客户和网络媒体三者之间的互动关系。网络广告具有交互性，因此有时也称之为交互式广告。网络广告的交互性，通常是从用户对于网络广告的行为来考虑,这种交互其实并没有反映网络广告交互的完整含义。事实上这种交互性也很少得到有效的体现,大部分的网络广告只是被动地等待用户的点击。网络广告交互性的真正意义在于体现了用户、广告客户和网络媒体三者之间的互动关系,也只有建立了三者之间良好的互动关系,才能实现网络广告最和谐的环境,才可以让网络广告真正成为大多数企业都可以采用的营销策略,网络广告的价值也才能最大限度地发挥出来。

三、网络广告的基本形式

1. 标志广告

标志广告(Banner)又称横幅广告、网幅广告、全幅广告、按钮广告、旗帜广告,是放置在广告商的平台页面上,表现商家广告内容的图片形式的广告。其中包含按钮(Button)、通栏、竖边、巨幅等,通常横向出现在网页中,是网络广告早期出现的一种广告形式。标志广告主要以GIF、JPG、Flash等格式建立图像文件,分成静态、动画和交互式等三种形式定位在网页中。使用Java等语言使广告产生交互性,用Shockwave等插件工具增强表现力。

标志广告一般放置在网页上的不同位置,在用户浏览网页信息的同时,吸引用户对于广告信息的关注,从而获得网络营销的效果。标志广告有多种表现规格和形式,其中最常用的是486×60像素的标准标志广告,由于这种规格曾处于支配地位,在早期有关网络广告的文章中,如没有特别指明,通常都是指标准标志广告。

除了标准标志广告,早期的网络广告还有一种略小一点的广告,称为按钮广告(Button),其广告的特点是:一方面,面积小,购买成本低,让小预算的广告主有能力购买;另一方面,能够更好地利用网页中较小面积的零散空白位,可出现在主页任何位置。按钮图标可以是一个企业的标志,也可以是一般的形象图标,可以显示公司品牌、宣传活动,单击按钮可链接广告主。常用的按钮广告尺寸有四种:125×125(方形按钮),120×90,120×60,88×31。随着网络广告的不断发展,新形式和规格的网络广告不断出现,Banner的表现尺寸越来越大,760×70、1000×70像素的大尺寸Banner也悄然出现。因此美国交互广告局(The interactive Advertising Bureau,IAB)也在不断颁布新的网络广告标准。这些尺寸作为建议,提供给广告生产者和消费者,使大家都能接受。截止至2014年4月15日网站上的广告几乎都遵循IAC / CASIE标准。图8-1为IAB广告模板。

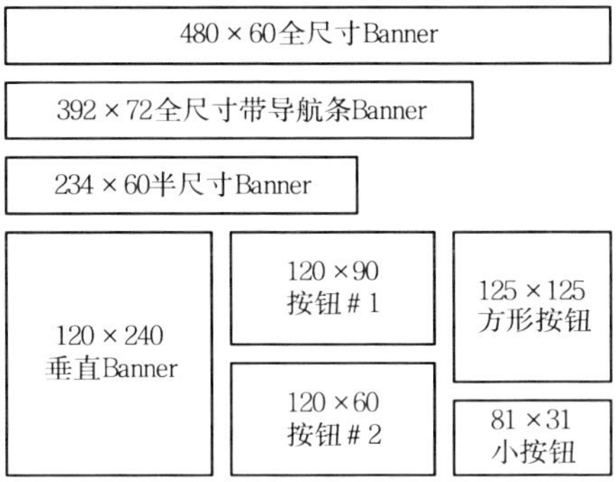

图8-1 IAB广告模板

2. 通栏广告

报纸中的所谓通栏,是指和一个整版宽度相同,但是面积不到半个版的排版方式。网络中的通栏广告是一种具有唯一性的多媒体推广方式,通栏广告展示区在搜索结果列表的上方,企业可以根据需要购买通栏广告,当买家搜索时,购买了通栏广告的企业广告会显示在展示区中。

通栏(Full Collumn)广告实际上是横幅广告的一种升级,比横幅广告更长、面积更大,更具有表现力和吸引力,特别适合活动信息发布、产品推广、庆典等。横幅式广告出现的初期用户认可程度很高,但伴随时间的推移,人们对横幅式广告已经开始变得麻木,于是开发了通栏广告。通栏广告一般没有固定的尺寸,位置在网站首页的上方或者中间,最先映入浏览者眼帘,属于扁长型的。常用的尺寸有760×90、468×60、250×60、728×90、950×90、658×60像素。创意绝妙的网站通栏广告对于建立和提升客户品牌形象有着不可低估的作用。

网站通栏广告有两个基本类型:横幅广告和竖式广告。横幅广告出现在网站的首页顶部和底部,竖式广告一般设在网站首页的两侧。

通栏广告不仅版幅较大,如果在推出的广告中配上一些“信息单元”(Messaging Units),其广告就如同一个小型网站,利用普遍流行的Flash技术创建几个生动的画面,这些画面将被用在这些“信息单元”中,从而使得用户在广告上通过鼠标点击就可以直接观看更多的信息。

3. 弹出广告

弹出(PopUp)广告,也称插播式广告、插入广告(Interstitial Ads),是Internet上的一种推送技术的在线广告形式,当用户进入网页时,无论用户在做什么,系统自动开启一个新的浏览器视窗,以吸引用户直接到相关网址浏览,从而起到宣传的效果。这些广告一般都通过网页的JavaScript指令来启动,但也有通过其他形式启动的。与电视节目中插播电视广告一样,在用户浏览网页其他信息内容时,强制插入一个广告页面或弹出广告窗,强迫观看。浏览者可以通过关闭窗口不看广告(电视广告是无法做到的),但是广告的出现没有任何征兆,肯定会被浏览者看到。

弹出广告有各种尺寸,有全屏的也有小窗口的,而且互动的程度也不同,静态的、动态的都有。弹出式广告不一定会在浏览器的最上层出现,有些弹出式广告刻意把自己安排在窗口的最底层,或把自己缩小隐藏。用户在网上观看一个节目或一段视频之前,将会看到一段15秒或30秒的广告,即前播广告,有时候广告插播在节目中间(中播广告)和节目播放完毕后(后播广告)。有时候,点击广告会打开新的网站或页面。与标志广告不同,这样半强势的广告在短时间内占据网页的主要画面,迫使浏览者不得不对广告加以关注。大多数用户都认为这种行为属于恶意行为,为避免弹出式广告过分泛滥,很多浏览器或者浏览器组件中都加入了弹出式窗口杀手的功能,以屏蔽这样的广告。防止浏览者反感弹出广告的方法有:①选择已经使用插播式广告的网站投放;②选择小尺寸的广告;③选择浏览者屏幕空闲区域。

弹出广告的优势:其是电视广告主最熟悉的广告形式,为了实现在网络中的插播,他们不用对广告做很多改变。同时,作为目前最主要的视频广告形式,广告主能通过在大量网站中投放前播广告获得客观、全面的广告受众收集。其劣势:广告插播时会使部分没有耐心的受众转移,他们只是想花少许时间看一段简单的视频而已。同时,这样的广告形式也不能很好地发挥用户的互动性。

4. 赞助式广告

赞助式广告确切地说是一种广告投放传播的方式,而不仅仅是一种网络广告的形式。可能是通栏式广告、弹出式广告等形式中的一种,也可能是包含很多广告形式的打包计划,甚至是以冠名等方式出现的一种广告形式。赞助式广告赞助有三种形式:内容赞助、节目赞助、节日赞助。广告主可对自己感兴趣的网站内容或节目进行赞助,或在特别时期(如澳门回归、世界杯)赞助网站的推广活动。

赞助式广告一般放置时间较长且无须和其他广告轮流滚动,故有利于扩大页面知名度。广告主若有明确的品牌宣传目标,赞助式广告将是一种低廉而颇有成效的选择。

内容赞助式广告是企事业单位在完全自愿的情况下,有计划、有目的地向某些有益于社会公益的项目和活动提供赞助,被赞助单位通过广告给予赞助单位一定的广告活动补偿。内容赞助式广告更像是网页的内容并非广告,是近年来被越来越多媒体和广告主看好的广告形式。通过定制化内容,将赞助者的广告内容巧妙地编辑在网站的内容中,使网站读者很难区分文章是新闻还是广告商赞助的内容。以《赫芬顿邮报》为例,该媒体已经与强生、思科等品牌建立合作关系,后者将赞助其为某个主题而设计的网页,比如与女性、儿童相关的内容,或者是科技带来的影响等。在这些网页中,《赫芬顿邮报》会将其独立撰写的内容与品牌本身提供的内容混合在一起,提供给读者阅览。而科技博客(Business Insider)不仅提供编辑内容,甚至还能提供品牌赞助的幻灯片。BuzzFeed已经成为赞助内容最大的使用者之一,其发表的各种有趣文章也深受读者喜爱,如“20种对春天说你好的幼年动物”“2013年最伟大的体育GIF图片”等都有极高的浏览量。目前,快餐连锁运营商Dunkin' Donuts和通用电气等品牌都已经与BuzzFeed合作,在该网站上建立了自己的赞助内容,如“让你每天变得更有效率:改变生活的10种方式”和“18个无法被阻挡的人”等。在Mashable网站上发布的“What's Inside”系列文章周围,分布着Snapdragon处理器各种形式的广告。读者阅读这些文章时,可以通过文章右侧的模块对Snapdragon点“赞”,也可以阅读与该品牌相关的Twitter信息。此外,Mashable网站还会通过一段话告诉读者,这些文章是由Snapdragon处理器为其呈现的,并会介绍Snapdragon技术如何允许用户“从一个应用完美转向另外一个应用”或“如何拥有高速的下载速度”等。

5. 文字链接广告

文字链接(Textlink)广告是通过一般性的简短文字,直接链接到客户的广告内容页面上。广告简单明了,直接涵盖主题,是一种对浏览者干扰最少,但却最有效果的网络广告形式。整个网络广告界都在寻找新的宽带广告形式,文字链接广告用的空间较小,放置在博客边栏或其他位置,比起图像广告看起来也比较不像广告,不会引起访客的反感。文字链接广告需要最小带宽、最简单的广告形式,效果却最好。

文字链接的作用是吸引点击,其描述的内容和摆放位置决定了广告的效果。在实际使用过程中,因为文字链接意味着"这是内容",所以文字链接最好指向具有价值的内容,包括软文、新闻和优惠消息等,然后再在所指向的内容中加入企业产品的链接,这样得到的访客会对产品有更大的兴趣。

文字链接广告的优点是对用户阅读网站造成的影响较小,能达到软性宣传的目的,但是此广告是通过文字来传达信息的,在设计的时候就会有一定的挑战性,越是短小的广告越难做,因为从一句话里传达的信息是有限的,如何发挥这句话的作用就必须要有好的创意。

6. 分类广告

分类广告这个名词,最早来自报纸的分类广告版块,意思是很多种类的小广告的集合,区别于分布于其他各版的独立的大幅广告,分类广告的读者目的性更加明确。分类广告网站是专门经营目标明确投放精准的广告的网站,从趋势来说,随着技术的发展,未来的市场是分类广告的天下。分类广告网站有两种业态:一是B2C,就是对广告发布者收费,广告浏览者不收费。这样造成了广告基本上是企业发布,网民浏览;二是C2C,就是对广告发布者和浏览者都不收费,网站通过少量的广告位或者少量的收费项目获得收入。这样大多数广告就会由网民个人发布,少量由企业发布。B2C形式的分类广告网站商业气氛浓郁,信息可信度高,但是网民浏览量不大。C2C形式的分类广告网站信息未经验证,可信度不高。因为没有收费门槛,垃圾信息很多,但是网民互动性强,浏览量大。

网络分类广告是充分利用计算机网络的优势,对大规模的生活实用信息按主题进行科学分类,并提供快速检索的一种广告形式。网络分类广告是一种全新的网络广告服务形式,主要满足企事业单位和个人商户在互联网上发布各类产品和服务广告的需求,并为广大网民提供实用、丰富、真实的消费和商务信息资源。与传统媒体分类广告相比,网络分类广告容量大,表现形式多样化、立体化,可查询、收藏信息。在形式上,分类广告一般是指版面位置相对固定、规格较小的非工商广告,多数情况下集中出现,并按行业划分开,以便于浏览者查找。

分类广告独立成版,信息容量大,分类明晰和检索方便,分类广告浏览者会带着需求主动寻求自己需要的分类广告类项。浏览者在消费分类广告信息时,按照"类别标题→项目标题→小项标题→单条大分类广告的标题"层次搜索信息,标题能告诉有明确消费目标的浏览者在哪里可以得到他们需要的产品或服务,并且浏览者只关注和本身内在需求一致的信息,并把符合需求的信息放大或尖锐化。这是一种有目标导向的行为,主动权在分类广告浏览者手中。

网络分类广告的特点:

(1) 信息的广泛性。网络分类广告对广泛的社会信息进行收集发布,信息内容涉及社会生活的方方面面。

(2) 功能的服务性。网络分类广告的内容与社会经济生活紧密相连。通过网络版面的科学分类,便于读者对信息进行比较选择,同时便于为客户的广告投放和营销推广提供有效的服务,能够实现为广告主和读者双方需求服务的最优化。

(3) 价格的经济性。制定分类广告刊费最为注重的是广告主和读者的需求及经济承受能力,因而价格相对低廉。

(4) 经营的稳定性。网络分类广告规格小、内容简明,不需要广告策划制作,投入成本低。同时受广告营销季节变化和企业广告投放计划的制约较小。

(5) 市场的引导性。由于价格低廉,网络分类广告版面常常是企业广告投放的试验田,成为引导企业刊发网络商业广告的起点。

(6) 阅读的主动性。与其他广告版面依靠设计创意来吸引读者不同,分类广告能够吸引广告主和读者主动阅读。

7. 关键词广告

关键词检索在2003年成为网络广告最流行的形式,其广告收入超过了幅式广告、分类广告和赞助式广告。关键词广告是百度、Google、Yahoo、MSN和Lycos等互联网搜索网站的主要收入来源。广告主在搜索网站选择一个或几个与其业务相关的单词或词组,其网站的链接会出现在使用该词搜索的搜索结果页面的指定区域。

关键词广告(AdWords)是指显示在搜索结果页面的网站链接广告,属于CPC

收费制，即按点击次数收取广告费。关键词广告也称为关键词检索，简单来说就是当用户利用某一关键词进行检索，在检索结果页面会出现与该关键词相关的广告内容。由于关键词广告是在按特定关键词的检索时才出现在搜索结果页面的显著位置，所以其针对性非常高，称为性价比较高的网络推广方式。关键词广告具有较高的定位程度，可以提供即时的点击率效果，可以随时修改关键词，收费也比较合理，因而逐渐成为搜索引擎营销的常用形式。

8. 画中画广告

画中画广告是指在文章里强制加入广告图片，比如在新闻里加入Flash广告，广告和文章混杂在一起，读者有时无法辨认是新闻图片还是广告。广告将配合客户需要，链接至为客户量身定做的迷你网站，增强了广告的命中率。一般大小为360×300，甚至可达到360×408，在一台17英寸的彩色显示器上可占到屏幕大小的18%。虽然一般无法放在首页上，但在内页中有相当大的吸引力，加上使用Flash的动态与声音效果，点击率比旗帜广告(Banner)高。画中画广告主要在网站的内容页面，如新闻、文章的页面投放。

画中画广告特点：①广告位置明显处于浏览者浏览页面的必经之地，不容易被忽略；②干扰度低，用户浏览广告时，不容易被其他内容干扰注意力；③页面承载内容量大，互动性强。

画中画广告形式由于面积加大，并且由Flash技术制作，因此，广告可承载内容明显多于普通广告形式。客户可以据此制作一个微型网站，通过用户对广告的点击选择将更多的信息呈现在客户面前，而不用离开正在浏览的页面。

画中画广告的计费方式一般按CPC或每行动成本（Cost Per Action，CPA）方式计算。画中画广告是目前最常用的广告方式，是最有效的广告投放方式之一，是所有门户站点均采用的广告投放方式。

9. 富媒体广告

富媒体是Rich Media的中文翻译，并不是一种具体的互联网媒体形式，而是指具有动画、声音、视频和交互性的信息传播方法，包含下列常见的形式之一或者几种的组合：流媒体、声音、Flash、Java、JavaScript、DHTML等程序设计语言。富媒体可应用于各种网络服务中，如网站设计、电子邮件、标志广告、插播式广告等。

在互联网发展的初期，因为带宽的原因，网站的内容以文本和少量的低质量的GIF、JPG图片为主，通常所说的网络广告也主要是指Banner。随着技术的进步以及消费市场的成熟，出现了具备声音、图像、文字等多媒体组合的媒介形式，人们普遍把这些媒介形式的组合叫作富媒体（Rich Media），以此技术设计的广告叫作富媒体广告。主要是指由2D及3D的Video、Audio、Html、Flash、DHTML、Java等技术组成效果，这种广告技术与形式在网络上的应用需要相对较多的带宽。Rich Media能够提高广告的互动性，提供更广泛的创意空间。最新的网络媒体技术，甚至允许用户在广告界面上直接留下数据，从而有效地促进了用户与广告的交互。

富媒体广告有三个特点：①创新性和互动性带动了广告点击率的显著提高。由于富媒体广告融合了视频、音频及互动于一体，将网络广告的形式提升到一种新境界。据Double Click的调查数据显示，富媒体广告的平均点击率是其他广告的5倍，越来越多的人逐渐意识到富媒体广告的现实功效，开始利用富媒体制作优秀的广告来娱乐、吸引、教育在线受众，促进产品销售。②参与性和可测性有助于品牌建设。丰富的媒介渠道也带来丰富的绩效指标，借助富媒体技术，广告主可以获得用户和广告互动时间长短、用户关注广告的程度等信息，最为重要的是还可以了解到品牌偏好度、信息相关性和购买意向等绩效指标。这些指标对品牌建设至关重要，而旧网络广告除了记录点击率，对这些数据无能为力。③服务性和标准化消除了人们对网络广告的偏见。几年前的富媒体广告还处于试验阶段，制作技术可能不太成熟，形式上也缺乏通用的行业标准。很多网站也对富媒体广告心存戒备，害怕这些广告和网站运行程序相冲突。如今的富媒体广告虽然还不太完善，但是各家公司所采用的技术和模式已基本固定。以国内的icast公司的系列广告来说，其在CPU资源、网络带宽上的要求被降到了最低，其智能系统充分从受众角度出发，使广告投放更人性化。当网络繁忙时会自动降低或暂停下载速度，不再像过去的广告那样野蛮抢占资源了。有了富媒体技术，对于网民来说，网络广告就不再是占用网络资源和网民时间的网络垃圾，而是一种服务、一种愉悦。但是网站和广告从业者仍面临着一些挑战，例如，需求的多样性对行业标准造成压力，在多媒体基础上增加客户自定义编程接口(custom API)带来了技术难题，业务量的增大要求从工作流程上对富媒体广告的设计、创意、推广、营销等方面加以整合。

10. E-mail广告

电子邮件广告(E-mail Advertising)是指通过互联网将广告发到用户电子邮箱的网络广告形式,其针对性强、传播面广、信息量大,形式类似于直邮广告。电子邮件广告可以直接发送,但有时也通过搭载发送的形式与其他资料(比如通过用户订阅的电子刊物、新闻邮件和免费软件以及软件升级等)一起附带发送。也有的网站使用注册会员制,收集忠实读者(网上浏览者)群,将客户广告连同网站提供的每日更新的信息一起,准确送到该网站注册会员的电子信箱中。这种形式的邮件广告容易被接受,具有直接的宣传效应。

电子邮件广告是以电子邮件为传播载体的一种网络广告形式,电子邮件广告有可能全部是广告信息,也可能在电子邮件中穿插一些实用的相关信息,可能是一次性的,也可能是多次的或者定期的。通常情况下,网络用户需要事先同意加入到该电子邮件广告邮件列表中,以表示同意接受这类广告信息,他才会接收到电子邮件广告,这是一种许可行销的模式,那些未经许可而收到的电子邮件广告通常被视为垃圾邮件。

电子邮件广告一般采用文本格式或html格式。通常采用的是文本格式,就是把一段广告性的文字放置在新闻邮件或经许可的E-mail中间,也可以设置一个URL,链接到广告主公司主页或提供产品或服务的特定页面。html格式的电子邮件广告可以插入图片,和网页上的网幅广告没有什么区别,但是因为许多电子邮件的系统是不兼容的,html格式的电子邮件广告并不是每个人都能完整地看到的,因此把电子邮件广告做得越简单越好,文本格式的电子邮件广告兼容性最好。

第二节　网络广告策略

广告策略是指广告策划者在广告信息传播过程中,为实现广告战略目标所采取的对策和应用的方法、手段。常见的广告策略有4大类:产品策略、市场策略、媒介策略和广告实施策略。其中产品策略主要包括产品定位策略和产品生命周期策略,另外还有新产品开发策略、产品包装和商标形象策略等。网络广告策略是基于互联网实现网络广告目的的方法和手段,内容涉及网络广告的资源(媒体)、网络广告的策划、网络广告发布方式的选择、网络广告推广的技巧等。

一、网络广告的资源

网络广告与传统广告一样需要借助一定的媒体或载体(渠道)形式才能发布，这些媒体形式就是网络广告的资源。用户的注意力是通过网络资源而形成的，实施网络广告策略，首先要有有效的网络广告资源，有价值的网络广告载体称为网络广告资源。互联网上企业网络广告的资源分为内部资源和外部资源，内部资源是企业自身拥有的网络资源，主要包括企业网站、企业内部邮件列表、电子期刊、电子书、企业博客空间等。外部资源是互联网上可以利用的其他网络广告发布媒体资源，主要包括综合娱乐网站、新闻门户网站、行业网站、供求服务平台(B2B)、微博、SNS社区空间(QQ、人人等)、分类目录网站、企业黄页、专门广告联盟平台、网上报纸或杂志、虚拟社区或BBS、搜索引擎推广平台和邮件服务平台等，以及移动端的微信、微视和新闻客户端等。

1. 网络广告的内部资源

企业网站是企业为自身、供应链合作伙伴、其他相关内容企业(如网络联盟提供的企业)等进行广告宣传的主要媒体。企业自身广告内容主要包括企业新产品信息、公益信息、促销信息等，偶尔也根据企业临时需要发布调研广告。一般情况下，企业很少在自己传统媒体宣传的渠道上为其他企业做广告，却在企业网站上为其他相关企业提供广告空间，这是进行网站资源合作的主要方法。企业网站资源可以表现为一定的访问量、注册用户信息、有价值的内容和功能、网络广告空间等。利用网站资源与合作伙伴开展合作可以实现资源共享，共同扩大收益，可以增加网站在搜索引擎排名中的优势，增加网站的可信度，为用户提供延伸服务等。

内部列表是公司产品或服务的促销工具，通常为会员定期发送企业宣传电子期刊，发布促销信息。同时，内部列表能够方便和用户交流、获得赞助或者出售广告空间，向用户发送有针对性的电子邮件广告。

企业博客是利用博客工具促进企业目标实现的一种手段，在第三方博客平台上中小企业和个人的博客已经得到广泛运用，如今第三方平台博客越来越受到企业的青睐。在博客空间里，利用病毒营销手段传播相关原创文章、电子书或杂志，发布新闻、娱乐信息，晒囧事与照片图像等，所有信息都被整合到一起，形成一个低成本、易用、持续更新的站点。博客广告营销模式实际上属于一种付费的网络广告形式,即在有一定访问量的博客网站上投放广告。在博客上投放广告,应在一些内容与自己产品具有相关性的博客上投放广告,这样的广告针对性非常强。企业可以在自己的博客空间为自己的产品或服务、品牌做广告,也可以为其他相关企业做广告。企业应更多地与广告联盟合作,如与阿里妈妈广告中介平台合作,更好地实现企业博客广告的价值。

2. 网络广告的外部资源

(1)新闻门户网站。

门户网站的意思就是这个网站是进入互联网的入口,只要通过这个网站就可以获取需要的所有信息,或者达到任何想要达到的网站。通过对三大门户网站盈利模式的分析,可以看出企业依托门户网站进行广告宣传的重要性。

新浪是全球最大的中文门户网站,被喻为中国互联网经济的风向标。旗下已拥有新浪网、新浪无线、新浪热线、新浪企业服务、新浪电子商务五大业务主体,提供网络媒体及娱乐、在线用户付费增值服务和电子政务解决方案等在内的一系列服务。新浪的主要盈利模式:广告+无线增值服务。新浪广告收入是第一,“门户 + 网络广告”模式已较为成熟。

新浪网站的商业模式是信息模式,主要通过大量的各类免费资讯、大小热点新闻、服务去吸引大量的浏览者,形成固定的客户群,以保持较高的点击率和知名度,然后吸引各企业纷纷在新浪网站投放广告,通过新浪的广告推广自己的产品。而新浪从中获得的巨大收益,远远超过它自身提供免费资讯、新闻、服务的成本,真正实现了新浪可以盈利、企业可以提高知名度、浏览者可以获得免费服务的三赢局面。新浪的广告覆盖网站所有页面、所有模块,可以说新浪网站的广告无所不在,广告类型主要分为强制性弹出窗口广告、背投式广告、按钮广告、旗帜广告、网上视频广告。

搜狐主要发展方向是在线网络广告、在线游戏、无线业务;以文体为特色,推出搜狐娱乐播报和搜狐体育播报。搜狐的主要盈利模式:广告+无线增值。盈利主要得益于品牌广告和付费搜索的增长。

搜狐战略布局和产品结构与新浪极其相似,主要盈利几乎都来源于广告和无线增值,但搜狐的广告收入总量要明显低于新浪的收入总量,在等量的广告收入中,搜狐的成本要明显高于新浪,显然搜狐广告利润率远远低于新浪。

网易的网络游戏则带来了其创业的神话，来自于游戏、短信和广告的收入，加上收费邮箱、个人主页的补充，构成了网易的盈利模式。网易的主要盈利模式：网游+广告。网易网络游戏业务收入在其总收入中的比重已达到了80%以上，成为其收入的最主要来源。

网络广告作为互联网门户网站最稳健的盈利模式，已经成为各大门户网站的重要营收来源之一。

（2）行业网站。

行业网站（Industry Website）即所谓行业门户，一般是指针对某一个行业而构建的大型网站，包括这个行业的产、供、销等产业链以及周边相关行业的企业、产品、商机、咨询类信息的聚合平台等。新型的行业门户，又称为垂直行业门户，相对于类似新浪、网易等传统的综合性门户，行业网站面向那些关注或从事某一行业领域的受众群体（个人或者企业），为其提供该行业领域内的服务。服务类型可以是免费或者收费，最终目标都是为了实现行业门户良好的客户体验、增加客户黏度。目前，行业网站主要多以会员制、广告制、产品列表竞价排名制及交割费为主要盈利模式，能够在为企业在行业网站上发布供求信息、采购交易的同时，有针对性地展示推介品牌和产品的广告，实现营销目的。

（3）供求平台。

供求服务平台（B2B网站）是企业与企业之间通过互联网进行产品、服务及信息的交换平台。网站的主要模式分为3类：大型企业的B2B网站，第三方经营的B2B网站，行业生态型的B2B网站。其中大型企业的B2B网站是行业龙头企业自建B2B模式，是由大型行业龙头企业基于自身的信息化建设程度，搭建的以自身产品供应链为核心的行业化电子商务平台，如海尔集团。行业龙头企业通过自身的电子商务平台，串联起行业整条产业链，供应链上下游企业通过该平台实现资讯传播、沟通、交易。第三方经营的B2B网站是专门做B2B交易平台的网络公司为企业开展供求服务的平台，如阿里巴巴、8848交易网站。行业生态型的B2B网站即行业网站。供求服务平台主要以会员费、广告费、竞价排名、增值服务、线下服务、商务合作和询盘计费等模式盈利，其中网络广告是行业网站的主要盈利来源，同时也是B2B电子商务网站的主要收入来源。如阿里巴巴网站的广告根据其在首页的位置及广告类型来收费；中国化工网有弹出广告、漂浮广告、Banner广告、文字广告等多种表现形式可供用户选择。增值服务包括企业认证、独立域名、提供行业数据分析报告、搜索引擎优化等。像现货认证就是针对电子这个行业提供的一种特殊的增值服务，因为通常电子采购商比较重视库存。另外针对电子型号做的谷歌排名推广服务，就是搜索引擎优化的一种。线下服务主要包括展会、期刊、研讨会等。通过展会，供应商和采购商面对面地交流，一般的中小企业还是比较青睐这个方式。期刊主要是关于行业资讯等信息，期刊里也可以植入广告。Global Sources（环球资源）的展会已成为重要的盈利模式，占其收入的1/3左右。

（4）SNS社区空间。

SNS全称Social Networking Services，即社会性网络服务，专指旨在帮助人们建立社会性网络的互联网应用服务。基于社会网络关系系统思想的网站就是社会性网络网站(SNS社区)。现在许多Web 2.0网站都属于SNS社区网站，如网络聊天（IM）、交友、视频分享、博客、播客、网络社区、音乐共享等，又如QQ、人人网、开心网等。开心网目前探索一种独特的新广告模式—植入式广告。这种新型的广告模式不同于Google AdSense传统的CPM、CPC等按点击或浏览数付费的形式，而是将广告内容完全融入游戏之中，强化品牌的认知，争取到消费者的认同与好感。植入式广告是指将产品或品牌及其代表性的视觉符号甚至服务内容策略性融入电影、电视剧或电视节目各种内容之中，通过场景的再现，让观众在不知不觉中留下对产品及品牌印象，继而达到营销产品的目的。

（5）网络广告联盟平台。

网络广告联盟，又称联盟营销、联盟会员，是通过联盟平台帮助广告主实现广告投放，并进行广告投放数据监测统计，广告主则按照网络广告的实际效果向联盟会员支付广告费用的网络广告组织投放形式，是广告主与网络媒体的中介。网络广告联盟包括3要素：广告主、联盟会员和广告联盟平台，涉及的内容有广告与联盟会员网站匹配、联盟广告数据监测和统计、联盟广告付费方式、联盟分成模式等内容。联盟为广告主提供网络广告投放媒介和增值服务，同时网络媒介通过发布联盟广告而获得佣金。网络广告联盟广告主是指通过网络广告联盟投放广告，并按照网络广告的实际效果（如销售额、引导数、点击数和展示次数等）支付广告费用的广告主。相较网络广告代理而言，通过广告联盟投放广告的广告主多为中小型企业或者是互联网网站，品牌广告主投放的广告相对较少，通过广告联盟投放广告能节约营销开支，提高营销质量，同时节约大量的网络广告销售费用。网络广告联盟会员即注册加入网络广告联盟平台且通过审核，至少投放过一次联盟广告并获得收益的站点。网络广告联盟平台是通过联结上游广告主和下游加入联盟的中小网站，通过自身的广告匹配方式为广告主提供高效的网络广告推广，同时为众多中小站点提供广告收入的平台。本书中的网络广告联盟平台指拥有中小站点（网站或WAP站点）资源的联盟平台。

1996年亚马逊（Amazon）开创了这种创新营销模式，21世纪初国外广告联盟开始进入中国，如Google AdSense等，同时中国网络广告联盟也如雨后春笋般不断涌现，如面向企业网站的百度联盟、面向网店的阿里妈妈、面向各类网站或空间的114广告联盟等。

（6）微视。

微视即微型视频。随着网络电影电视的丰富与多元化，人们很难将一部长达90分钟的电影分秒不落地看完，而是选择“跳着看”，这样就容易错过精彩的视频段落，人们更专注于精简省时的小视频、微博客，微视的出现正好满足了广大不能长时间专注的人们的需求。微视频的时间可为5~30分钟，因为时间短，占内存又小，便于人们下载与收藏，特别是适合应用于手机客户端。因此，微视日后会逐步形成主流与趋势。微视中常插播广告联盟的广告，点击广告即进入相应网站，如微视传媒广告投放平台，运营有自定义广告、飘窗广告、插播广告、多动画广告条、社交APP图文广告推送和APP的广告植入等。

（7）企业黄页。

即企业名录，是由一些Internet服务商或政府机构将一部分企业信息融入其主页中。如香港商业发展委员会的主页中就包括汽车代理商、汽车配件商的名录，只要用户感兴趣，就可以通过链接进入选中企业的主页。更多的企业黄页是专门用以查询检索服务的网站，站点就如同电话黄页一样，按类别划分，便于用户进行站点的查询。采用这种方法的好处：一是针对性强，查询过程都以关键字区分；二是醒目，处于页面的明显处，易于被查询者注意，是用户浏览的首选。

（8）网络报纸或网络杂志。

随着互联网的发展，国内外一些著名的报纸和杂志纷纷在Internet上建立了自己的主页，更有一些新兴的报纸或杂志，放弃了传统的“纸”媒体，完全变成“网络报纸"或"网络杂志"。其影响非常大,访问的人数不断上升。对于注重广告宣传的企业来说,在这些网络报纸或杂志上做广告,也是一个较好的传播渠道。

(9) 新闻组。

新闻组是人人都可以订阅的一种互联网服务形式,阅读者可成为新闻组的一员。成员可以在新闻组上阅读大量的公告,也可以发表自己的公告,或者回复他人的公告。新闻组是一种很好的讨论和分享信息的方式,广告主可以选择与本企业产品相关的新闻组发布公告,这是一种非常有效的网络广告传播渠道。

还有搜索引擎推广和免费的邮件服务商平台,已作专门介绍此处不再赘述。

二、网络广告的策划

网络广告策划是指根据广告主的网络营销计划和广告目的,在市场调查的基础上对广告活动进行整体的规划或战略策划,是根据互联网的特征及网络人群的特征,从全局角度所展开的一种运筹和规划,是网络广告经营单位在接受要求投放网络广告客户的委托后,对其网络广告活动进行全面筹划和部署的工作。网络广告策划的目的是制定广告长远目标和阶段目标,是长远计划和阶段计划有机结合。

1. 网络广告策划的流程

网络的高度互动性使网络广告不再只是单纯的创意表现与信息发布,广告主对广告回应度的要求会更高;网络的时效性使得网络广告的制作时间短,上线时间快,受众的回应即时,广告效果的评估与广告策略的调整也都必须是即时的。网络媒体的特点决定了网络广告策划的特定要求,网络广告策划的步骤流程也有一定的独特性。

(1) 确定网络广告的目标。

确定网络广告目标的目的是通过信息沟通使消费者对品牌的认识、情感、态度和行为产生变化,从而实现企业的营销目标。在公司的不同发展时期有不同的广告目标,比如设定为品牌形象广告还是产品广告,产品广告在产品发展的不同阶段,其目标又可分为提供信息、说服购买和提醒使用等。AIDA法则是网络广告在确定广告目标过程中的规律。

① 第一个字母A是"注意"(Attention)。在网络广告中"注意"意味着消费者在

电脑屏幕上通过对广告的阅读,逐渐对广告主的产品或品牌产生认识和了解。

② 第二个字母I是“兴趣”(Interest)。网络广告受众注意到广告主所传达的信息之后,对产品或品牌发生了兴趣,想要进一步了解广告信息,可以点击广告,进入广告主放置在网上的营销站点或网页中。

③ 第三个字母D是“欲望”(Desire)。感兴趣的广告浏览者对广告主通过商品或服务提供的利益产生“占为已有”的企图,必定会仔细阅读广告主的网页内容,这时就会在广告主的服务器上留下网页阅读的记录。

④ 第四个字母A是“行动”(Action)。广告受众把浏览网页的动作转换为符合广告目标的行动,可能是在线注册、填写问卷参加抽奖或者是在线购买等。

(2) 确定网络广告的目标群体。

确定网络广告的目标群体就是确定阶层、区域。只有让合适的用户来参与广告信息活动,才能使广告有效地实现其目标。

(3) 网络广告创意及策略选择。

网络广告创意及策略选择是影响广告效果的关键一环。不仅要确定广告所要传达的信息,而且还要确定其表现形式。要根据网络广告的目标和选择的目标群体,进行全面的综合分析和创意设计,确定网页的内容主题、旗帜主题、诉求及表现方法等。

(4) 选择网络广告发布渠道及方式。

网上发布广告的渠道和形式众多,企业应根据自身情况、网络广告的资源及网络广告的目标,选择网络广告发布渠道及方式。

2. 网络广告一般策略

制定网络广告的策略是一项创造性的活动,策略策划的成败决定着网络广告的成败。网络广告策略的制定有4个基本要求:① 符合网络营销策略的总体要求;② 处理好广告表现与内容的相互关系;③ 要灵活运用广告策略;④ 要准确地反映广告的主题思想。

网络广告一般策略包括:

(1) 网络广告的定位策略。

网络广告定位就是网络广告宣传的主题定位,即确定消费者诉求的重点,或制定商品的卖点、企业的自我推销点。如果说网络广告创意与表现解决的是“怎么说”的问题，那么网络广告定位解决的是“说什么”的问题。

网络广告定位的本质就是网络广告宣传的产品、服务或是企业形象市场的定位，产品、服务或企业形象在目标顾客心目中占据一定的特殊位置，定位的结果就是成功创造消费者的价值主张。常用的广告定位策略主要有抢先定位、比附定位、空隙定位、品牌形象定位、企业形象定位，文化定位等。

① 抢先定位。抢先定位策略就是利用人们认知心理先入为主的特点，使网络广告所宣传的产品、服务或企业形象，率先占领消费者的心理位置，这被认为是最重要的定位策略，也是网络广告最重视的策略。抢先定位策略最适用于新产品上市，特别是那些标新立异能够引导消费的产品。采用高频率、强刺激率先抢占消费者的心理位置策略，往往能一举成名，使产品成为同类产品中的第一品牌、领导者品牌，当然一举成名并不等于永久占领，还需以持续不断的网络广告沟通与消费者的情感，以巩固这种地位。老产品进入一个新市场，进入一个还没有竞争强手的新市场也可以采取这种抢先定位建立领导者地位的策略。

② 比附定位。比附定位就是攀附名牌的定位策略，是通过与竞争品牌的比较来确定自身市场地位的一种定位策略。其实质是一种借势定位或反应式定位。借竞争者之势，衬托自身的品牌形象。在比附定位中，参照对象的选择是一个重要问题。一般来说，只有与知名度、美誉度高的品牌作比较，才能借势抬高自己的身价。第一品牌、领导者地位已经被人占领，跟进者想要正面抗争十分困难，网络广告主或网络广告人常以比照攀附领导者的方法，为产品争得一席之地。

如“甘居第二”策略，这种策略会使人们对公司产生一种谦虚诚恳的印象，相信公司所说是真实可靠的，同时迎合了人们同情弱者的心理，这样消费者对这个品牌的印象会更深刻。美国阿维斯出租汽车公司定位为“我们是老二，我们要进一步努力”之后，品牌知名度反而得到很大提升，赢得了更多的忠诚客户。

如“攀龙附凤”策略就是首先承认同类产品中已卓有成就的品牌，本品牌虽自愧弗如，但在某一地区或在某一方面还可以与这些最受消费者欢迎和信赖的品牌并驾齐驱，平分秋色。内蒙古宁城老窖打出的广告语“宁城老窖——塞外茅台”，就属于这一策略。

还有借助群体的声望，把自己归入高级俱乐部式的品牌群体中的策略，强调自己是群体的一员，从而提高自己的形象和地位。美国克莱斯勒汽车公司宣布自己是美国三大汽车公司之一，使消费者感到克莱斯勒和第一、第二一样都是知名轿车，收到了良好的宣传效果。

③ 空隙定位。这也是跟进者重要的定位方法，是一种“钻空子”的方法，即寻找消费者心中的空隙，网络广告宣传的重点就是填补这种空隙。常见的方式有：

特点空隙：根据网络广告产品、服务或企业自身的特点，寻找消费者心中与之相应的需求空隙定位。以产品特点在消费者心理上形成的空隙定位，是最多见的。这种定位常常隐含网络广告产品与竞争产品之间的比较。

价位空隙：产品的功效、品质如果与同类产品比较没有明显特点时，可采取价格定位策略。一种是低价定位策略，满足消费者物美价廉的需求心理；一种是高价定位策略，满足有的人追求高贵豪华的心理。

性别空隙：以消费者的性别定位。

年龄空隙：针对消费者不同的年龄定位。

时段空隙：如一些夜间化妆品、药品就是以时段空隙定位的。

消费习惯空隙：根据消费习惯或这种习惯的变化形成的需求空隙定位。

④ 品牌形象定位。根据产品的个性和消费者的审美心理塑造一个形象，并将这个形象植入消费者心中。这个形象一旦被消费者喜爱，就会在消费者心中形成牢固的品牌地位，消费者与其说是为了满足某种物质需要而购买这种品牌的产品，倒不如说是因为喜欢这种品牌所表现的一种现象、所满足的一种精神追求而购买。如美特斯·邦威就是根据受众个性化张扬的特征，以周杰伦为品牌代言人而塑造的品牌。

品牌形象定位可以和抢先策略、比附策略、空隙策略等结合运用。品牌形象策略主要用于高档消费。

⑤ 企业形象定位。公共关系网络直接间接推销的都是组织自身形象，对于企业来说，就是企业的特点、价值观、文化以及对公众对社会的责任等。企业形象常常是企业公关网络广告宣传的主题，也是此类网络广告的定位。而企业的特点、价值观、文化以及对公众对社会的责任等，正是企业形象的重要表征。

⑥ 网络广告文化定位。文化是人们对自然、社会及自身认识的积淀，包括伦理道德、风俗习惯、历史传统、思维特征、价值取向、宗教信仰、文化教育等。网络广告的文化定位离不开本土这一基本坐标点，因此必须先客观分析自身所处文化

背景的优点和不足,充分了解受众所处的文化背景,以最容易接受的方式进行创意。例如,"'非常可乐'——中国人自己的可乐"的广告词,受众体会到的是一种浓郁的爱国情;"孔府家酒,令人想家"的广告所体现的是浓厚的历史和亲情色彩;海尔的"真诚到永远"等,这是利用民族自尊的心理进行广告宣传。

(2) 网络广告的时间策略。

网络广告的时间策略包括发布广告的时机、时段和时限等策略。时限策略与网络广告的频次有极为密切的关系。

① 时机策略。时机策略就是抓住有利的时机,发起网络攻势的策略,有时抓住一个有利的时机,能使网络广告产品"一夜成名"。

一些重大的赛事、文体活动,如奥运会、亚运会都是举世瞩目的大好时机。订货会、展览会、重要纪念日等都能成为网络广告宣传的良机。

② 时段策略。时段策略是为了实现网络广告的宣传时间的最优安排,让更多的目标受众浏览。例如,上班族习惯工作时间上网,学生喜欢假日时间上网,大学老师喜欢晚上时间上网等,这些都是不同受众的不同生活习惯,对网络广告的传播效果会产生很大影响。在网络广告时段安排时必须要意识到这一点,时段安排要根据具体的广告对象、广告预算、所期望广告效果的强弱,并参照竞争者的情况来决定。

③ 时限策略。网络广告时限策略是指在一次网络广告活动中,确定网络广告宣传的时间长短,以及如何使用既定的时限策略。主要有两种策略:集中速决型和持续均衡型。其中集中速决型是在短暂的时间里,大量投放广告,广告刊播的频率高,信息密集,对目标受众的刺激强,适用于新产品的投放或流行商品引入市场期,也适用于一些季节性很强的产品的投放。持续均衡型是不断地给目标受众以信息刺激,以保持消费者对产品的记忆,适用于产品的成长期和成熟期,但长时间采取这种策略会引起消费者的逆反心理,企业应慎重。

(3) 网络广告的导向策略。

网络广告导向策略指的是网络广告作品诱导公众接受网络广告信息的方式,是网络广告定位、目标公众心理研究和网络广告设计的有机结合,是定位策略、心理策略的综合体现。具体有以下几种形式:

① 利益导向策略。所谓利益导向指的是抓住消费者自身利益的特点,注重广

告产品能给消费者带来的好处。比如宣传产品的特殊功效，能满足消费者的特殊需要等，利益导向和网络广告定位密切相关，不同的定位针对消费者不同的需要进行劝导。

② 情感导向策略。网络广告宣传侧重调动消费者的某种情绪，以实现其网络广告的目的。通过各种抒情手法的运用，把消费者引进"情文并茂、情景交融、物我交融、情理相随"的艺术境界中，自然就会使消费者产生情感上的共鸣。同时网络广告的情感导向具有通用性、互动性和非商业性的特点。

③ 生活导向策略。生活导向策略是指网络广告宣传生活化，广告应有自然、亲切、可信之感，如硅谷商城体现生活导向策略的网络广告。

④ 观念导向策略。这个策略侧重宣传一种新的消费观念、生活观念，可以扩展消费者的视野，开拓其需求领域，为新产品创造市场。

⑤ 权威导向策略。这是借助权威人物、机构、时间的影响，来提高企业或产品的知名度和可信度的一种策略。如企业在国际或国内的评比中获奖，某产品被认可为奥运会指定产品等，都可以运用于广告宣传的策划。

⑥ 反成导向策略。这是以逆反取胜的策略。广告宣传不是讲产品或企业的优点，而是讲缺点，以短衬长，使公众觉得广告诚实可靠，从而取得好效果。

⑦ 名人导向策略。这是借名人的社会声誉，提高企业和产品的声誉的策略。因为人们相信"名人"用的产品，总是高级的、时髦的。名人导向是创名牌的重要网络广告策略。

⑧ 激将导向策略。这种策略针对消费者好强不甘示弱的心理，常常能收到很好的效果。

⑨ 警喻导向策略。也称作威吓法，警告人们如果不使用某产品，或者不参加某种保险，他的安全将不能保证，人身也可能遇到危害或者意外的难以承受的损失等。例如，有一则护肤霜的广告词就是："20岁以后一定需要"。

（4）网络广告的表现策略。

表现策略有很多种形式，其中以写实、实证、对比、衬托、夸张、渲染、悬念、娱乐、幽默、象征、定格、相似较为常见。

写实：就是直接叙述和说明网络广告的内容。例如可以使用文字、图片或者视频，对产品的功能、使用方法等进行展示说明。

实证:实地展现产品性能、品质的手法。很多厂家采用实地展示的方法,让消费者能够"眼见为实",亲眼看到产品的性能。例如超市中,经常有各种家用电器的现场使用,可以让消费者实地见证。

对比:通过产品的对比,更能显出其优越性。新老产品的对比,不同品牌间的对比,目的是让消费者看到产品的优越性。例如牙膏广告,广告词会告诉消费者,使用一般的牙膏,并不能完全保护牙齿,因为一般的牙膏不含某种物质,而本产品则含有这种能够彻底清除污垢又能保护牙齿的物质。

衬托:创设网络广告意境、展示产品形象、表现网络广告主题。

夸张:通过夸张手法,可以加深顾客对产品的印象。

渲染:不直接出现产品,而是通过第三方进行描述。

悬念:造成悬念,引起顾客好奇心。

娱乐:客户参与到娱乐中,更能体现产品性能。一般是把广告内容编辑成游戏或者文艺形式。

幽默:幽默诙谐的广告,给人的印象十分深刻,是广告中常用的手法。

象征:用消费者比较熟悉的某些事物的性能特征来象征网络广告产品的某些性能。

定格:在一定的时间里,某些产品或者企业形象网络广告的诉求重点、网络广告词、画面、色彩、布局等保持不变。

相似:定格策略的表现形式之一。具有定格的优点,又不拘一格,可以因时因地变动,更能完美传达网络广告主的意图。

网络广告策略是网络广告策划的最终结果,是实现网络广告目的的方法、手段。网络广告策略制定的好坏,决定了网络广告宣传的成败。一个成功的广告不只是使用一种策略,而是多种策略的综合运用。

3. 网络广告的创意

动态的创意,是创意的动词性应用,即创造性的想法、主意从无到有的动态产生过程,是创意者创造性思维的运动历程;静态的创意,是创意的名词性应用,指的是创造性的主意、想法或巧妙的构思,是创意者创造性思维运动的结果。创意应用于广告活动之中就是广告创意。具体来说,广告创意就是以市场调查分析为基础,以实现广告客户的广告目标为基本指向,通过创造性思维将抽象的产品诉求概念具象化和艺术化的创造性思维活动过程，也可指具有独创意义的广告主意、想法或构思。

广告创意广义上讲是广告活动中创造性的思维，涉及新创的各个的方面，从战略、形象，到战术以及媒体的选择。狭义上是以“广告作品的创意性思维”来定义广告创意。

广告创意的特点：独创性、艺术性、限制性。

（1）网络广告创意的原则。

广告创意的基本原则主要包括：目标原则，广告创意必须服从于企业广告目标和营销目标；关联原则，广告创意与产品、消费者、竞争者等要素之间存在着某种内在的必然联系；简洁原则和易于理解的原则。

网络广告除了要遵循广告创意的基本原则之外，还必须遵守以下原则：

① 真实性原则。相对于传统媒介来说，网络具有较强的虚拟性，虚拟世界自然就可能出现虚假信息，于是，人们对于网络上的广告信息更多地会保持一种怀疑的态度。基于这与生俱来的特性，网络广告在创意上更应该遵循和坚持真实性原则。

所谓真实性原则就是指网络广告在创意的内容和形式上都不能有假的、骗人的东西。具体说，网络广告的真实性有两层意思：

其一，网络广告本身或者网络广告上反映的信息要真实，否则，用户完全可以不看、不点击、不对广告做出反应。

其二，网络广告的发布者或者网络广告媒体的真实性。因为网络具有匿名性的特点，使得网络广告的发布者和网络广告媒体的真实性让人怀疑。

② 针对性原则。资深广告人魏特·哈布奈斯说过：“伟大的广告一定不只照亮了天空，它还要击中目标。”这里所谓的“击中目标”，就是说的广告创意的针对性原则。从技术上而言，网络广告可以更加到位地实现针对性原则，所以网络广告在创意上才更应该体现针对性原则。

③ 亲近性原则。所谓亲近性原则是指广告创意要力求贴近消费者，将亲善、坦诚、友好、轻松的态度贯彻到广告中去，加强对消费者的感染力，在亲密的氛围中达到广告的目的。网络的互动性使得网络广告具有更加强大的亲和力，而在创意上遵循亲近性原则可以使得网络广告事半功倍。例如麦氏咖啡互动广告，让访

问者浏览《纽约时报》上的“咖啡早餐”系列故事，不单纯宣传麦氏咖啡产品，而是将《纽约时报》内容与麦氏咖啡结合起来，向消费者提供比产品更多的附加价值。这则广告充分利用互联网的优势，使信息传播个人化，让每个接触广告的人都感觉到这种产品是专门为我准备的。

④ 创新性原则。在网络广告中，创新性原则也是特别值得强调的。因为网络具有海量信息的特点，人们可以接触的网络页面是数不胜数的，而每个网页上的广告也不少，如何让自己的网络广告在这么多信息中突出重围、脱颖而出，创新性原则是制胜的法宝。

（2）网络广告创意的特点。

广告创意是为了表现广告主题而进行的新颖独特的、带有创造性的构思，也被称为“好点子”。网络广告建立在网络新媒体的基础上，其创意具有与传统广告不同的特点。

① 交互性。交互性是网络媒体的最大的优势，不同于传统媒体的信息单向传播，而是信息互动传播。为此，网络广告便是一种双向的、推拉互动式的信息传播方式，其即时互动性主要表现在以下两个方面：一是趣味性强，能实现多层次交流；二是实行个体化沟通模式，提高了目标顾客的选择性。

② 链接性。具有链接性是网络区别于传统媒介的一个优势，网络广告可以充分发挥这一优势。网络广告不但可以供人看，还可以被点击，从而链接到下一个页面；在这个页面里，又有更多的点击地方，从而再链接到更多的下一个页面。通过链接，用户只需简单地点击鼠标，就可以从厂商的相关站点中得到更多、更详尽的信息。

③ 跃动性。网络广告富于动感，与报纸、杂志广告相比较，网络上一条看似平板的条幅或标语却动感十足。不仅条幅中的文字、图画可以跃动，整个条幅或标语也可移动。

网络广告的跃动性，还可以体现在影视广告网络化之上，经过技术处理的影视广告不仅可以在网络上播放，而且网络媒体的播放方式比电影、电视媒体的播放方式更具有动感和自由度。

④ 多样性。网络广告表现形式具有多样性，如弹出广告、全屏广告、插播式广告、漂浮广告、电子邮件广告、搜索引擎关键词广告、搜索固定排名等都可以理解

为网络广告的表现形式。

（3）网络广告创意的策略。

① 要有明确有力的标题。广告标题是一句吸引消费者的带有概括性、观念性和主导性的语言。明确有力的广告标题作用很大，特别是在网络广告中，根据统计，上网者在一个网络广告版面上所花的注意力和耐性不会超过5秒。因此，一定要在这短短的时间内吸引人潮进入目标网页，并树立良好的品牌形象。这时广告标题的设计就显得十分重要。

② 简洁的广告信息。互联网上清晰的文案信息比制作复杂的影音文件更能吸引浏览者，这是由于带宽的限制，图像过多的广告（如动画设计）传输速度较慢，浏览者往往会放弃。网络广告应该确保出现的速度足够快，通常10~20KB（依不同媒体和版面而异），这是一般网络媒体接受的图像大小，也是上网者能够接受的传输速度。因此，网络广告信息在目前互联网上发布时应力求简洁，多采用文字信息。

③ 发展互动性。随着网络技术的开发，今后网络广告必定朝着互动性的方向发展，这是体现网络广告优势的必由之路。如在网络广告上增加游戏活动功能，将大大提高上网者对广告的阅读兴趣。

④ 合理安排网络广告发布的时间因素。网络广告的时间策划是其策略决策的重要方面。包括对网络广告时限、频率、时序及发布时间的考虑。时限是广告从开始到结束的时间长度，即企业的广告打算持续多久，这是广告稳定性和新颖性的综合反映。频率即在一定时间内广告的播放次数，网络广告的频率主要用在E-mail广告形式上。时序是指各种广告形式在投放顺序上的安排。发布时间是指广告发布是在产品投放市场之前还是之后。根据调查，消费者上网活动的时间多在晚上和节假日。针对这一特点，可以更好地进行广告的时间安排。网络广告的时间策略形式可分为持续式、间断式、实时式。网络广告时间策略的确定除了要结合目标受众群体的特点外，还要结合企业的产品策略和企业在传统媒体上的广告策略。好的广告时间策略不仅能提高广告的浏览率，还能节省广告费用。

⑤ 正确确定网络广告费用预算。公司首先要确定整体促销预算，再确定用于网络广告的预算。整体促销预算可以运用量力而行法、销售百分比法、竞争对等法或目标任务法来确定。用于网络广告的预算可依据目标群体情况及企业所要达到的广告目标来确定，既要有足够的力度，也要以够用为度。量力而行法即企

业确定广告预算的依据是企业所能拿得出的资金数额。销售百分比法即企业按照销售额(销售实绩或预计销售额)或单位产品售价的一定百分比来计算和决定广告开支。竞争对等法是指企业比照竞争者的广告开支来决定本企业广告开支的多少,以保持竞争上的优势。目标任务法的步骤:①明确地确定广告目标;②决定为达到这种目标而必须执行的工作任务;③估算执行这种工作任务所需的各种费用,这些费用的总和就是计划广告预算。

⑥ 设计好网络广告的测试方案。在网络广告策略策划中,根据广告活动所要选择的形式、内容、表现、创意、具体投放网站、受众终端机等方面的情况,设计一个全方位的测试方案是至关重要的。广告的测试包括广告脚本测试、广告事前事后测试、广告效果测试。广告脚本测试也叫广告文案测试(Copy Test),指对已经设计创作出来尚未发布的广告作品的测试评估。通常测试会涉及若干个广告脚本,通过消费者对比各个文案的形式、风格、诉求点、理解程度等,选择出效果可能比较理想的广告脚本用于实际的广告投放中。广告事前事后测试(Pre and Post Advertising Test)是在确定了要发布的广告版本后,在广告播出前,测定市场对广告诉求品牌的认知率、使用率等指标,在广告播出后一段时间,再次做测试,测定品牌认知率、广告认知率、兴趣、购买意向、使用率等指标,以此判断广告效果。广告效果测试(Advertising Effectiveness Tracking Study)是在广告发布前和发布后各进行一次测试,但是测试的重点及测试的手法有所不同,广告效果测试更注重广告发布对于销售量的影响程度,因此其测试的前后口径必须完全统一,并尽量剔除其他市场动因对销售量的共同影响。在网络广告发布前,要先测试广告在客户终端机上的显示效果,测试网络广告信息容量是否太大而影响其在网络中的传输速度,测试广告设计所用的语言、格式在服务器上能否正常处理,以避免最后的网络广告效果受到影响。

(4) 网络广告创意的程序。

网络广告创意的步骤及方法主要借鉴国内外一些广告大师的思想。

① 美国著名广告大师詹姆斯·杨(James Young)在其所著的《创意法》一书中提出5个步骤和方法。

收集资料:收集各方面有关资料。

品味资料:在大脑中反复思考和消化收集的资料。

孵化资料:在大脑中综合组织各种思维资料。

创意诞生:灵感实现、创意产生。

定型实施:加工、定型、付诸实施。

② 美国广告学家奥斯伯恩总结了几位著名广告设计家的创新思考程序,提出了奥氏程序,其基本有3个步骤。

查找资料:阐明创新思维的焦点(即中心),收集和分析有关资料。

创意构思:形成多种创意观念,并以基本观念为线索,修改各种观念,形成各种初步方案。

异优求解:评价各种初步方案,确定和执行最优方案。

③ 中国香港地区广告学者黄沾先生提出黄氏程序,主要运用5个字的内涵。

藏:收藏资料。

运:运算资料。

化:消化资料。

生:产生广告创意。

修:修饰所产生的广告创意。

综合以上几种创意程序,可以总结出网络广告的创意程序基本如下:

集中:将相关资料集中起来。

分类:将收集的资料分类整理。

思考:对所得资料进行分析,从而得出各种初步的想法。

选择:将得到的各种创意的雏形进行比较,选出最理想、同时最适合本次广告发布形式的创意。

实施:将最终创意加以最后的修饰,然后付诸实施。

网络广告的创意过程与普通广告绝大部分是相同的,唯一不同的部分是在"选择"这一过程。普通广告由于其发布的媒体本身的限制,当选择了媒体之后一般就只有一种发布形式,而网络广告却有各种不同的发布形式,因此在有了各种创意之后,不仅要选择最好的创意,同时还要选择最适合于本次广告发布形式的创意。不然,再好的创意都不能得到发挥。

三、网络广告发布方式的选择

网上发布广告的渠道和形式众多,各有长短,企业可以根据自身情况及网络广告的目标,选择网络广告发布的渠道和方式。

1. 主页形式

主页形式是公司在Internet进行广告宣传的主要形式。在互联网上做广告,归根到底要设立公司自己的主页,不仅是树立企业形象,也是宣传产品的良好工具。在互联网上做广告很多形式都只是提供一种快速链接公司的途径,所以建立公司的Web主页是最根本的。公司的主页地址是独有的,是公司的标识,将成为公司的无形资产。

2. 网络内容服务商(ICP)

新浪、搜狐、网易等网站由于提供了大量的互联网用户感兴趣的免费的信息服务,包括新闻、评论、生活、财经等内容,因此网站的访问量非常大,成为引人关注的站点。目前,这样的网站是网络广告发布的主要阵地,在这些网站上发布的网络广告主要形式是旗帜广告、赞助广告等。

3. 专类销售网

这是一种专类产品直接在Internet上进行销售的方式。进入这样的网站,消费者只要在一张表中填上自己所需产品的类型、型号、制造商、价位等信息,然后按一下搜索键,就可以得到所需要商品的各种细节资料。

4. 免费的互联网服务

在互联网上有许多免费的服务,如免费的E-mail服务,免费微博客、免费相册服务等,免费的Internet服务能帮助公司将广告主动送至使用该免费E-mail服务、又想查询此方面内容的用户手中。

5. 黄页形式

在Internet上有一些专门提供查询检索服务的网络服务商的站点,如Yahoo、Infoseek、Excite等。这些站点就如同电话黄页一样,按类别划分站点便于用户进行站点的查询。在其页面上,都会留出一定的位置给企业做广告。在这些页面上做广告的好处是:一是针对性强,在查询的过程中一切都是以关键字区分的,所以广告的针对性较强；二是醒目，处于页面的明显处，较易为正在查询相关问题的用户所注意，容易成为用户浏览的首选。

6. 企业名录

一些Internet服务提供者（ISP）或政府机构会将一些企业信息融入他们的主页中。如香港商业发展委员会的主页中就包括汽车代理商、汽车配件商的名录，只要用户感兴趣，就可以通过链接进入选中企业的主页。

7. 网上报纸或杂志

随着计算机的普及与网络的发展，国内外一些著名的报纸或杂志纷纷在互联网上建立自己的主页；更有一些新兴的报纸或杂志，放弃了传统的"纸"媒体完完全全地成为一种"网络报纸"或"网络杂志"。其影响非常大，访问人数不断上升。对于注重广告宣传的公司，在这些网上杂志或报纸上做广告也是一个较好的传播渠道。

8. 虚拟社区和公告栏

虚拟社区和公告栏（BBS）是网上比较流行的交流沟通渠道，任何用户只要遵循一定规则都可以成为其成员。任何成员都可以在上面发表自己的观点和看法，因此发表与公司产品相关的评论和建议，可以起到非常好的口碑宣传作用。这种方式的好处是宣传免费，但要注意遵循网络礼仪，否则将适得其反。

9. 新闻组

新闻组（Newsgroup）是人人都可以订阅的一种互联网服务形式，阅读者可以成为新闻组的一员。成员可以在新闻组上阅读大量公告，也可以发表自己的公告，或者回复他人的公告。对于一个公司来说，选择在与本公司产品相关的新闻组上发表自己的公告将是一种非常有效的传播自己信息的方法。与BBS一样，新闻组发布信息也是免费的，同样也要遵守相应网络礼仪。

通常企业网络广告发布方式首选为主页方式，其他皆为次要方式，但这并不意味着公司只应取第一种方式而放弃其他。建立公司主页是一种相对完备的网络广告形式发布渠道，与其他几种方式有效地进行组合，将是对公司主页的一个必要补充，可以获得较好的效果。

第三节　网络广告的设计制作

一、网络广告的要素

根据第一节所述网络广告的10种基本形式可以看出，网络广告构成的基本要素主要有：文字、图形、图像、数字影（声）像、Flash等，网络广告的设计制作就是在创意思想的指导下运用设计技巧将要素更好地表现在广告中。

1. 文字

文字是网络广告的主要构成要素，几乎所有的网络广告都含有文字。文字设计通常包括文案设计和字体设计两部分，文案设计侧重于设计的内容，也称文案写作，这部分内容将在本章第四节详细说明。

字体设计与编排侧重于形式及线的运动规律，字体设计除在固定字体（如楷体、黑体、宋体等）形式的基础上变形与缩放外，还利用图形方式设计字形，形成艺术字、美术字等。但眼睛是一种遵循习惯的器官，奇形怪状的字体会降低阅读率，最简单易读的字体是最为人们熟悉的字体。编排设计的要略就是容易阅读，文选调查首倡者Miles Shepard说过："编排设计必须能够便利视觉流通，决不能有任何地方使读者感到困惑。"

网络广告中文字设计要注意的问题：

（1）人的视线由大向小流动，先看大字，再看小字。因此需要突出的文字内容适宜设计得大一些，要和普通的文字形成对比，第一时间抓住人的视线。

（2）文字有两种排列方式：横排和竖排。为了信息传达的准确、快速，横排文字，视线由左到右移动，最好使用扁字；竖排文字，视线由上向下移动，最好使用长字。

（3）标题文字排列不宜过长，最好不要超过十个字，如果文字过长，就要考虑分行排开。

（4）文字和背景的明暗及色彩反差要足够大，否则文字会被淹没。

2. 图形

图形是指由外部轮廓线条构成的矢量图，电脑图形又称矢量图形，是由数学公式描述的，即由计算机绘制的直线、圆、矩形、曲线、图表等。图形在信息传播中更为形象、概括，更易引起人们的视觉注意，比文字更易于识别和记忆；图形是世界通用的语言，超越了国度和民族，可以为全世界的人理解与接受；图形在传播的同时亦把设计者的思想与观念传达给观众，是一种极具感染力与渗透力的语言。

图形用一组指令集合来描述图形的内容，如描述构成该图的各种图元位置维数、形状等，描述对象可任意缩放不会失真。在显示方面图形使用专门软件将描述图形的指令转换成屏幕上的形状和颜色，适用于描述轮廓不很复杂，色彩不是很丰富的对象，如：几何图形、工程图纸、CAD、3D造型软件等。

编辑图形通常用Draw程序，产生矢量图形，可对矢量图形及图元独立进行移动、缩放、旋转和扭曲等变换。

3. 图像

图像是由扫描仪、摄像机等输入设备捕捉实际的画面产生的数字图像。图像用数字任意描述像素点、强度和颜色，其描述信息文件存储量较大，所描述对象在缩放过程中会损失细节或产生锯齿。在显示方面，图像是将对象以一定的分辨率分辨以后将每个点的色彩信息以数字化方式呈现，可直接快速在屏幕上显示，分辨率和灰度是影响显示的主要参数。图像适用于表现含有大量细节（如明暗变化、场景复杂、轮廓色彩丰富）的对象，如照片、绘图等，通过图像软件可进行复杂图像的处理以得到更清晰的图像或产生特殊效果。

图像文件的格式有许多种，gif和jpg文件是在网络上运用较为广泛的图像文件格式，gif文件是8位256色，支持连续动画格式。jpg是一种压缩图像格式，压缩比可任选。为提高图像在网上的上传和下载速度，此类格式在网页中被广泛采用。

图像的设计制作软件有许多，常用的有Photoshop、CorelDraw和Fireworks软件。Photoshop是最受欢迎的强大图形处理软件之一，主要绘制位图图像；CorelDraw是绘制矢量图的工具，其界面设计友好，为设计者提供了一整套的绘图工具，包括圆形、矩形、多边形、方格、螺旋线，并配合塑形工具，可以对各种基本图像做出更多的变化，如圆角矩形、弧、扇形、星形等，同时也提供了特殊笔刷，如压力笔、书写笔、喷洒器等，以便充分地利用电脑处理信息量大的特点；Fireworks是网页设计组合软件之一，更适用于网页中静态和动画图像设计。

4. 数字影(声)像

随着多媒体技术的普及应用,在网络广告的设计中,越来越多地用到数字影(声)像。目前由于网络传输速率的限制,这类数字影(声)像一般都需经过高倍压缩。数字影(声)像通过MPEG格式压缩,其文件大小可以压缩数十倍;最新的MP3(MP4)格式和Real Player的RM格式对影(声)像的压缩倍数最大,且还原效果还不错。压缩会使影(声)像精度上有一定损失,但目前只能采取这种方法以提高网上传输速率。

5. Flash

Flash广告条是用Flash软件制作互联网广告的一种形式。Flash是一个专门的网页动画编辑软件,通过Flash制作的动画文件字节小,调用速度快且能实现链接功能。网站上的广告目前有相当数量使用Flash制作的,其主要原因是Flash的表现方式比gif动画要丰富许多。很多电视广告也采用flash进行设计制作,网站Flash广告包括:Flash网络广告条、网站内Flash动画、用Flash制作的banner、Flash专题网页、Flash网站导航页动画等。

二、网络广告设计制作流程

1. 创意策划

网络广告的创意策划是根据网络广告的目标和选择的目标群体,进行全面的综合分析和创意设计,确定网页的内容主题、旗帜主题、诉求、信息及其表现形式等,特别确定网络广告风格和要素的具体内涵。创意策划的基础是与客户沟通和进行市场调研,只有进行充分的市场考察调研,才能最大限度地保证广告的原创性。与客户交流、费用预算以及合同的签订时间、资金和效果是广告视觉传播活动的三大保证,缺一不可。只有将设计创意人的激情活力与客户的诉求相结合,才能将时间、资金和效果完美地转化为令人鼓舞的业绩。

这部分主要解决广告设计的创意问题,包括网络广告的图形、图像创意和文字创意,好的创意是广告成功的关键。仅有内容而忽略形式,仅有实用功能而没有审美气质,将大大削减广告的好感度、美誉度和记忆度。

2. 结构设计

结构设计阶段也称制作小样阶段，主要是广告的创意工作基本完成，开始出图的阶段。结构设计的重点在于布局合理，图形、色彩、文字相互协调，给人以整体美的感觉。通常情况下，广告创意和广告制作阶段是很难严格划分的。因为，广告创意人员往往在做创意时，广告的草图也随之完成。在这个阶段里，要做的工作通常有：素材的收集、草稿的手工绘制和计算机辅助制作，最后制作成小样交客户审议。素材的收集与制作既包括静态图像和动画的设计与制作，也包括影像及声音的输入和编辑。数字影像输入的最好办法是用数字摄像机，然后直接存入电脑的硬盘备用。声音需通过声卡输入，当然，一些传统的影音资料都可以通过专门的硬件设备进行格式转换输入电脑。随着互联网传输速度的不断提高，计算机处理速度不断加快，真正能体现网络多媒体优势的数字影音将广泛被采用。但目前网络广告中此类应用并不广泛，主要是局限于传输速率。虽然几乎所有的数字影音格式都能在Web上广泛使用（如mov、avi、qt等），但用户是没有耐心等很长时间下载浏览“数字电影广告”的。影像能够正常播放的速度取决于网络传输速率、访问者自己的计算机硬件处理能力和视频显示卡／系统的速度。影像文件一般采用了一种或更多的文件压缩方法（如MP3、MP4、RM等高倍压缩格式）。

为了增加影像在可接受的速度下运行的机会，设计时一般采用小画面模式。例如，采用320×240像素点显示，或者甚至采用160×120像素点显示；最后制作一般采用了一种或更多的文件压缩方法。但是即便这样，在网上播放影像文件至少也需稳定的高传输速率。没有科学的管理程序和畅通的交流机制，会使广告显得草率、不负责任和失去方向。

3. 集成制作测试

主要是将创意、设计人员的手工稿，或是计算机制作的初稿，完全按照网络广告发布的标准，制作成精致、准确的完稿。在这阶段需要对画面的图片质量、文字字体、色彩标准、文件的清晰度及尺寸大小、网页下载速度等因素，做精准的测试。还需要完成各广告要素及不同文件和页面间的链接测试，HTML允许文档创建者在文档中嵌套指向其他任何文件的链接指令，当用户点击鼠标激活这些嵌套的链接时，就可以直接跳转到该链所指的文件。无论该文件存储在本地还是远程计算机里，都可以利用HTTP协议跨空间在网上的不同Web页面间自由切换。

网络广告设计的过程与传统广告的设计过程一样，是一个有理念有计划有步骤的渐进式不断完善的过程。设计的结果与设计者的态度、理念、专业水准等息息相关，有正确而积极的态度，有正确的理念，运用专业知识，有完备的计划，有可行的步骤，才能拥有好的广告作品。

三、网络广告设计技巧

1. 设计统一的网页风格

网页广告是通过主页到下层页的树状链接结构，通过返航按钮的设计，用户可以自由地穿梭其间。一个企业站点上许多不同的网页可能表达不同的广告内容，但必须体现企业整体的形象，所以，必须设计统一的网页形式以体现统一的企业风格，加强广告传播的同一性、延续性和律动性以增进广告传播的力度和效果。如要用到版面分割，也应注意各个网页分割方式的统一和连贯。

2. 企业与品牌形象的传达

企业与品牌形象的传达是现代信息社会符号化传播特点要求，在某种程度上，广告传播的结果就是企业与品牌形象在受众心目中的印象固定和价值认同。所以，在网页广告设计上，应将企业标志（标准字）以及企业的代表性商标置于页面领导性的固定位置，统一网页版式，并能充分引起视觉注意。

3. 注意网页间的链接设计

设计导航按钮的时候要多使用生动形象的图形按钮，通过一些与所链接的内容相关的小图形（图像），使用户即使不看下方文字也能马上明白按钮指向的内容。同时，这些形式统一、编排整齐的图形按钮也增强了网页的美感。Web主页通常分栏目编写，栏目中的字或小图标被设计为定位元素，指向其他的子页面，同时下层Web文档也应有支持返回上层和返回主页的超级链接。通常在每个页面顶部和底部建立分栏按钮总汇，可以随时切换。另外要设计相应的超级链接，以实现对详细解释性信息的跳转和链接，如文中热字的使用。在Web页面上，高亮的字一般被用做定位元素，总是具有特殊的超级链接意义的，所以不要随意使用链接文本的颜色，以免产生混淆。

4. 图片处理和使用

应当合理地使用图片来解释页面中关键性的信息内容，而大的图像只应该提供给单独的视频请求。应该把每个页面上所有图片的总规模控制在30K以内。同时，使用现有的技术使页面的访问时间尽量缩短。

5. 网页背景的设计

合适的网页背景的设计既减少图像的使用，又能达到使页面生动、吸引注意的效果。主要方法就是尽量使用背景色块，避免使用背景图像。除非主页的视觉形象需要，一般来讲，如果用图像做背景，则应避免用大图像而是用小图像连续重复排列的方式形成图案纹理的背景，否则会降低页面的访问速度。网页背景上如果要用文字，尽可能将背景色调和图案设计得淡雅、不抢眼，使文本易读。当然，深色背景下应用浅色文字。

6. 标题和文字设计

标题的字体设置不要太大，以节省空间。网页主页应该显示尽可能多的主要信息摘要，主页文字中多使用内嵌图像，会比普通图像节省空间；网页争取在首页显示时就集中体现出主要设计思想和屏幕显示规划。注意网页文字的可读性，不要使用过多的字型字号，文字编排形式要整齐简洁。

7. 慎重地使用动画

网页设计要慎重地使用动画图像，因为动画图像容易制约页面的访问速度，同时也容易造成对读者视觉上的强烈骚扰，对人的视觉感受产生不良影响。在使用动画图像之前，应仔细考虑使用动画图像的目的和作用。此外，应尽量缩减动画的文件大小。

8. 多媒体视（音）频的运用

简短而动听的音乐会增加浏览者进入某个主页的兴趣与好感，但应避免过于剧烈，毕竟上网跟阅读一样，通常需要一个宁静的气氛，除非是摇滚乐队的主页。必要时可使用视频文件，但应让用户有开始播放、暂停和停止的权利。

四、网络广告设计常用的软件概述

1. 图片处理软件

（1）Photoshop CS3。Adobe Photoshop是公认的最好的通用平面美术设计软件，由Adobe公司开发设计，其用户界面易懂，功能完善，性能稳定，在几乎所有的广告、出版、软件公司，Photoshop都是首选的平面工具。Photoshop CS3中文版是电影、视频和多媒体领域的专业人士，使用3D和动画的图形和Web设计人员，以及工程和科学领域的专业人士的理想工具。能够呈现3D图像并合并到2D复合图像中。可以编辑视频图层上的动画图形，让时间停下来，以及使用测量、计数和可视化工具等探查图像。

（2）Coreldraw。Coreldraw是目前图形软件中最为强大的一个图形绘制与图像处理软件，是一个基于矢量的绘图程序，是绘图与图像编辑组合式软件，其增强的易用性、交互性和创造力可用来轻而易举地创作专业级美术作品，新颖的交互式工具可直接修改图像和加插不同效果，而易于使用的画面控制让我们即时看到修改结果。物件制作与编辑过程精简化，可使用任何选定的创建工具进行基本节点编辑或特件变形。新的点阵图显示功能使物件放置和显示更精确顺畅。

Coreldraw的加强性文字处理功能和写作工具极大地方便了文字版面排版，同时这套矢量绘图软件及其加强型功能，可创作出多种富于动感的特殊效果及点阵图像，使设计和出版一切图形作品时如虎添翼。此外，该软件还具有一些特点：①彩色输出中心向导功能；②增强的编修工具；③支持网页创建；④规范的文档管理；⑤高精度色彩管理；⑥备份处理结果功能；⑦提供不同的视图质量；⑧方便快捷的打印；⑨强大的图像处理能力；⑩直接制作Flash动画。

（3）Fireworks。Fireworks是Macromedia公司发布的一款专为网络图形设计的图形编辑软件，简化了网络图形设计的工作难度，无论是专业设计家还是业余爱好者，使用Fireworks都不仅可以轻松地制作出十分动感的GIF动画，还可以轻易地完成大图切割、动态按钮、动态翻转图等。Fireworks结合了Photoshop和Coreldraw的功能，对于辅助网页编辑来说，借助Fireworks可以在直观、可定制的环境中创建和优化用于网页的图像并进行精确控制。Fireworks业界领先的优化工具可实现在最佳图像品质和最小压缩大小之间的平衡，与Dreamweaver和Flash共同构成的集成工作流程方便创建并优化图像。同时，利用可视化工具，无须学习代码即可创建具有专业品质的网页图形和动画，如变换图像和弹出菜单等网页特效。

2. 网页设计软件

（1）Dreamweaver。Dreamweaver是美国Macromedia公司开发的集网页制作和管理网站于一身的所见即所得网页编辑器，是第一套针对专业网页设计师开发的视觉化网页开发工具，可以轻而易举地制作出跨越平台限制和跨越浏览器限制的充满动感的网页。Dreamweaver使用所见即所得的接口，既有HTML编辑的功能，又有可视化工具编辑功能。随Macromedia被Adobe收购后，Dreamweaver也从MX版本升级为CS版本。

（2）Microsoft FrontPage。Microsoft FrontPage是微软公司推出的一款网页设计、制作、发布、管理的软件。FrontPage由于集成了编辑、代码、预览三种模式于一身和良好的表格控制能力，并在继承了Microsoft Office产品系列的良好易用性的同时，与Microsoft Office各软件无缝连接，曾被认为是优秀的网页初学者的工具。但该软件的功能无法满足更高要求，如对于新技术缺乏支持，包括无法直接插入Flash文档和使用层技术；生成代码冗余，早期产品生成代码甚至不符合规范及存在对数据库支持不足等缺点，所以在高端用户中，大多数使用Dreamweaver。

3. 动画制作软件

（1）Flash。Flash是一种集动画创作与应用程序开发于一身的创作软件，截至2013年9月2日，最新的零售版本为AdobeFlash ProfessionalCC（2013年发布）。该软件为创建数字动画、交互式Web站点、桌面应用程序以及手机应用程序开发提供了功能全面的创作和编辑环境。Flash广泛用于创建吸引人的应用程序，包含丰富的视频、声音、图形和动画，设计人员可以在Flash中创建原始内容或者从其他Adobe应用程序（如Photoshop或Illustrator）导入内容，快速设计简单的动画，以及使用Adobe ActionScript 3.0开发高级的交互式项目。设计人员和开发人员可使用它来创建演示文稿、应用程序和其他允许用户交互的内容。Flash可以包含简单的动画、视频内容、复杂的演示文稿和应用程序以及介于之间的任何内容。通常，使用Flash创作的各个内容单元称为应用程序，即使可能只是很简单的动画。也可以通过添加图片、声音、视频和特殊效果，构建包含丰富媒体的Flash应用程序。

（2）ImageReady。ImageReady与Photoshop间可以进行图片的同步操作（即同时对一个图片进行处理）。只要在Photoshop中的工具箱下方点击图标就可以跳转到ImageReady界面，同样在ImageReady中也可以点击这个图标进入Photoshop中去。

虽然Photoshop的后续版本逐渐加强了网页图像的制作功能，但ImageReady在图像优化、动画制作、Web图片处理方面还是Photoshop必不可少的补充。尽管ImageReady依附于Photoshop而存在，但其在功能上实际已经成为一个相对独立的软件。ImageReady除了具有Photoshop基本的图像处理功能外，还具有以下的网页特效和图像制作功能：①制作GIF动画：GIF动画是点阵动画，曾是互联网上最主要的动画方式，至今仍是网页的主要修饰手段。GIF文件允许在单个文件中存储多幅图像，在ImageReady中通过对每幅图像装载时间和播放次数的设定，将这些图像按顺序播放，从而形成动画效果。②图像翻转（Rollovers）：图像翻转是ImageReady一个具有特色的功能，相当于一个鼠标触发事件，如按钮。在鼠标的不同的状态可以设置动态效果。③切片：虽然在Photoshop中也可以进行一些基本的切片操作，但无法组合、对齐或分布切片。ImageReady具备专业的切片面板和菜单，其切片编辑功能要比Photoshop更强大。切片的意义不仅在于提高访问速度，同样也为了对不同区域的图片进行不同的优化方式。④图像优化：ImageReady提供了强大的网络图像优化功能。为了得到更快的网络传输速度，通过各种工具和参数可以进行精确调整，在图像质量不明显削弱的前提下，尽可能地减少文件的体积。图像的优化是网络图像处理中一个至关重要的过程；图像链接：通过对切片、图像映射等功能的设置，可以使图片具有超级链接，甚至可以将一个具有链接属性的图片作为网站的欢迎页面。⑤其他：ImageReady还提供了如动态数据图像功能等其他网络操作，通过这些操作，可以方便地得到具有丰富变化的交互式网络图像。

第四节 网络广告文案写作

广告文案写作是一个创意实现的过程，在这个过程中，广告文案人员要在广告文案写作的特殊原则、特殊条件下，对广告创意策略和表现策略进行语言文字的表现。这个表现与其他制作和表现一起，形成一个完整、有效的广告作品。文案作为广告作品是直接与目标受众沟通的中介，广告文案写作过程是一个发展创意、表达创意的过程，是一个运用语言文字与目标受众沟通的过程。

一、网络广告文案的特殊性

网络广告文案的特殊性主要表现在以下几个方面：

1. 多媒体与交互性

人们首先认同的还是互联网的多媒体特性。打开网页，看到的都是由文字、图像、声音共同组成的画面，给广告人提供了广阔的创意空间。这意味着网络广告既可以选择印刷媒体所经常采用的说明性文字和图片，可以通过动画设计如同电视一样用生动的造型来吸引受众的眼光，还可以配合声音的传达将受众的听觉也积极调动起来。

多媒体更重要的一层含义在于，互联网是通过无数台个人电脑连接而成的，突破了传统媒体只能进行大众传播或者进行窄众传播的限制，将大众传播、窄众传播和人际传播有机地结合在一起，因此创造出了众多独特的网上传播方式，为广告发布开辟了新的传播渠道，而这些渠道都是传统媒体所无法比拟的。

人际传播的存在，使得广告主与网民之间可以进行一对一的交互式对话。广告主就能随时得到用户的反馈信息，建立完整的客户资料。网民也能够不再被动地接受广告，而是可以及时地做出反应。

2. 高容量和即时销售

对报纸、广播、电视等媒体来说，广告发布要受到版面与时间的限制。而在网上，轻点鼠标，人们就可以通过一个个链接窗口，在不同的网站和页面间自如切换。自由链接的特性，使得互联网成了一个几乎没有边界限制的广告发布媒体。比如人们在某一个网站主页上发现了一个感兴趣的新闻标题，点击它，就能进入这个具体的新闻页面。而每一个这样的页面，都可以成为独立的广告载体，提供网络空间给广告主进行广告发布。

更为方便的是，广告主可以在页面上建立自己的网络链接，人们只要点击链接文字或窗口，就可以进入企业网站，看到详尽的产品或企业信息，甚至直接进行网上购物。互联网的自由链接特性,将POP广告成功地移植到虚拟世界中来。当然这也对广告文案的写作提出了新的要求,必须考虑能够吸引受众的语言。

3. 广告效果的可测性

传播学者在对受众看电视的行为进行调查之后发现,在节目中出现插播广告时,受众注意力会明显降低,一般会调换频道、休息走动等。至今,人们还无法准确地计算出某一节目的收视率与这一节目附带的广告到达率有怎样的比例关系。同样,人们也无法通过报纸发行量和广播收听率来准确测算这些媒体上广告的效果。路牌、灯箱、车载等户外媒体的广告受众人数更是难以估计。

但在网络媒体上,广告效果测算则简单得多。受众对某一条广告的点击率,以及在点击后有多少直接的购买行为,还有受众查阅信息的时间和地域分布情况等,都可以在第三方服务器上有据可查。广告主一般是按照点击率,甚至是点击后的有效购买行动付给网络媒体相应的广告费用,避免了资金的浪费。同时,网络广告首先要关注的就是如何获得点击,这一点也正是影响网络广告文案写作的最重要的因素。

4. 不受时空限制但需技术支持

报纸发行和广播电视节目播放都受到时间和空间的限制。北京的市民不可能很快而方便地看到刊登在《扬子晚报》上的广告。企业主买下的如果是新闻联播后的黄金时段,那就不能指望人们在欣赏完一部精彩电视剧过后,一定能了解到本企业的广告信息。而在网络环境中,这些限制都不存在,网络广告24小时活跃在人们的电脑屏幕上,无论何时何地,网络广告都能在受众面前出现。网络广告的制作与发布形式需要技术支持,动画、视频等制作需要相应软件的支撑,制作的动画、视频等需要与网页代码兼容。

5. 针对性强

目前商业网站主要由门户网站和专业网站构成。即便是前者,在内容编排上也采取版块式结构,如新闻、游戏、医疗、科技、搜索、聊天等。这反映了网络受众细分化程度高的特点,因为每一个版块的受众都有其自身的特点。比如BBS,能够聚集到同一BBS上的网民,一般来说都具有某种相似的兴趣爱好,或者相同的生活背景,对于广告的接受程度也相对类似。不同的广告主就可以选择不同的BBS进行有针对性的广告发布,以提高广告的传播效率。而对于电子邮件广告,受众细分程度则已经达到了一对一,即每一个企业主都可以给每一个受众单独发送广告信息。从总体特征而言,网络受众与其他传统媒体相比,具有年轻化、文化程度较高、收入较高等特点,是整个市场中耐用消费品、不动产消费品、旅游产品和精神消费品等的主要消费群。随着时间的推移和网络的进一步发展,会有更多的中、高龄网民,中、低收入网民加入到网络传播中来,其受众的总体特征也会发生相应的变化。

二、网络广告文案的撰写

网络广告文案是广告作品的基础,传统媒体上的广告都是在文案脚本的基础上的二次创作。文案不同于设计师用画面或其他手段的表现手法,是以文字来表现已经制定的创意策略。广告文案是一个与广告创意先后相继的表现的过程、发展的过程、深化的过程,多存在于广告公司、企业宣传、新闻策划等。广告文案包括标题、正文、口号的撰写和对广告形象的选择搭配;狭义的广告文案包括标题、正文、口号的撰写。

1. 撰写网络广告文案的原则

(1) 主旨明确。一个专业的有营销意识的网络广告,应该让访问者(潜在用户)能马上了解到这个网络广告及其业务是什么。如果网络广告缺乏主旨,没有规划意识,没有连贯性,没有完整性,把自己能找到的、觉得好玩的、时髦的东西全放其中,没有目标主题,那么网络广告就只是一个杂物箱。网络广告的文案是用以实现网络广告经营策略的主要手段之一,网络广告的文案内容是决定网络广告能否吸引人的内核。对于一个以信息内容为主体的网络广告,文本应该占突出地位;图像就应该起配角作用,目的是给受众营造出一些喘息的视觉空间,就像城市建筑群之间绿地、公园的点缀功能一样。

(2) 内容为主。是图像重要还是文本重要? 这是每个网络广告都必须面对的问题。流行的观念是:图像比文本重要,一提网络广告,大家以为就是由图像组成。这是对网络广告的肤浅理解。其实网络广告是以实现广告的经营战略为目标、对网络广告各要素进行的综合规划,而不仅仅包括图像。其内涵包括很多方面,如网络广告目标、经营策略、读者定位、风格塑造、文案写作、图像设计等,还包括交互性设计、数据结构、绩效等,其中文案是突出内容的关键。

(3) 照顾大多数。很多网络广告技术为先,不注意网络广告文案的写作,以为采用的技术越复杂、越时髦越好。互联网以年轻人居多,这些人群追逐时髦的兴趣也体现到网上,对于以表现自我为主旨的个人主页,有一定吸引力,然而对于有明确商业目标的网络广告那就不一定有效。如果企业网络广告为了促进营销,就应该照顾绝大多数人的情况,采用适当的技术手段,突出文案内容,以保证有尽量大的传播面。在网络广告文案内容的安排及文字风格处理上,也应贯彻照顾大多数的原则。

2. 网络广告文案构成要素

广告文案通常包括标题、正文、口号、随文4大部分,但不是每则广告都必须同时具有以上4项元素,有的正文与标题合而为一,有的广告甚至没有正文。下面对完整文案的4个部分进行分析。

(1) 标题。广告标题是广告文案中旨在传达最为重要的或最能引起诉求对象注意的信息的语句,位于广告文案最醒目位置,是一则广告文案的导入部分。广告标题的作用:① 突出最重要的广告信息;② 诱导受众进一步阅读正文;③ 吸引目标消费者的注意力;④ 强化品牌信息,如提高品牌名称的识别率;突出品牌的主张,即以品牌的主要特点或差别性特点充当标题,突出品牌的独特主张;发布关于品牌的消息等。调查显示,阅读标题的人比阅读正文的人平均多2~4倍。如果标题没能打动人心,就等于在浪费广告主的金钱。为了突出标题,必须做到:将广告标题置于最醒目的位置;表现广告主题,展现显而易见、清晰无误的利益与承诺;新颖奇特,引起受众的注意。

(2) 正文。广告正文是广告文案的主体,是对广告标题的解释和广告主题的阐释,讲述全部销售信息。由于10个读者中一般只有1个看正文,因此,文案创作人员必须努力凭借一定的技巧突破消费者的心理,传达关于企业、商品、服务的信息,进一步对广告标题进行阐释和证实,以引起读者的兴趣。创作正文时有几种常用的风格。

① 直接推销式正文。文案以客观而直截了当的表现手法,直接说明或展开标题和图形,一般按照产品销售点的重要程度进行简明描述,比较适用于人们需要仔细斟酌才会购买或使用难度较大的产品,也比较适合在直邮广告中使用。

② 叙述式正文。叙述情况,设定一种情景,然后让产品或服务“挺身而出”,解

决问题。这种文案为情感诉求提供了良机，是创意文案比较理想的风格。

③ 对白／独白式正文。在这种文案中，广告中的人物用自己的语言进行推销，比较有人情味和真实可信。但如果不掌握好分寸，容易让人觉得做作、不真实。

在所有风格的广告正文中，文案人员都可以运用一些技巧如修辞、幽默、夸张等来吸引读者注意。但运用这些技巧的前提是不损害广告主题的传达，不会导致主要信息的淹没。

有许多广告人都曾经尝试着从实践中总结出写做广告正文的经验，这些经验虽然不是“放之四海而皆准”，但对于实践，仍然具有重要的指导意义。如不要旁敲侧击，要直截了当，避免用“差不多”“也可以”等含糊其辞的语言；不要用最高级形容词、一般化字眼和陈词滥调，要有所指，要实事求是；高雅的文字、精雕细刻的笔法，通常是对广告明显的不利因素；不要贪图文案获奖；使用大家熟悉的词汇和短语；让读者参与其中等；这些经验在当今的广告实践中仍然适用。

（3）广告口号。广告口号又称广告标语，是广告的中心，是广告作品中画龙点睛的一笔。广告口号是为了加强受众对企业、商品或服务的印象，在较长一段时间内反复使用，集中体现广告阶段性战略的一种简练的口号性语句，如耐克的“一切皆有可能”。广告口号主要具有以下特征：

① 集中体现广告的阶段性战略。广告口号的目的要体现广告在某一阶段的战略，具有一定的高度，体现广告的形象与主题，从而加强受众的印象。

② 在某一阶段内长期使用。一个企业的广告战略通常具有稳定性，不会“朝令夕改”，体现广告总体战略的广告口号因此也具有稳定性，同时也为系列广告提供连贯性。

③ 是一种口号性语句。广告口号目的是便于人们重复、记忆和二次传播，以号召他人，促成行动。太复杂的语句不便于人们的口头传播，因而必须将之压缩成口号语句。例如，戴比尔斯钻石至今仍沿用那句众所周知的口号：“钻石恒久远，一颗永留传”，这句口号已经影响了几代人而且还会影响下去。

④ 一两句话表达一个完整的广告主题。仅仅知悉一个广告口号，受众就可以从中获得完整的信息，有利于广告功效的发挥。

（4）广告随文。广告随文属于文案中的附加性文字，是对正文的补充。一般情况下，广告随文附于正文之后，多为比较固定的内容，用来传达企业名称、地址或联系方法等内容，并对广告正文作必要的补充。在撰写正文与随文前应考虑几个问题：是否需要写正文与随文？广告的创意与主题信息是什么？在标题中是否已完整表述？有哪些信息确定是要放在正文与随文之中的？

广告随文的内容通常包括以下几个部分：

① 品牌。完整的品牌应包括产品或服务的商标、品牌名称、商品名称等。

② 企业名称和标志。以传达企业的有关信息为中心的广告文案在附文中应当出现企业名称，并且是以全称或规范简称形式出现的企业名称，企业标志一般与企业名称相伴出现。

③ 企业地址、联系人、联系方法。

④ 购买商品或获取服务的方法。以直接促销为目的的广告文案，应在附文中向受众明确传达购买商品或获取服务的方法，包括销售地点、服务机构的名称、地址、联系方法等。如有邮购、直销等特别的服务方式，也应在附文中说明。

⑤ 特殊标志。如果正文中引用了权威机构的证明，如专利认可、活动的赞助认可等，应在附文中列出其相应的标志。

⑥ 特殊需要说明的内容和附加的表格。如有奖活动、折价、多买优惠等的具体信息；需要受众反馈时提供的表格等。

3. 网络广告文案的写作策略和写作风格

(1) 网络广告文案的写作策略。网络广告的策略基本有两种形式：定向传播策略与交互传播策略。根据其不同特点，文案的写作要求也有所不同。

① 定向传播策略。定向传播是指对某些特定的目标受众进行有针对性的传播。

在互联网上，有些企业获取了一些潜在消费者的名单，然后利用电子邮件、新闻组等方式，向潜在消费者发布广告信息。这种做法与直邮广告比较相近。好处在于针对性强，广告投入较少浪费，但如果运用不当，极易引起受众的反感，招致大量抗议邮件，甚至导致企业声誉受损。因而，准确选择目标受众，把广告发给希望得到有关信息的人，是这种广告策略成功的关键。

把生动的网络广告放在能吸引某些特定细分市场的站点上，对提高企业或品牌知名度非常有效。尽管网络广阔，但还是可以细分成很多部分，这些细分的受众有特殊的兴趣与需要，为定向传播提供了更精确的传播途径。

定向传播广告目标受众具有一致性，广告信息文案应具有高知识化、高价值和理性化等特点。

② 交互传播策略。互联网突破了传统媒体单向传播的局限，为受众与媒体间的双向交流提供了可能。受众不再是被动的接受者，他们也可以发布信息，可以主动寻找信息、对信息做出回应等。在各娱乐性、综合性网站上发布的图标广告、旗帜广告以及其他形式广告，可采用设置悬念或诱导性、号召性语言与形式，引发访问者的点击与参与。设置悬念，不把信息说尽，或者设置参与性内容，引起访问者兴趣，拉近受众与品牌的关系。有些主动搜寻相关信息的受众会利用搜索引擎或门户网站的链接，到达企业的主页。对于这些访问者，由于有明确的目的性，深入而详细的信息会对他们有较大的影响力。

（2）网络广告文案的写作风格。

① 标题鲜明。与印刷媒体的广告一样，访问者在众多内容的页面上只能做大概的浏览，阅读一些关键的词语或者标题。如果标题鲜明独特，访问者才可能有兴趣浏览整篇内容。标题要出新，不是说故意将标题弄得很花哨，而是推送的标题要独特、新颖、直接，不要增加访问者的负担，很容易明确广告的主旨。

② 语言富有号召力。广告的价值在于其能够恰如其分地表达某个营销的诉求，语言是广告实现传达的重要元素，广告文案语言是广告的核心内容，每一个细节都体现着产品文化，运用得当，能够使广告大放光彩。足够的号召力能提高广告的转化，广告的效果也远好于没有号召力的广告。广告语中常见的修辞方法如通感、警句、古典诗词、成语典故，在广告语中的合理运用可提高广告语的魅力。如警句的使用如同当头棒喝、醍醐灌顶："祖国需要你"，一则征兵广告语，字字千斤，铿锵有力，直指人心，唤起公民对国家的责任感，同时又有一种为国出力的自豪感。让广告语赢取人们的注意力，引发情感共鸣，还需重复性记忆，当然独特性的广告语、相同的节律更便于人们记诵。

③ 注意措辞。好的网络广告要能吸引访问者的眼球，就要注意文案的措辞，比如，"总有人在这里等你，不变的真情，不变的诺言"，搜狐校友录的旗帜广告上的文案表达，就比"欢迎登录校友录"更能吸引人。总之，要充分发挥想象力，最大限度地激发访问者的好奇心和注意力。

④ 力求生动有趣。目前,网络的绝大多数访问者都是年轻人,甚至在年轻人的推动下形成了独特的网络语言体系,在进行网络广告文案创作的时候就不能不考虑到这一点。

⑤ 要有很强的亲和力。网络广告文案的语言不但要生动有趣,而且,还应让访问者在打开页面浏览的时候,觉得轻松愉悦。因此,在进行网络广告文案的创作时,要感觉就像是和自己的一位老朋友聊天那样,自然亲切,而不能只是自己陶醉在其中。网络广告的浏览者众多,如果能在文案设计上让他感觉文案内容是为他专门编写的,就会让受众产生很强的认同感,吸引力也会大许多。例如,在具体写法上,可以将浏览者设定为第二人称,像"你一定很想知道你梦中的那个他(她)在哪里吧",语气亲切随和,富有感染力,无形中就拉近了与浏览者之间的距离。

第五节　网络广告效果评价

网络广告效果评价是指网络广告活动实施以后,通过对广告活动过程的分析、评价及效果反馈,以检验广告活动是否取得了预期效果的行为。通过网络广告效果的评估,可以检验原来预定的广告目标是否正确、网络广告形式是否运用得当、广告发布时间和网站的选择是否合适、广告费用的投入是否经济合理等。从而提高制定网络广告活动计划的水平,争取更好的广告效益。通过收集消费者对广告的接受程度,鉴定广告主题是否突出,广告诉求是否符合消费者的心理,广告创意是否吸引人,是否能起到良好的效果,从而可以改进广告设计,制作出更好的广告作品。由于网络广告效果评估能客观地肯定广告所取得的效益,可以增强广告主的信心,使广告企业更精心地安排广告预算,而广告公司也容易争取广告客户,从而促进广告业务的发展。

一、网络广告效果影响因素

1. 网络广告效果的含义

网络广告效果包含两方面的含义:一方面是网络广告活动的效果;另一方面是网络广告本身的效果。这里主要是指网络广告活动的效果,即是指网络广告作品通过网络媒体刊登后所产生的作用和影响,或者说目标受众对广告宣传的结果性反应。网络广告效果同传统广告效果一样具有复合性特点，包括传播效果、经济效果、社会效果等。

2. 网络广告效果的影响因素

广告的根本目的是在于促成消费者购买产品，但是由于网络广告的作用是一项缓慢的过程，其效果也不仅仅表现为销售效果，因此应结合广告的传播效果、经济效果以及社会效果等几方面综合衡量，并按照网络广告活动过程分阶段进行评估。

（1）网络广告传播效果评估的内容及指标。

① 广告曝光次数（Advertising Impression）。广告曝光次数是指网络广告所在的网页被访问的次数，这一数字通常用Counter（计数器）来进行统计。例如，广告刊登在网页的固定位置，那么在刊登期间获得的曝光次数越高，表示该广告被看到的次数越多，获得的注意力就越多。在运用广告曝光次数这一指标时，应该注意以下问题：首先，广告曝光次数并不等于实际浏览的广告人数。在广告刊登期间，同一个网民可能光顾几次刊登同一则网络广告的同一网站，这样他就可能看到不止一次这则广告，此时广告曝光次数应该大于实际浏览的人数，并不相等；还有一种情况就是，当网民偶尔打开某个刊登网络广告的网页后，也许根本就没有看上面的内容就将网页关闭了，此时的广告曝光次数与实际阅读次数也不相等。其次，广告刊登位置的不同，每个广告曝光次数的实际价值也不相同。通常情况下，首页比内页得到的曝光次数多，但不一定是针对目标群体的曝光。相反，内页的曝光次数虽然较少，但目标受众的针对性更强，实际意义更大。再次，通常情况下，一个网页中很少刊登一则广告，更多情况下会刊登几则广告。在这种情形下，当网民浏览该网页时，他会将自己的注意力分散到几则广告中，这样对于广告主的广告曝光的实际价值到底有多大无从知道。总的来说，一个广告曝光次数并不等于得到一个广告受众的注意，只可以从大体上来反映。

② 点击次数与点击率（Click & Click Through Rate）。网民点击网络广告的次数就称为点击次数。点击次数可以客观准确地反映广告效果。而点击次数除以广告曝光次数，就可得到点击率（CTR），这项指标也可以用来评估网络广告效果，是广告吸引力的一个指标。如果刊登这则广告的网页的曝光次数是5000，而网页上的广告的点击次数为500，那么点击率是10%。点击率是网络广告最基本的评

价指标,也是反应网络广告最直接、最有说服力的量化指标,因为一旦浏览者点击了某个网络广告,说明他已经对广告中的产品产生了兴趣,与曝光次数相比这个指标对广告主的意义更大。不过随着人们对网络广告的深入了解,点击率越来越低。因此,在某种程度上,单纯的点击率已经不能充分反映网络广告的真正效果。

③ 网页阅读次数(Page View)。浏览者在对广告中的产品产生了一定的兴趣之后进入广告主的网站,在了解产品的详细信息后,就可能会产生购买的欲望。当浏览者点击网络广告之后即进入了介绍产品信息的主页或者广告主的网站,浏览者对该页面的一次浏览阅读称为一次网页阅读。而所有浏览者对这一页面的总的阅读次数就称为网页阅读次数。这个指标也可以用来衡量网络广告效果,从侧面反映了网络广告的吸引力。网页阅读次数与网络广告的点击次数事实上是存在差异的,这种差异是由于浏览者点击了网络广告而没有去浏览阅读点击这则广告所打开的网页所造成的。目前由于技术的限制,很难精确地对网页阅读次数进行统计,在很多情况下,就假定浏览者打开广告主的网站后都进行了浏览阅读,这样的话,网页阅读次数就可以用点击次数来估算。

④ 转化次数与转化率(Conversion & Conversion Rate)。网络广告的最终目的是促进产品的销售,而点击次数与点击率指标并不能真正反映网络广告对产品销售情况的影响,于是,引入了转化次数与转化率的指标。转化率最早由美国的网络调查公司 AdKnowledge 在《2000年第三季度网络广告调查报告》中提出的。转化被定义为受网络广告影响而形成的购买、注册或者信息需求。那么,转化次数就是由于受网络广告影响所产生的购买、注册或者信息需求行为的次数,而转化次数除以广告曝光次数,即得到转化率。网络广告的转化次数包括两部分:一部分是浏览并且点击网络广告行为所产生的转化行为的次数;另一部分是仅仅浏览而没有点击网络广告所产生的转化行为的次数。由此可见,转化次数与转化率可以反映那些浏览而没有点击广告所产生的效果,同时,点击率与转化率不存在明显的线性关系,所以出现转化率高于点击率的情况是不足为奇的。但是,目前转化次数与转化率如何来监测,在实际操作中还有一定的难度。通常情况下,将受网络广告的影响所产生的购买行为的次数就看作转化次数。

(2) 网络广告经济效果评估的内容及指标。网络广告的最终目的是促成产品的销售,广告主最关注的是由于网络广告的影响而得到的收益。收益是广告收入与广告成本两者的差，一般地，网络广告经济效果评估的内容及指标可以概括如下。

① 网络广告收入（Income）。顾名思义，网络广告收入就是指消费者受网络广告刊登的影响产生购买而给广告主带来的销售收入。但在实际计算中，要得到准确的统计数字还是具有相当大的难度，主要原因有产品销售因素的复杂性、网络广告效果的长期性和电子交易手段的落后性。

其中产品销售因素的复杂性表现为网络广告只是影响产品销售的一个因素，产品的销售是诸多因素共同作用的结果，其中有产品的质量、价格等，还涉及很多难于统计的消费者消费习惯等因素，甚至还要受到其他广告形式的促销作用的影响，因此很难界定多少销售收入的变化是由于网络广告所引起的。

网络广告对产品销售的影响是长期的，有些网络广告的影响要经过一段时间才能体现出来。如果不考虑网络广告的这个特点，只通过产品销售的数据来评估网络广告的效果，这种评估就是不科学、不准确的测定。

电子商务在我国的发展比较滞后的现状，以及电子交易手段的落后在很大程度上成为影响网络广告经济效果评估的障碍。网民在网上浏览后决定要购买产品时，由于电子支付手段的限制，不得不转到现实购买场所去实现。这样在效果评估时，就很难弄清楚网络广告所产生的购买数量。

② 网络广告成本（Cost）。目前有以下几种网络广告的成本计算方式：

CPM：千人印象成本（Cost Per Mille）是指网络广告所产生1000个广告印象的成本，通常以广告所在页面的曝光次数为依据。其计算公式为：

CPM=总成本／广告曝光次数×1000

CPC：每点击成本（Cost Per Click）是每点击网络广告一次，广告主所付出的成本。其计算公式为：

CPC=总成本／广告点击次数

CPA：每行动成本（Cost Per Action）是广告主为每个行动所付出的成本。其计算公式为：

CPA=总成本／转化次数

如一定时期内一个广告主投入某产品的网络广告的费用是6000美元，这则网络广告的曝光次数为600000，点击次数60000，转化数为1200，那么这个网络广告的千人印象成本为:CPM=6000/600000×1000=10美元;这个网络广告的每点击成本为:CPC=6000/60000=0.1美元;这个网络广告的每行动成本为:CPA=6000/1200=5美元。

CPM是目前应用最广,也是使用起来最简单的指标。广告主投放网络广告的费用是一个明确的数字,而广告曝光次数是由ISP或ICP直接提供的,所以CPM能够很容易地计算出来。然而CPM的真实性要受到质疑,这是因为广告曝光数字是由ISP或ICP提供的,为了宣传其网站经营效益,必然要夸大曝光数字。网络广告的CPM的客观性要降低,不能真实地反映网络广告的成本。CPC也是目前常用的指标,这一数据的产生是基于点击次数计算出来的,而点击次数除了ISP或ICP提供外,广告主是可以自己来进行统计的。所以利用CPC在一定程度上限制了网站作弊的可能,在很大程度上提高了评估的准确性。但是如果一个浏览者点击了广告而没有进行下一步的行动就关闭了浏览器,那么广告效果只是停留在曝光上,CPC的数值就比实际情况偏小。

CPM和CPC两个指标都存在一定的局限性,所以有人提出了CPA指标。CPA指标对于广告主是最有借鉴意义的,网络广告的最终目的就是促进产品的销售,这是通过消费者的行动来实现的。但是由于目前技术的限制,很难将那些在网络广告的影响下产生实际行动的数字准确地统计出来,所以这个指标应用起来受到了很大的限制。

(3)网络广告社会效果的评估内容及指标。网络广告的社会效果主要是对广告活动所引起的社会文化、教育等方面的作用。无论是广告构思、广告语言,还是广告表现,都要受到社会伦理道德的约束。评估网络广告的社会效果,受一定的社会意识形态下的政治观点、法律规范、伦理道德以及文化艺术标准的约束。意识形态不同,约束的标准也不同,甚至相反。对网络广告社会效果的评估,很难像对网络广告传播效果和经济效果评估那样用几个指标来衡量,因为网络广告的社会影响涉及整个社会的政治、法律、艺术、道德伦理等上层建筑和社会意识形态。所以,网络广告社会效果只能用法律规范标准、伦理道德标准和文化艺术标准来衡量。

二、网络广告效果评价的方法

1. 网络广告效果评价的原则

网络广告效果评估的原则是进行评估工作必须遵循一定的原则，这些原则是贯穿整个工作过程的指导思想。同样，网络广告的效果评估工作也要遵循特定的原则。

（1）相关性原则。相关性原则要求网络广告的效果测定的内容必须与广告主所追求的目的相关，不可做空泛或无关的测定工作。若广告的目的在于推出新产品或改进原有产品，那么广告评估的内容应针对广告受众对品牌的印象；若广告的目的是在已有市场上扩大销售，则应将评估的内容重点放在改变消费者态度上；若广告的目的在于和同类产品竞争抵消竞争压力，则广告效果测定的内容应着重于产品的号召力和增强消费者对产品的信任感。

（2）有效性原则。评估工作必须要达到测定广告效果的目的，要以具体的、科学的数据结果而非空泛的评语来证明广告的效果。由于我国目前还未形成规范的网络广告市场，有的广告商采取一些不正当手段来获取高统计数字。例如，广告商很可能为了争取利益而通过各种虚假诱惑广告甚至强制弹出手段制造点击次数，这些点击往往造成访问率很高的假象，来访用户的回访情况分析能对这种行为产生很好的甄别。当然分析数据依然与广告主站点本身设计密切相关，但是通过对比不同广告牌来访用户的回访情况，对比搜索引擎来访用户的回访情况以及其他广告商来访用户回访情况数据，就可以很容易分辨究竟怎样的广告带来的来访才是真实有效的。所以，那些掺入了很多水分的高点击率等统计数字用于网络广告的效果评估中是没有任何意义的，是无效的。这就要求采用多种评估方法，多方面综合考察，使对网络广告效果进行评估得出的结论更加有效。

（3）可靠性原则。前后测定的广告效果应该有连贯性，以证明其可靠。若多次测定的广告效果的结果相同，其可靠程度就高；否则，此项测定会有问题。这就要求广告效果测定对象的条件和测定的方法前后一致，才能得到准确答案。

2. 网络广告效果评估方法

网络广告的效果评价关系到网络媒体和广告主的直接利益，也影响到整个行业的正常发展，广告主希望了解自己投放广告后能取得什么回报，希望掌握全面衡量网络广告的效果。根据冯英健先生的观点,从定性和定量的不同角度介绍三种基本的评价方法和相关的其他评价方法。

(1) 对比分析法。无论是Banner广告,还是邮件广告,都涉及点击率或者回应率以外的效果。因此,除了可以准确跟踪统计的技术指标外,利用比较传统的对比分析法仍然具有现实意义。当然,不同的网络广告形式,对比的内容和方法也不一样。

对于E-mail广告来说,除了产生直接反应之外,利用E-mail还可以有其他方面的作用,例如,E-mail关系营销有助于与顾客保持联系,并影响其对产品或服务的印象。顾客没有点击E-mail并不意味着不会增加将来购买的可能性或者增加品牌忠诚度,从定性的角度考虑,较好的评价方法是关注E-mail营销带给人们的思考和感觉。这种评价方式也就是采用对比研究的方法:将那些收到E-mail的顾客的态度和没有收到E-mail的顾客进行对比,这是评价E-mail营销对顾客产生影响的典型的经验判断法。利用这种方法,也可以比较不同类型E-mail对顾客所产生的效果。

对于标准标志广告或者按钮广告,除了增加直接点击以外,调查表明,广告的效果通常表现在品牌形象方面,这也就是为什么许多广告主不顾点击率低的现实而仍然选择标志广告的主要原因。当然,品牌形象的提升很难随时获得可以量化的指标,不过同样可以利用传统的对比分析法,对网络广告投放前后的品牌形象进行调查对比。

(2) 加权计算法。所谓加权计算法就是对投放网络广告后的一定时间内,对网络广告产生效果的不同层面赋予权重,以判别不同广告所产生效果之间的差异。这种方法实际上是对不同广告形式、不同投放媒体、不同投放周期等情况下的广告效果比较,而不仅仅反映某次广告投放所产生的效果。显然,加权计算法要建立在对广告效果有基本监测统计手段的基础之上。下面以一个例子来说明。

第一种情况,假定在A网站投放的Banner广告在一个月内获得的效果为:产品销售100件(次),点击数量5000次。

第二种情况,假定在B网站投放的Banner广告在一个月内获得的效果为:产品销售120件(次),点击数量3000次。

如何判断这两次广告投放效果的区别呢?可以为产品销售和获得的点击分别

赋予权重，根据一般的统计数字，每100次点击可形成2次实际购买，那么可以将实际购买的权重设为1.00，每次点击的权重为0.02，由此可以计算上述两种情况下，广告主可以获得的总价值。

第一种情况，总价值为：100×1.00 + 5000×0.02 = 200

第二种情况，总价值为：120×1.00 + 3000×0.02 = 180

可见，虽然第二种情况获得的直接销售比第一种情况要多，但从长远来看，第一种情况更有价值。这个例子说明，网络广告的效果除了反映在直接购买之外，对品牌形象或者用户的认知同样重要。

权重的设定，对加权计算法最后结果影响较大，比如，假定每次点击的权重增加到0.05，则结果就不一样，如何决定权重，需要在大量统计资料分析的前提下，对用户浏览数量与实际购买之间的比例有一个相对准确的统计结果。

（3）点击率与转化率。点击率是网络广告最基本的评价指标，也是反映网络广告最直接、最有说服力的量化指标，不过，随着人们对网络广告了解的深入，点击广告的人反而越来越少，除非特别有创意或者有吸引力的广告，造成这种状况的原因可能是多方面的。如网页上广告的数量太多而无暇顾及；浏览者浏览广告之后已经形成一定的印象无须点击广告；或者仅仅记下链接的网址，在其他时候访问该网站等。因此，平均不到1%的点击率已经不能充分反映网络广告的真正效果。

于是，对点击以外的效果评价问题显得重要起来，与点击率相关的另一个指标——转化率，被用来反映那些观看而没有点击广告所产生的效果。

“转化率”最早由美国的网络广告调查公司AdKnowledge在“2000年第三季度网络广告调查报告”中提出，AdKnowledge将“转化”定义为受网络广告影响而形成的购买、注册或者信息需求。正如该公司高级副总裁David Zinman所说，“这项研究表明浏览而没有点击广告同样具有巨大的意义，营销人员更应该关注那些占浏览者总数99%的没有点击广告的浏览者”。

AdKnowledge的调查表明，尽管没有点击广告，但是，全部转化率中的32%是在观看广告之后形成的。该调查还发现了一个有趣的现象：随着时间的推移，由点击广告形成的转化率在降低，而观看网络广告形成的转化率却在上升。点击广告的转化率从30分钟内的61%下降到30天内的8%，而由观看广告的转化率则由

11%上升到38%。

这一组数字对增强网络广告的信心具有很大意义，但问题是，转化率怎么来监测，在操作中还有一定的难度。

第六节 网络广告专题实训

网络广告策略是网络营销课程中的重点教学内容，涉及内容包括:①网络广告定义、主要形式、定价机制；②网络广告的资源、策划、策略、创意方法；③网络广告设计思路、制作流程、常用工具；④网络广告效果评价方法、影响因素。既包括广告设计理论内容的学习，又包括广告创意与设计的学习。专题实训的设计包括认识广告、欣赏经典、掌握策略和步骤、创意设计与制作、集中评价与解读等部分内容。

[实训目的]通过借鉴经典网络广告创意，学会运用具体策略和方法进行策划，以及正确使用相关工具设计广告。

[实训内容]

① 认识广告

② 欣赏经典

③ 掌握策略和步骤

④ 创意设计与制作

⑤ 集中评价与解读

具体设计见表8-1。

表8-1 网络广告专题实训内容设计示例

实训任务	内容要求	审核评价
1.分别找出五种模式的网络广告； 2.搜集网上经典网络广告详细解读； 3.定位产品或品牌策划核心标语； 4.使用工具设计Banner广告	必须包括Banner广告 包括图像和解读文字 运用网络广告策略 小动画或交互式	1.与指定模式相符性； 2.分享经典，选出最优； 3.欣赏并评价； 4.风格、尺寸、实用

[实训流程]

①按照自由组合或抽签方式将学生组成项目团队；

②团队共同讨论认识、欣赏和评价经典广告；

③团队成员选举负责人，确定成员分工、使用的广告策略和设计步骤；

④开始自主设计和制作网络广告；

⑤展示网络广告；

⑥学生参与评价广告；

⑦老师归纳总结。

由于课时紧张，学习设计软件的使用会给大多数学生带来压力。因此，实际教学过程中，可以选择会使用设计软件的学生完成设计Banner广告的任务，采用展示学生作品的形式，引导其他学生自学完成该任务。

【课后思考题】

1. 网络广告的形式，举出五种。
2. 网络广告的网络营销职能。
3. 网络广告与其他网络营销方法之间的关系。
4. 网络广告具有________和__________双重属性。
5. 网络广告的四个本质特征。
6. 网络广告的定价模式：CPC、CPM、CPO。
7. 网络广告可以利用的资源有哪些？（至少举出五个）

【本章参考文献】

[1]杨坚争,汪芳,李大鹏.网络广告学[M].北京:电子工业出版社,2002.

[2]冯英健.网络营销基础与实践（第4版）[M].北京:清华大学出版社,2013.

[3]文丽丽,宋正伟.我国三大门户网站现有的盈利模式比较[J].东南传播,2007,7(7).

[4]冯章,等.网络广告(修订版)[M].北京:中国经济出版社,2008.

[5]柴少恒.广告文案写作与赏析[M].北京:经济管理出版社,2006.